어느 날 갑자기 무기력이 찾아왔다

Original title: Depression und Burnout loswerden:
Wie seelische Tiefs wirklich entstehen, und was Sie dagegen tun können
by Klaus Bernhardt © 2019 by Ariston Verlag,
a division of Verlagsgruppe Random House GmbH, München, Germany

Korean Translation Copyright © 2020 by Dongnyok Life co., Ltd.
Korean edition is published by arrangement with Verlagsgruppe Random House GmbH through BC Agency, Seoul

## 어느 날 갑자기 무기력이 찾아왔다
우울증과 번아웃 사이에서 허우적대는 나에게

**초판 1쇄 펴낸날** 2020년 5월 20일
**초판 8쇄 펴낸날** 2024년 6월 25일

**지은이** 클라우스 베른하르트
**옮긴이** 추미란
**펴낸이** 조영혜
**펴낸곳** 동녘라이프

**편집** 이정신 이지원 김혜윤 홍주은
**디자인** 김태호
**마케팅** 임세현
**관리** 서숙희 이주원

**등록** 제311-2003-14호 1997년 1월 29일
**주소** (10881) 경기도 파주시 회동길 77-26
**전화** 영업 031-955-3000 편집 031-955-3005 **전송** 031-955-3009
**홈페이지** www.dongnyok.com **전자우편** editor@dongnyok.com
**인쇄** 새한문화사 **라미네이팅** 북웨어 **종이** 한서지업사

ISBN 978-89-90514-77-6 (03180)

- 잘못 만들어진 책은 바꿔드립니다.
- 책값은 뒤표지에 쓰여 있습니다.
- 이 도서의 국립중앙도서관 출판시도서목록(CIP)은 e-CIP홈페이지(http://www.nl.go.kr/ecip)와
  국가자료공동목록시스템(http://www.nl.go.kr/kolisnet)에서 이용하실 수 있습니다.
  (CIP제어번호: CIP2020017436)

# 어느_날
# 갑 자 기
# 무기력이
# 찾아왔다

## 우울증과 번아웃 사이에서 허우적대는 나에게

클라우스 베른하르트 지음
추미란 옮김

동녘라이프

# 차례

## 1장
## 우울증과 번아웃을 둘러싼
## 진실과 거짓

## 2장
## 우울증 원인
## 10가지

## 3장
## 잘못된
## '믿음 문장'의 힘

일러두기
1. 단행본, 학술지, 잡지, 일간지 등은 《 》안에, 논문, 방송 프로그램, 영화 등은 〈 〉안에 넣어 표기했습니다.
2. 본문의 각주와 ( )의 설명은 모두 옮긴이 주입니다.

## | 들어가는 말 |

우울증이나 번아웃 증후군을 앓는 사람은 인생이 공허하고 아무 의욕이 없으며 세상 혼자인 듯 외롭다. 판단 능력이 떨어지고 원인 모를 깊은 슬픔에 내면이 점점 황폐해진다. 당사자만 그런 것도 아니다. 파트너, 부모, 자녀, 친구, 동료들도 고통스러운 건 마찬가지다. 사랑하는 가족, 혹은 친구가 삶에서 더는 기쁨을 느끼지 못하고 마음의 문을 닫은 채 점점 변해가는 모습을 무기력하게 지켜봐야 하기 때문이다. 그런 의미에서 이 책은 우울증을 앓고 있는 사람만이 아니라, 그 사람이 다시 삶의 기쁨을 느끼며 살아갈 수 있게 도와주고 싶은 가족과 주변인들을 위한 책이기도 하다. 당신이 어느 쪽에 속하든 당신이 할 수 있는 일은 생각보다 많다! 지금 당장은 그렇게 보이지 않을 수도 있지만.

　이미 우울증이 오래되었다면 아마도 지금까지 치료를 위해 할 수 있는 모든 노력을 다 해왔을 것이다. 매번 실망하면서 말이다. 심지어 우울증은 한번 걸리면 반드시 재발하게 되어있다는 소리까지 들었을 것이다. 하지만 내가 확실히 말해주겠다. 절대 그렇지 않다. 나도 지금보다 훨씬 젊었을 때 심한 우울증을 앓았다. 게다가 마흔 한 살 때는 곪아터진 번아웃과도 싸워야 했다. 하지만 당시에도 나는 의사들이 적극적으로 권했던 치료법들이 적어도 나에게는 맞지 않음을 직감했다. 그래서 두 번 모두 내 직관을 믿고 나만의 길을 찾아 나섰고 결국 성공했다. 내 영혼의 깊은 우울에서 벗어나 이전보다 더 나은 삶으로, 좀 더 가볍게 들어갈 수 있는 나만의 방법 말이다. 그런 동시에 나는 오랫동안 정신 요법 의사로 일하면서 우울증과 번아웃의 치료가 자주 엉뚱한 공사장에서 생뚱맞은 도구로 이루어지고 있음을 알게 되었다. 흔한 일인데도 매번 놀란다. 근본 원인을 치료해야 하는데 보통은 그저 증상을 누그러뜨리기에만 급급하다. 이래서는 진짜 치료가 이루어질 리 없다.

하지만 우울증과 번아웃에서 벗어나는 사람들이 분명히 있다. 어떻게 그런 일이 가능한지 이 책 곳곳에서 하나씩 살펴볼 것이다. 예를 들어 복용하던 약 하나만 바꾸어도, 혹은 평소에 즐기던 음식 하나만 먹지 않아도 몇 주 안에 우울증이 완전히 사라지기도 한다. 정신적인 문제의 배후에는 보통 한 가지 원인이 아니라 서로 부추기는 일련의 여러 작은 원인들이 도사리고 있다. 하나씩 따로 놓고 볼 때는 크게 해로울 것 없어 보이기 때문에 문제의 심각성이 쉽게 간과된다. 하지만 그런 작은 원인들이 하나둘 모이면 건강했던 사람이라도 하루아침에 몸과 마음에 긴 그늘이 지게 된다. 여러 원인을 다각도로 살펴보자. 어떤 원인이 당신에게도 해당하는지, 그리고 어떻게 그 원인을 제거할 것인지는 간단한 테스트 몇 개를 거치고 여러 사례 연구를 보면 알아낼 수 있다.

이 책은 기본적으로 자가 치유를 위한 것이다. 하지만 우울증이나 번아웃에 시달리고 있는 사람에게는 치유를 위해 당장 작은 의욕 하나 내는 것조차 극도로 어려운 일이다. 그래서 나는 가능한 한 가장 간단하고 분명한 치료법들을 제시해서 할 수 있는 한 최대한 빨리 당신이 어느 정도라도 우울증에서 벗어나게 하는 것을 목표로 삼고 있다. 이 치료법들을 당신 혼자만의 힘으로 따라갈 수 있는지, 혹은 가족의 도움을 받아야 하는지는 당신이 얼마나 오랫동안 우울증과 번아웃에 시달려왔는지에 달려있다. 어느 쪽이든 나는 당신이 이 책을 통해서 우울증과 번아웃의 진짜 원인을 찾아내고 그 원인에 맞게 적절히 대처하는 법을 배웠으면 한다. 한 번의 큰 도약이 아니라 조금씩, 하지만 계속 걸어갈 때 이전처럼 다시 가볍고 기쁜 마음으로 인생을 살아갈 수 있을 것이다. 나는 당신이 바로 그런 가볍고 기쁜 인생을 살아가길 진심으로 바란다.

－클라우스 베른하르트

## 1장

# 우울증과 번아웃을 둘러싼 진실과 거짓

우울증과 번아웃의 원인은 완전히 다르다
우울증 팩트 체크
번아웃 팩트 체크

당신이 지금 슬픔과 좌절을 느끼는 것은 우울증 때문이 아니다. 우울증은 비슷한 증상의 환자들을 하나로 묶은 뒤 모두에게 똑같은 약을 나눠주기 위해 만들어낸 하나의 명칭일 뿐이다. "우울증이 있으시군요. 항우울제를 드십시오. 끝. 다음 환자 분!"

– 마크 하이먼 박사Dr. Mark Hyman

미국인 의사이자 베스트셀러 작가인 마크 하이먼의 위 글은 왜 항우울제가 당신 생각만큼 잘 듣지 않는지 그 이유를 설명해준다. 이른바 '우울증' 환자 모두에게 똑같은 약이 처방되는 것도 모자라 번아웃, 불안증, 식이 장애, 수면 장애, 만성 통증, 허리 디스크, 스트레스성 방광염, 조루증을 비롯한 수많은 심신상관 질병에도 똑같은 약이 처방되고 있다.

뇌 속의 신경전달물질 몇 개를 조작하는 것으로 수많은 질병을 치료할 수 있다는 생각은 매우 유혹적이지만, 그만큼 아주 순진한 발상이다. 왜냐하면 방금 예로든 질병 중 그 어떤 것도 하나의 원인, 즉 신경전달물질의 결핍이라는 하나의 원인으로 귀결되지는 않기 때문이다. 그러므로 다양한 결핍과 수많은 스트레스 유발 상황에 환자 각각이 정신적·육체적으로 어떻게 반응하고 있는지부터 살펴야 한다. 당신이 심리 치료를 받고 마침내 스트레스를 유발하는 환경들을 다 제거했다고 해도 치료에 도움이 될 수 있는, 중요하게 살펴봐야 할 또 다른 요소들이 있다. 사람에 따라 특정 '멘털 테크닉〔정신 요법〕'을 이용해 부정적인 생각의 고리에서 빠져나오는 게 좋은 사람이 있고, 햇빛을 더 많이 받고 조금 더 움직이기만 해도 충분한 효과를 보는 사람도 있다. 게다가 사람마다 약이나 특정 음식에 다 다르게 반응한다. 몸속에 특정 미량 원소가 부족하거나 과다하기만 해도 우울증, 불안증, 번아웃이 생길 수 있다. 모르고 지나가는 몸속 염증이나 외상으로 인한 신진대사 교란도 마찬가지다. 이런 서로 다른 원인들을 단지 알약 몇 개로 몽땅 제거하려 한다면 진짜 원인이 무시되어 버리는 탓에 병이 재발하고 때로 이전보다 더 악화된다.

항우울제, 베타 차단제, 안정제, 제토제 등등 모두 진짜 원인은 여전히 미궁 속에 남겨둔 채 증상만을 치료하는 약들이다. 집에 불이 났는데 시끄럽다고 화재경보기만 끄고 집은 계속 타게 두는 것과 마찬가지다. 언제 증상을 다뤄야 하는지 알고(화재경보기 끄기), 우울증 혹은 번아웃(화재)의 진짜 원인이 어디에 있는지 알아야만 정신적 문제들이 계속 타오르는 것을 막을 수 있다.

그러기 위해서는 착한 사람들의 이런저런 충고들을 때로는 의심해볼 필요가 있다. 의학의 역사를 보면 이른바 입증됐다는 치료법들이 나중에 틀렸거나 심지어 해로운 것으로 판명 난 경우가 결코 드물지 않다. 번아웃과 우울증의 차이점만 해도 벌써 논란의 여지가 많다. 전문가들조차 어디까지가 번아웃이고 어디서부터 우울증인지 합의를 보지 못하고 있다. 전형적인 번아웃 증상으로 예를 들어 피로감, 무관심, 집중력 저하, 의욕 상실 등이 있는데 우울증 환자도 똑같은 증상을 보인다. 그렇다면 많은 사람이 주장하듯 번아웃은 우울증의 '좀 더 세련된' 이름인가? 전혀 그렇지 않다. 나는 무엇보다 이 둘을 똑같이 치료하는 일을 당장 그만둬야 한다고 주장한다.

# 우울증과 번아웃의 원인은
# 완전히 다르다

우리 클리닉에 오는 환자는 크게 두 부류다. 첫째, 정도는 달라도 우울증을 앓고 있음이 분명한 환자들. 둘째, 번아웃 증후군이라는 굽은 길을 돌아 우울증에 빠지려고 하는 환자들. 이 작지만 분명한 차이를 많은 의사들이 별 것 아닌 듯 취급한다. 두 경우 모두 같은 약을 처방하는 것이 당연해져 버렸기 때문이다. 하지만 나는 이 차이 안에 환자의 빠른 치유를 위한 아주 중요한 열쇠 하나가 숨어있다고 생각한다. 특히 증상의 최초 발생 원인이 심리적 문제를 유발하는 것(즉 특정 방식의 생각이 굳어진 것)일 때는 서로 완전히 다른 방식의 치료가 이루어져야 한다. 우울증 환자 중 일부는 처음에 자신이 번아웃부터 겪었음을 전혀 모르는 경우가 많은데 이것이 문제를 더 복잡하게 만든다. 하지만 이것은 적절한 질문과 대답을 주고받다 보면 대개 밝혀지게 된다. 이 점에 대해서는 뒤에서 더 자세히 다루겠다.

## ▶ 계산된 비관주의? 혹은 완벽주의?

처음부터 우울증에 걸린 사람은 (약물에 의한 발병이 아니라면) 번아웃에서 시작한 사람과 기본적으로 완전히 다른 사고 습관을 갖고 있다. 전자는 '계산된 비관주의Calculated Pessimism' 경향이 강하고 후자는 완벽주의 소질이 강하다. 당신이 이 두 특성을 모두 갖고 있다면 아래의 간단한 테스트로 어느 쪽의 경향이 더 강한지 찾아낼 수 있다. 계산된 비관주의와 완벽주의가 우열을 가릴 수 없다고 해도 상관없다. 그렇다면 이 책으로 두 배의 효과를 볼 것이다. 우울증을 고칠 기술과 번아웃을 고칠 기술, 둘 다를 이용할 수 있을 테니 말이다.

아래 네 가지 질문에 **네, 아니오**로 대답해 당신이 계산된 비관주의자인지 완벽주의자인지 알아보자.

- 정신적 충격을 부른 경험을 하나, 혹은 여러 번 겪어서 지금까지도 괴로운가?
- 성장 배경과 지금까지의 인생 경험 때문에 매번 지나치게 신중하고 비판적인가?
- 국가, 정부, 의학, 언론, 기업, 혹은 특정 계층에 '건전한' 불신을 갖는 경향이 있는가?
- '또다시' 실망하지 않으려고 어떤 일이든 조심하고 미리 대비하는 경향이 있는가?

최소 세 가지 질문에 '그렇다'라고 답했다면 당신은 계산된 비관주의자일 가능성이 크다. 하지만 나쁜 것은 아니다. 과거의 경험들이 당신을 그렇게 만들었으므로 미래를 긍정적으로 보기가 어려울 수밖에 없을 것이다.

하지만 조심하기는 해야 한다. 인생에서 한때 계산된 비관주의자로 사는 것이 당연했다고 해도 계속 그런 경향을 이어간다면 치러야 할 대가가 자꾸 커질 테니 말이다.

믿기 힘들 수도 있겠지만 매사에 부정적인 결과를 예측할 때 우리 뇌의 생리적 구조도 그에 맞춰 바뀐다. 이때 뇌는 (뒤에 더 자세히 살펴볼) 신경 가소성이라는 뇌의 특징 덕분에 부정적인 것들을 인식하는 능력이 점점 더 커진다. 반면 긍정적인 경험을 소화할 능력은 점점 더 줄어든다. 뇌가 정말 생리적으로 변한다는 것은 이미 일련의 연구들이 증명한 바 있다.[1] 그렇다고 걱정하지는 말자. 부정적인 변형을 다시 되돌릴 수 있는 몇 가지 간단한 기술이 있고 이 책에서도 그 기술들을 살펴볼 것이다.


▶ **"저는 그 정도로 부정적이진 않습니다!"**

내가 당신이 계산된 비관주의 경향이 있는 것 같다고 하면 환자들이 늘 하는 말이다. 그리고 보통 이렇게 덧붙인다. "우리 가족에게 물어보세요. 전 정말 불평이라곤 없는 사람이라고요!" 대개 틀린 말은 아닐 것이다. 왜냐하면 계산된 비관주의자들은 생각과 행동이 매우 다르기 때문이다. 이 사람들에게 "잘 지냈어?"라고 물어봐라. 그럼 대체로 "그럼 잘 지냈지!"라는 말을 할 것이다. 하지만 이 사람은 세상과 자신을 속이고 있다. 그렇게 말하면서 사실은 무의식적으로는 이렇게 생각하고 있을 테니까.

피곤해 죽겠어. 다 너무 힘들어. 왜 이런 질문을 하는 거지? 이런 질문부터가 스트레스야.

그래서 더 이상의 질문이 나올 수 없게 대답해 버린다. "그럼 잘 지내지!", "다 좋아!", "괜찮아!"보다 더 좋은 대답이 어디 있겠는가? 하지만 상대방 입장에서는 이 사람들의 진짜 속내를 알 수 없는데 어떻게 적절히 반응하고 구체적인 도움을 줄 수 있겠는가? 이들은 속을 드러내는 대신 제대로 '기능하려고' 나름대로 최대한 오랫동안 노력한다. 그런데 그렇게 진짜 감정을 숨기는 것이 다음과 같은 생각과 만나게 되면 상황은 더 나빠진다.

"어차피 나를 도와줄 수 없는데 뭐하러 너까지 힘들게 해?" 또는 "나를 정말 사랑한다면 내가 지금 얼마나 힘든지 말 안 해도 알 거야."

과부하가 걸린 몸과 마음에 외로움까지 더해지면 우울증에 걸리는 건 시간문제다. 하지만 분명 그 단계까지 갈 필요는 없다. 그런 생각들이 대개 잘못된 믿음 문장들에 기초하기 때문이

다. 잘못된 믿음 문장들이 왜 나쁜지, 무엇보다 그 대처방안은
무엇인지는 3장에서 살펴볼 것이다.

## ▶ 번아웃 경향이 있는 사람은 다른 사람을
## 　과하게 신경 쓴다

번아웃 경향이 있는 사람은 대개 완벽주의 성향이 강하다. 이
말은 이들이 계산된 비관주의자들과 많은 면에서 다르게 생각
한다는 뜻이다. 당신이 이 부류에 속하는지는 다음 네 가지 질
문에 답하는 것으로 판단해볼 수 있다. 이 테스트는 당연히 아
직 우울증으로 진전되지 않았을 경우에만 효력이 있다. 아니면
우울증이 모든 에너지를 앗아가기 전에 어땠는지 기억하며 답
해봐도 좋다.

- 가족의 행복이 많은 부분 당신에게 달려있다고 느끼는가?
- 시간이 없을 때도 친구나 지인들이 도움을 요청하면 언제라
  도 달려가는가?
- 의욕적으로 모든 일을 척척 해내고 싶지만 늘 스스로의 기대
  에 못 미치는가?
- "잘했다"는 말이 "충분하지 않다"라는 말로 들리고 삶의 한
  부분에서만큼은 '완벽하고' 싶은가?

최소 세 가지 질문에 '그렇다'라고 대답했다면 당신은 완벽주

의 성향이 강하다. 여기서 중요한 점 한 가지. 계산된 비관주의와 완벽주의 질문 두 경우 모두에 각각 두세 개 이상 '그렇다'라고 대답했을 수도 있다. 그렇다면 이 책 전체를 한 챕터도 빼놓지 말고 꼼꼼히 읽기 바란다. 왜냐하면 당신에게는 모든 챕터에 삶의 기쁨과 여유를 향한 열쇠가 놓여있을 수 있기 때문이다.

## ▶ 완벽주의자에게 우울증은 휴식이 필요하다는 뜻이다

완벽주의자는 대개 휴가 때조차 직장 상사, 고객, 동료, 친척, 지인들이 언제든 연락할 수 있게 해둔다. 이 정도의 '의리'는 이들에게 당연하다. 하지만 그동안 '단 한 사람'이 외면받고 있음을, 즉 '자기 자신'이 등한시되고 있음은 스스로 알지 못한다. 완벽주의자는 시간이 늘 부족하다고 느낀다. 언제나 벌써 해치워야 했을 일이 남아있다. 그 모든 일이 자신을 얼마나 짓누르고 있는지 알게 되었을 때는 이미 늦었다. 그때쯤에는 자꾸 이런 생각이 들 것이다.

너무 힘들어. 더는 못하겠어.

이런 생각이 자주 들수록 집중력과 생산력이 그만큼 사라진다. 그럼 어이없는 실수도 하게 되는데 이것은 완벽주의자로서 용납할 수 없는 일이므로 압박은 더욱 커지게 된다. 이것이 다시 과부하와 죄책감의 악순환에 빠지게 하고 그러는 동안 당사자는 번아웃 속에 점점 더 깊숙이 떨어지게 된다. 그 결과 우울증에 걸리는 것이다. 하지만 이때 걸리는 우울증은 계산된 비관주의로 인한 우울증과는 완전히 다른 기능을 갖고 있다. "우울증에 기능이 있다고?" 그래, 맞다! 번아웃에서 이어진 우울증은 **비상용 차단기**라는 중요한 기능을 수행한다. 스스로는 절대 쉴 생각을 하지 못하는 사람에게 우리 정신은 우울증을 이용해서라도 억지로 휴식을 주려고 한다. 물론 편안한 휴식과 우울증은 거리가 멀긴 하지만.

최신 자동차에도 모터 고장 방지를 위한 매우 유사한 메커니즘이 있다. 자동차 내장 컴퓨터가 자동차의 심각한 고장을 발견할 경우 자동으로 속도를 시속 80킬로미터로 제한하게 하는 메커니즘이다. 이 경우 운전자가 아무리 엑셀을 밟아도 더 빨리 달릴 수 없다. 정비소에 가서 고장 난 부분을 고쳐야 원래 능력대로 달릴 수 있다.

나는 100명 이상의 환자에게 우울증 진단을 받았는지 물었고, 받았다면 심신상관 클리닉에서 입원 치료를 받는 것이 빠르고 지속적인 치료에 얼마나 도움이 되었는지 물어보았다. 결과는 분명했다. 우울증 이전에 번아웃 과정을 겪었던 사람은 곧장 우울증에 걸린 사람보다 입원 치료에서 훨씬 더 큰 효과를 봤다.

당연하다. '타버린burn out' 사람에게 없는 것은 '단지' 자신을 돌보는 적당한 능력이니 말이다(물론 생각의 전환도 필요하다). 이 경우 억지로라도 '배터리'를 다시 충전해 주기만 하면 효과는 금방 나타난다. 그리고 이때부터는 두 가지가 가능하다. 그 경험을 교훈 삼아 이제부터 자신을 잘 돌보며 살아가거나, 치료로 얻은 새 에너지를 다시 이전처럼 사는 데 죄다 쏟아붓거나. 후자의 경우 우울증에 걸릴 정도로 자신을 불태우다가 치료를 받고, 기운을 찾으면 다시 자신을 불태우기를 반복하는데 이때 양극성 장애에 걸리기 쉽다. 이런 사람들을 예전에는 감정의 양극단을 오간다고 해서 '조울증'이라고 했다. 기분 전환이 상대적으로 덜 극단적인 경우 전문 용어로 '순환성 장애'라고도 한다.

## ▶ 유명인들도 양극성 장애를 가졌다

양극성 장애 환자는 우리 사회 특권층에 속할지도 모르겠다. 조증 단계에 있을 때는 창조성이 비상해지므로 양극성 장애 환자들 중에서 걸출한 인물이 나오기도 하니까 말이다. 윈스턴 처칠Winston Churchil, 헤르만 헤세Hermann Hesse, 레오나르도 다빈치Leonardo da Vinci, 마크 트웨인Mark Twain, 나폴레옹 보나파르트Napoleon Bonaparte, 에이브러햄 링컨Abraham Lincoln, 배우 로빈 윌리엄스Robin Williams가 그랬다. 로빈 윌리엄스는 63세에 자살했다.

안타깝게도 양극성 장애의 괴로움에서 벗어나기 위한 마지막 탈출구로 자살을 택하는 사람이 드물지 않으므로, 이 책에서도 이 문제를 짧게나마 꼭 언급해야 할 듯하다. 사람이 자살을 택하는 데는 기본적으로 두 가지 이유가 있다. 첫째, 다른 길이 없을 경우다. 다시 말해 더 나은 방법을 찾지 못했을 경우다. 둘째, 특정 물질 때문에 자살로 몰리는 경우다.

첫 번째 이유가 내가 이 책을 쓰기로 한 가장 큰 동기다. 당신이 지금 우울증을 앓고 있든 번아웃에 시달리고 있든, 이 순간에도 당신이 생각하는 것보다 훨씬 많은 탈출구가 있고 치료법이 있다. 그리고 당신이 이 책을 연구하고 이용할수록 더 많은 치료법이 나타날 것이다.

그런데 나는 두 번째 이유도 예방하고 싶으므로 어떤 약들이 우울증을 악화시키고, 자살 충동을 높이는 부작용을 낳는지도 쉽고 분명하게 설명할 것이다. 의사들은 현재 다섯 종 이상이 포함된 조제약을 한꺼번에 복용하는 이른바 '다중 약물 요법'을 특히 심각한 문제로 보고 있다. 여기서 주의할 점. 그렇다고 성급하게 지금 복용 중인 약을 갑자기 끊어서는 **절대로 안 된다**. 먼저 이 책에서 당신에게 도움이 되는 요법들을 시험해본 후 약을 조절할 필요가 있겠다 싶으면 신뢰할 수 있는 의사와 상담해보자. 당신을 잘 알고 있는 의사만이 지금 복용하는 약을 천천히 끊는 방법과 이용 가능한 대체제로 어떤 것이 있는지 말해줄 수 있다. 그래야 불필요한 문제들을 피할 수 있다.

### ▶ 당신에게 딱 맞는 몇 가지 치료법

진짜 계산된 비관주의자는 진짜 완벽주의자에 비해 다시 정상적인 삶을 살기까지 더 오랜 치료와 보호가 필요하다. 더 강력한 우울증을 부르는 사건을 겪을 위험성도 더 크다. 뇌 과학의 관점에서 보면 당연한 결과다. 부정적인 생각을 너무 오래 한 탓에 뇌의 구조가 근본적으로 다르게 바뀌었기 때문이다. 이런 뇌는 이제 자발적으로는 긍정적인 생각을 할 수 없다. 오랫동안 부정적인 쪽으로 훈련된 탓에 신경세포들이 그쪽으로 굳어져버린 것이다. 그러므로 어떤 치료법이든 지속적인 효과를 보려면, 새롭게 사고하는 법을 조금씩 배우고 단단히 굳혀나가는 일이 선행되어야 한다.

기존의 치료법들은 바로 이 점에서 많은 약점을 보인다. 이 환자들에게 지금 당장 필요한 것은 동기부여 코치 겸 치료사다. 그것도 가능한 한 매일같이 훈련을 시켜줄 코치 말이다. 처음에는 작은 발걸음 하나로 시작하되 우울증 뇌가 모든 부정적인 증상이 사라진 뇌로 완전히 탈바꿈할 때까지 발걸음의 폭을 조금씩 넓혀나가야 한다. 하지만 6주의 입원 치료는 고사하고 매주 한두 시간 상담받기도 어려운 사람이 많다.

환자를 우울증에서 벗어나게 돕는 것은 길고 지난한 일이고 엄청난 노력을 요구한다. 그리고 이런 노력은 대개 치료사가 아니라 가족이나 친구가 하게 된다. 나는 이들에게 깊은 존경을 보낸다. 그런 의미에서 나는 이들이 그런 희생으로 자신조차 타버리거나 우울증에 걸리지 않도록 도와주는 것도 나의 일이라고 생각한다. 이 책에서 나는 어떻게 정신장애가 일어나고 어떻게 하면 그 당사자들이 다시 건강해질 수 있는지, 가장 중요한 점들만 최대한 알기 쉽게 설명할 것이다. 또한 우울증 환자의 가족과 친구들에게 앞으로 이 책에서 소개될 기술들을 이용해 우울증과 번아웃으로부터 자신을 보호할 것을 독려하려 한다.

## ◗ 시작하기 전에 반드시 알아둘 것

일반화와 잘못된 추측을 조심하기 바란다. 번아웃이 무조건 우울증을 부르는 것은 아니다. 그리고 번아웃과 우울증을 몇 번씩 왔다 갔다 했다고 모두 양극성 장애에 걸리는 것도 아니다. 다만 양극성 장애가 있다면 거의 대부분 번아웃 문제와도 싸워야 한다는 것이 지금까지 내가 치료를 하면서 알게 된 사실이다. 그리고 대개 '마른하늘에 날벼락'처럼 우울증에 걸린 사람들의 경우 육체적 요소들이 중요한 원인인 경우가 많다. 예를 들어 다양한 약물의 부작용 및 상호작용, 갑상샘 관련 질병, 특정 물질에 대한 알레르기 반응 같은 몸의 문제들이 우울증을 유발하기도 한다. 물론 이런저런 약을 많이 먹거나 갑상샘 문제를 갖고 있다고 해서 다 우울증에 걸리는 것도 아니다.

약물들의 상호작용에 대해, 그리고 우울증과 번아웃의 영구적인 극복을 위해 향정신성 약물을 대체할 것들로 어떤 것들이 있는지는 앞으로 차근차근 알아갈 것이다.

# 우울증 팩트 체크

환자들만이 아니라 많은 정신과 의사와 정신 요법 의사들도 뇌 속 세로토닌과 노르아드레날린의 부족이 우울증을 유발한다는 낭설을 아직도 굳게 믿고 있다. 디프레치오넌호이터 Depressionen heute°와의 인터뷰에서 의학 박사 우버 곤터Uwe Gonther 교수는 이 주제에 대해 다음과 같이 명백한 입장을 밝혔다.[2]

최근에서야 나는 중요한 추가 교육을 통해 우울증의 생화학적 작용이 아직 미지의 영역임을 알게 되었다. 인간의 신체에서 분비되는 물질 중에 우울증의 발생을 설명해주는 물질은 없다. 그리고 우울증을 측정 가능할 정도로 악화시키는 물질도 없다. 우리 정신과 의사들은 과학적인 근거가 전혀 없음에도 제약 회사

───● 독일의 우울증 연구 및 치료 기관, https://www.depression-heute.de

들이 마케팅을 통해 약속한 것들을 그대로 믿어버렸다.

우버 곤터 교수는 심리 치료 및 정신의학 전공의이자 브레멘에 있는 닥터 하이네스 아메오스 병원AMEOS Klinikums Dr. Heines의 수석의다. 아메오스 병원은 우울증과 불안증 치료에서 수십 년 역사를 자랑하는, 독일에서 가장 오래된 정신의학 전문 병원 중 하나다. 간단히 말해 곤터 교수는 이 분야 최고 전문의라고 할 수 있다. 곤터 교수의 위와 같은 입장에 명망 높은 다른 동료 의사들도 동의했다. 2016년 브레멘 라디오 방송국 인터뷰에서 곤터 교수는 위의 입장을 다시 한번 분명히 했다.

항우울제라는 명명 자체가 틀렸다고 생각한다. 항우울제는 약물 투여로 우울증을 없앨 수 있다고 암시한다. 하지만 그렇게 볼 생물학적 근거가 전혀 없다. 그러므로 항우울제는 항우울제가 아니다. 항우울제를 너무 오래 복용하면 대개 화를 부른다.

곤터 교수의 인터뷰 내용을 전부 인용할 수는 없으므로 오해의 소지를 없애고자 덧붙이자면, 곤터 교수는 그럼에도 불구하고 항우울제 복용이 정당한 때가 분명 있다고 말한다. 중증 우울증 환자일 경우 단기 항우울제 복용이 깊은 우울감과 의욕 상실에서 벗어나게 할 수 있다. 하지만 깊은 우울 상태에서 조금 벗어났을 때부터 조금씩 신중하게 약을 끊고 심리 치료 같은 다른 적절한 방식을 찾아 치료를 계속해야 한다.

이것은 내 치료 경험에도 부합하는 주장이다. 곤터 교수의 조언을 따른다면 정신과 처방 약이 반으로 줄어들 뿐 아니라, 정신장애를 앓는 사람의 수와 병의 발병 기간 또한 상당히 줄어들 것이다. 나는 어쩌다 이런 과감한 주장을 하게 되었을까? 유럽 전체 인구의 8퍼센트에 해당하는 4천만 명 이상이 현재 항우울제를 복용하고 있다. 미국에서는 심지어 10명 중 1명이 항우울제를 복용한다. 항우울제는 대부분 뇌 속 세로토닌 수치를 높인다.

하지만 유감스럽게도 우울증 환자가 세로토닌 부족에 시달리고 있다는 과학적인 증거가 하나도 없다. 우울증 환자 중에는 심지어 '건강한' 사람들보다 세로토닌 수치가 눈에 띄게 높은 사람도 많다. 높은 세로토닌 수치와 행복감 사이의 관계도 증명된 적이 없다. 뇌 속 세로토닌이 많은 사람이 다른 사람보다 행복하다는 증거가 없다는 말이다. 오히려 세로토닌 수치가 높으면 성기능 장애에 시달릴 가능성이 높다.《에어츠트 차이퉁 ÄrzteZeitung》*에 따르면 항우울제를 복용하는 환자의 59퍼센트가 성기능 장애 문제를 갖고 있다.[3] 특히 아래와 같은 약물 복용자들이 그렇다.

─── ● 독일의 의사 신문.

시탈로프람, 미르타자핀, 클로미프라민, 파록세틴, 에스시탈
로프람, 설트랄린, 플루옥세틴, 벤라팍신, 플루복사민.

그런데도 항우울제 처방이 계속 늘어나는 이유는 단 하나뿐이
다. 제약 회사들이 병원과 의사들에게 불완전한 정보들을 제공하
는 데 지난 수십 년 동안 주저 없이 엄청난 비용과 노력을 쏟아부
었기 때문이다. 그들이 그렇게 거창하게 약속한 것들을 그 약물
들이 전혀 실현하지 못했음은 간단한 통계만 봐도 알 수 있다. 항
우울제 통용량이 지난 10년 동안 거의 두 배가 되었다. 그들이 주
장하듯 항우울제가 그렇게 좋다면 우울증과 번아웃 환자의 수가
오히려 눈에 띄게 줄어야 하지 않겠는가? 하지만 실제로는 그 수
가 극적으로 늘어났고 이것은 고통의 장기화를 뜻하는 만성 우울
증의 경우도 마찬가지다. 어떻게 이럴 수가 있나?

나는 여기서 이런 질문을 하지 않을 수 없다. 우울증과 번아
웃 환자의 수가 극적으로 늘어난 것이 오히려 관련 약물들이 **두
배로 더 많이 통용되었기 때문**은 아닐까 하고 말이다. 이쯤에서 우울
증 관련 사실들을 몇 가지 정리할 때가 온 것 같다. 앞으로 이
책에서도 충분한 연구 결과들을 통해 증명될 사실들이다.

- 우울증은 여러 다양한 요인으로 발병하고 이 요인들은 부분적으로 서로 영향을 준다. 몸과 마음을 하나의 체계로 이해하는 사람만이 우울증에서 빨리, 그리고 영원히 벗어나는 데 필요한 단계들을 밟아나갈 수 있다.

- 우울증은 세로토닌과 노르아드레날린의 결핍 때문에 생기는 병이 아니다. 그러므로 뇌 속의 이 신경전달물질들의 분비량을 조작하기 위해 항우울제를 복용하는 것은 의미가 없다.

- 우울증을 꼭 약물로 치료해야 하는 것은 아니다. 항우울제는 중증 우울증에 쓸 수 있으나 이 경우도 몇 달만 복용해 부작용을 최소화하는 것이 좋다.

- 우울증이 일정 간격을 두고 반드시 재발하는 것은 아니다. 진짜 원인이 아니라 증상만 치료했을 때만 재발한다. 진짜 원인을 알고 치료한다면 우울증의 재발이나 악화 없이 살아갈 가능성이 실제로 매우 높아진다.

# 번아웃 팩트 체크

독일 BKK*의 2018년 자료에 따르면 독일인 2명 중 1명꼴로 번아웃에 시달리고 있다고(혹은 그렇게 믿고 있다고) 한다.[4] 가족이나 직장의 요구가 너무 과하고 부당하다고 느끼는 사람이 왜 이렇게 자꾸 늘어나는 걸까? 번아웃 증후군이 생기는 데는 기본적으로 10가지 이유가 있다. 이 이유들은 4장에서 모두 자세히 조명하려 한다. 당신도 번아웃에 시달리고 있다면 이 10가지 이유 중 하나 이상에 해당할 가능성이 아주 높을 것이다. 하지만 원인이 많은 것은 나쁘기보다는 오히려 더 좋다. 왜냐하면 이 원인들이 모두 서로 연결되어 있고, 그래서 하나가 해결되면 다른 것도 저절로 해결되는 경우가 많기 때문이다. 이 원인들을 모두 알고 하나씩 해결해 가는 사람만이 몸도 마음도

———— ● Betriebskrankenkassen: 독일의 의료 공보험 회사.

가벼운 채로, 자신이 하고 싶은 일을 다시 하나씩 성취해가며, 번아웃의 재발 없이 잘 살게 될 것이다. 여기서는 일단 먼저 번아웃과 관련한 몇 가지 거짓들을 살펴보려 한다. 그래야 '치료'가 가급적 용이할 테고 '엉뚱한 공사장'에서 쓸데없이 힘을 낭비하지 않아도 될 테니 말이다.

### ▶ 번아웃은 사실 우울증인가?

번아웃에 대한 가장 강력한 거짓이 바로 번아웃이 사실은 우울증의 또 다른 이름, 즉 우울증보다는 사회적으로 받아들이기 수월한 이름이라는 생각이다. 바로 이 거짓 때문에 수많은 의사들이 번아웃에 항우울제를 처방하는 것이다.

"나는 번아웃 상태입니다"가 "나는 우울증입니다"보다 더 듣기 좋다. 번아웃은 직장, 혹은 가정, 또는 둘 다에서 자신을 새까맣게 태울 정도로 스스로 오랫동안 희생해 왔음을 암시한다. 그에 반해 우울증이라고 하면 그냥 아픈 것이다. 게다가 대개 명백한 이유도 없어 보인다. 하지만 이미 언급했다시피 알아채지 못하고 지나간 번아웃 때문에 우울증이 생기는 경우도 많다. 그런 경우라면 항우울제를 처방하는 것이 더욱더 의미가 없다. 왜냐하면 이 경우 치료를 유도하기는커녕 오히려 막을 것이기 때문이다. 급성 번아웃 증후군이라면 그 정도로 자신을 지치게 만든 원인만 파악하고 나면 대개 치료된다. 그 원인은 대부분 자기와의 '적대적인' 대화, 혹은 '사고방식의 오류'인데 이른바 성공한 사람들에게 이런 원인들이 만연해있다. 이런 원인들을 사전에 제거하려면 당연히 맑은 머리와 건강한 육체, 즉 신뢰할 만한 신호를 보내는 육체가 전제되어야 한다. 항우울제를 복용한 후라면 이 둘 다를 갖기 어려워진다. 피로, 두통, 수면 장애, 소화 장애, 성기능 장애, 메스꺼움, 체중 증가가 항우울제의 가장 흔한 부작용들이니까 말이다. 사고방식과 삶의 모습을 의도적으로, 그리고 효과적으로 바꾸고 싶은 사람에게 이것은 분명 좋은 출발선이 아니다.

### ▶ 번아웃은 그저 워라밸이 깨졌기 때문인가?

그렇지 않다. 이것 또한 번아웃을 둘러싼 또 다른 강력한 거짓 중 하나일 뿐이다. 번아웃 환자들은 번아웃에도 불구하고 친구들을 만나고 운동을 하거나 취미 활동에 열심인 경우가 많다. 그 모든 일에 있어 이들의 문제는 스위치를 끌 수 없다는 것이다. 이들은 무슨 일이든 그 일을 다 해내지 못했다는 죄책감에 늘 시달린다. 그러므로 사실은 그 모든 활동으로부터 전혀 힘을 얻지 못하게 된다. 순간을 재밌게 즐기는 대신 마음은 이미 다음 고객, 어질러진 책상, 아이 학교 문제 등등 풀어야 할 다른 숙제에 가 있다.

이 경우 집중 훈련이 적절한 대책이 될 수 있다. 물론 다른 모든 처리하지 못한 숙제에 대한 해결책을 제시간 안에 찾아냈을 때 한해서 말이다. 그러므로 균형 있고 행복한 사람의 알파(시작〕와 오메가〔끝〕는 집중력과 아웃소싱이다. 다른 사람에게 자신의 숙제와 책임감을 적절히 위임하는 것은 어떤 섬세한 워라밸보다도 더 중요한 번아웃 예방책이다. 이 알파와 오메가를 우리 삶에 적절히 통합하는 방법은 5장에서 살펴볼 것이다.

## ▶ 번아웃은 정신이 내리는 '비상용 차단기'다

당신을 보호하는 것이 바로 당신 정신이 하는 일이다. 그래서 극단적인 경우 당신의 정신이 무의식을 이용해 '비상용 차단기'를 내리기도 하는 것이다. 우리가 스스로 그렇게 하지 못하기 때문이다. 작가 겸 사진작가인 울리히 샤퍼Ulrich Schaffer는 이런 심신의 협력 작용을 다음과 같이 탁월하게 표현해냈다.

> 정신이 육체에게 말했다. "네가 어떻게 해 봐. 이 사람은 내 말은 들어먹지를 않아. 네 말은 들을 지도 모르잖아."
> 육체가 정신에게 말했다. "그럼 내가 아파볼게. 그럼 이 사람이 너를 위해 시간을 낼 거야."

다시 한번 반복하자면, 번아웃으로 인한 우울증은 약물로 치료해야 하는 질환이 결코 아님을 이해하는 것이 매우 중요하다. 번아웃으로 인한 우울증도 비상용 차단기다. 당신의 정신이 자신이 해야 할 일을 하는 것이다. 바로 당신을 당신 자신으로부터 보호하며 억지로라도 안정시키고 되돌아보게 하는 것이다.

몇 가지 오류들을 알아차리고 없앤다면 번아웃 또는 우울증은 모두 저절로 사라질 것이다. 단 불필요한 약물로 심신 체계를 교란하지 않는다면 말이다. 심신 체계가 교란되면 정신과 육체 사이의 교류 자체가 불가능해진다.

- 우울증과 번아웃은 기본적으로 서로 다르므로 다른 방식으로 치료해야 한다. 몸이 둘이 기본적으로 서로 다름을 모르고 잘못 치료한, 혹은 전혀 치료하지 않은 번아웃 증후군의 경우 진짜 우울증을 부를 수도 있다. 번아웃 상태에서 과부하 상태가 지나치게 오래가거나 잘못 치료할 때 우울증이 온다.

- 번아웃은 항우울제로 치료할 수 없다. 항우울제는 보통 뇌의 사고 능력을 둔화시킨다. 그러나 번아웃 환자들의 내면에는 자신을 닦달하는 사람이 여전히 건재한다. 항우울제를 복용해서 사고 능력이 둔화한다면 스스로 빽빽하게 채워넣은 일과를 달성하기가 더 어려워진다. 그럼 압박이 더 심해지고 이것이 번아웃을 악화시킨다.

- 번아웃은 워라밸을 맞추는 것만으로 간단히 해결되지 않는다. 진짜 문제는 부족한 여가, 혹은 취미 활동이 아니다. 진짜 문제는 그런 활동을 하면서도 그곳에서 진짜 휴식을 느끼지 못한다는 데 있다. 그런 활동을 하는 동안 다른 일들을 하지 못한다는 사실에 무의식적으로 끊임없이 죄책감을 느끼기 때문이다. 그러므로 워라밸을 맞추기 전에 사고 과정의 효과적인 전환이 선행되어야 한다.

# 우울증 원인 10가지

처음부터 밝혔듯이 우울증에는 많은 원인이 있다. 그 중에는 단독으로 작용하는 것도 있고, 서로 합쳐지면 파괴적인 결과를 초래하는 강력한 힘이 되는 것도 있다. 이 장에서는 그 각각의 원인들을 하나씩 해체해보려 한다. 그에 맞는 해결책은 뒤에서 살펴볼 것이다. 당신은 자신에게 해당하는 듯한 원인을 알아차리자마자 관련 해결책부터 보고 싶을 수도 있다. 하지만 이 책을 일단 처음부터 끝까지 정독할 때 원하는 바를 더 빨리 이루게 될 것이다. 이것은 매일같이 환자를 봐온 나의 경험이 하는 말이다. 이 책을 처음부터 끝까지 정독해야 우울증의 모든 원인을 찾아내 잘 붙잡아둘 수 있고 그래야 미처 찾지 못한 숨은 원인 때문에 치료에 방해를 받지 않을 수 있을 테니 말이다.

# 부정적인 생각이 쌓이면
# 뇌 구조도 바뀐다

현대 뇌 과학의 발전 덕분에 이제 우리는 늙어서도 우리 뇌가 계속 변한다는 사실을 분명히 알게 되었다. 그렇게 변하는 능력을 뇌의 신경 가소성이라고 한다. 우리가 생각하고 행동하는 방식이 뇌에 계속 새로운 시냅스 연결들을 생성하고, 그런 동시에 다른 낡은 시냅스 연결들을 끊는다. 뇌 속 공간이 한정되어 있으므로 이 과정은 좋은 것이다. 모든 정보를 똑같이 저장하고 유지한다면 우리 뇌는 터져버리고 말 것이다. 그러므로 뇌 과학에서는 "사용하거나 잃어버려라Use it or Lose it!"가 기본 법칙으로 아주 유효하다. 우리 뇌 속에 저장된 정보는 사용하지 않으면 사라지게 되어있다.

무언가를 자주 생각하거나 반복할수록 그것은 뇌에 점점 더 단단한 신경 회로로 '배선되므로' 점점 더 쉽고 빠르게 소환될 수 있다. 그럼 그 생각과 행동이 자동화되고 결국엔 그런 생각과 행동을 더는 의식적으로 신경 써서 할 필요가 없다.

뇌가 반복되는 생각 혹은 행동의 유형을 알아차리고 해당 신경세포들을 계속 최적화하지 않는다면, 여러 가지 일을 한꺼번에 할 수 없을 것이다. 운전이 그런 멀티태스킹의 가장 좋은 예다. 운전을 하려면 기어 변속, 클러치 조작, 깜빡이 켜기, 백미러 확인하기 등을 동시에 해야 한다. 몇 년 경력의 운전자라면 운전하는 동안 흥미로운 라디오 방송도 듣고, 조수석의 사람과 대화도 하고, 해결해야 하는 문제들을 고심하기도 하고, 스피커폰으로 통화도 하고, 심지어 그러다 중요한 결정을 내리기도 한다. 경력이 쌓일수록 운전은 무의식적 과정이 될 테고 운전자는 부지불식간에 운전하므로 운전이 전혀 힘들지 않다.

모든 행동과 생각에도 이런 자동화가 예외 없이 적용된다. 일생을 긍정적으로 산 사람이라면 불편한 사건이 발생해도 그 즉시 궤도를 이탈하지는 않는다. 그의 뇌가 매우 자동적으로 다음과 같은 문장들을 만들 테니까 말이다.

이 일이 전화위복이 될지도 몰라. 예전에도 많이 그랬잖아. 처음에 뭔가 잘못되는 것 같다가도 나중에 보면 그 일 덕분에 더 나쁜 일을 겪지 않아도 되었지.

예를 들어 어떤 사람이 사업체 하나를 갖고 있는데 한 직원이 그 회사에서 독립해 직접 회사를 차리고는 그 사람의 큰 고객을 빼돌렸다고 하자.

타고난 긍정주의자라도 이 정도의 배신을 당하면 당연히 화가 날 것이다. 하지만 대개 그 화가 오래가지는 않는다. 애초에 긍정주의자의 뇌는 화가 가라앉기도 전에 그렇게 실망한 상황에서도 어떻게 하면 무언가 긍정적인 결과를 이끌어낼까 고심한다. 그리고 거의 자동적으로 다음과 같이 생각한다.

이 사람이 늦지 않게 자신의 진짜 얼굴을 드러낸 건 좋았어. 안 그랬다면 더 많은 고객을 빼돌렸을지도 모르잖아. 어쩌면 그 고객이 사실은 전혀 도움이 못 되었을 수도 있어. 그 사람이 제때 결제를 안 해준다는 말도 있었잖아. 게다가 작은 금액에도 일일이 토를 단다고도 했어. 그런 고객이라면 뭐 없어도 괜찮겠지. 아니 기꺼이 사양하겠어!

이런 더할 수 없이 도움이 되는 사고의 전환을 심리학에서는 '리프레이밍reframing', 즉 '재해석'이라고 부른다. 원래 체계적인 가족 치료를 위한 기술이지만 부정적인 사건을 재빨리 극복하고 덜 위협적으로, 혹은 덜 아프게 느끼게 하는 데도 매우 훌륭한 기술이다. 무언가를 리프레이밍 하는 것에는 또 다른 장점도 있다. 사건을 재해석하다 보면 화를 내며 웅크리고 있기 보다 해결책을 찾는 등 적극적으로 행동하게 된다. 이 리프레이밍 기술은 우울증과 번아웃에도 똑같이 큰 도움이 되므로 뒤에서 더 자세히 살펴볼 것이다.

반면 진짜 계산된 비관주의자는 재해석을 거의 하지 않는다. 아니 그러기는커녕 앞으로 생겨날지도 모를 위험성을 외면하지 않는 자신이 현실을 직시하는 거라 여긴다. 계산된 비관주의자는 미래에 올 나쁜 일을 예측해야 그 나쁜 일로부터 자신을 보호할 수 있다고 확신한다. 나쁜 일이 일어날 수밖에 없어도 정신적으로 최악의 상태에 미리 준비되어 있으므로 덜 실망할 것 같기 때문이다. 최소한 그렇게 생각한다. 하지만 실제로 이것은 큰 '착각'일 뿐이다. 뇌 과학과 신경 가소성으로 우리가 알게 된 게 있다면 바로 다음과 같은 사실일 테니 말이다.

부정적인 생각과 계산된 비관주의는 나쁜 사건으로부터 우리를 보호해주지도, 그 사건으로부터 느끼게 될 아픔을 줄여주지도 못한다.

부정적인 생각과 계산된 비관주의는 자꾸 지나치게 부정적인 것만을 인식하도록 우리 뇌를 훈련한다. 반면 다른 모든 긍정적인 것을 볼 능력이 똑같이 그곳에 존재함에도 신경학적으로 점점 움츠러든다. 이제 이들은 기회가 생겨도 그 기회를 잡지 않고, 그저 가만히 있는 게 더 낫다고 말하는 이유들만 보게 된다. 그렇게 이들은 많은 기회들을 놓치게 되고, 가진 것이 더 적어지고, 불만은 점점 더 커지는 상태에 빠진다. 더 나은 삶을 위한 좋은 기회들을, 그렇게 좋은 기회라고 더 이상 인식하지 못하기 때문이다. 이제 더 나은 삶을 살게 되기는커녕 위험과 문제와 부당함에 둘러싸여 있다는 느낌만 들고, 실제로 전혀 그렇지 않을 때도 그렇게 느낀다. 계산된 비관주의는 절대 현실 직시가 아니다. 기회와 위험을 똑같이 알아차리는 대신 이들은 자신의 예상에 들어맞는(이 예상은 그렇게 생각하도록 훈련된 뇌에 의해서 일어난다) 현실의 단편만을 골라서 인식한다.

그 이유는 이미 언급한 우리 뇌의 신경 가소성 때문이다. 우리 뇌는 우리가 이용하는 대로 매일 조금씩 변하게 되어있다. 또 주변에서 들어오는 수많은 정보를 감정에 의지해 걸러 받아들인다. 이 말은 우리가 정말로 사랑하는 것들이나 우리가 특히 두려워하는 것, 둘 다 똑같이 강렬하게 인식한다는 뜻이다. 그리고 긍정적인 것 혹은 부정적인 것에 초점을 맞추면 맞출수록, 해당 신경 회로가 더 강하게 저장될 것이고 해당 정보와 관련 감정을 잡아내기가 더 쉬워진다. 반면 우리가 관심을 주지 않는 것들은 우리 뇌 속에서 조금씩 희미해져 간다.

위급한 사태에 대비하는 건 좋지만 발생 가능한 위험 혹은 문제들에만 끊임없이 천착한다면, 뇌 과학에 따르면 우리는 단 한 가지 일만 할 수 있다. 즉 문제와 위험만을 인식하게 하고 긍정적인 것들은 인식하지 못하도록 뇌세포를 서서히 훈련시키는 일만 할 수 있다.

믿기지 않는가? 그렇다면 다음 질문에 답해보기 바란다. 당신은 자동차가 있는가? 혹은 가까운 사람이 자동차가 있어도 좋다. 어쨌든 그 자동차를 타기 시작하면서부터 도로에서 평균 이상으로 그 자동차와 같은 이름의 자동차를 특별히 더 자주 보게 되지 않았는가? 예를 들어 아우디 A4를 마지막으로 **의식했던** 적이 언제인가? 당신 자신 혹은 가까운 사람이 우연히 그 자동차를 몰고 있는 경우가 아니라면, 당신은 이를 의식한 적이 한 번도 없을 것이다. 심지어 이 자동차 모델이 벌써 5세대까지 출시되었음에도 말이다.

나는 환자들에게 이 이른바 '선택적 자동차 인식' 테스트를 자주 시킨다. 그 결과 자동차 등록 통계에 따르면 내 환자가 몰고 있고 따라서 그에게는 평균 이상으로 자주 보이는 자동차가, 사실은 아우디 A4보다 훨씬 드문 차종인 경우가 많았다. 자신의 차종은 늘 어디서든 출현하는 것 같지만 아우디 A4는 실제로 나타나도 단지 보지 못할 뿐이다. 그 이유는 우리 뇌가 우리가 과거에 적절한 것으로 분류해놓은 것만 인식할 수 있도록, 다른 모든 것을 무의식적으로 걸러버리기 때문이다.

같은 이유로 임산부는 다른 임산부를 평균 이상으로 자주 보게 된다. 방금 반려견을 들인 사람의 눈에는 갑자기 개만 보이고, 문신을 할까 생각 중인 사람은 말할 것도 없이 갑자기 세상 사람 절반이 다 문신한 것처럼 보인다. 물론 다 틀렸다. 당신이 아기를 기다리고 있다고 해서 갑자기 더 많은 여성이 임신할 리 없다. 단지 당신이 개를 키우고 있다고 해서 세상 개의 수가 갑자기 두 배가 될 리도 없다. 그리고 독일에서 현재 문신을 한 사람의 수가 사상 최대이기는 하지만 여전히 독일인 80퍼센트 이상이 그런 종류의 몸치장은 하지 않았다.

뇌는 이처럼 개인의 호불호에 따라 인식을 거르는 작업을 한다. 그러므로 감격을 느끼는 법을 잘 알수록 행복과 만족을 더 자주 느끼게 된다. 반대로 불쾌한 것들만 언급하는 사람은 조만간 우울증으로 나아갈 가능성이 있다. 우리가 받아들이고 소모하는 모든 것이 우리를 바꾸기 때문이다. 계속 즉석식품만 먹는 사람은 뚱뚱해진다. 계속 잘못될 일만 생각하는 사람에게는 삶의 모든 것이 더 복잡해지고 부당해지는 것만 같다. 그렇다고 걱정하지는 말기 바란다. 못 말리는 계산된 비관주의자라도 몇 가지 연습만 하면 '더 건강한' 방식으로 사고하는 법을 배울 수 있다. 그런 새 사고방식이 그 첫 열매를 거두면 그때부터는 부정적인 생각에 작별을 고하기가 점점 더 쉬워진다. 당신의 뇌를 바꿀 간단한 연습법은 3장에서 알려주겠다.

이제 우리 뇌의 신경 가소성을 알았으니 앞의 이야기로 돌아가보자. 큰 고객이 될 수도 있는 사람을 직원에게 빼앗긴 그 사람이 계산된 비관주의자라면 어떻게 생각했을까? 아마도 다음과 같이 생각하지 않았을까?

어쩐지 믿을 만한 사람이 아닌 것 같았어. 내가 일자리도 주고 일도 그렇게나 많이 가르쳐줬건만.

사실 이 사람은 그렇게 고객을 잃는 상황에 처할 일도 없을 것이다. 계산된 비관주의가 그런 실망으로부터 그를 보호해서가 아니라, 그가 잃을 고객 자체가 없을 것이기 때문에 말이다. 때와 장소를 불문하고 잘못될 일만 생각하는 사람은 감히 사업을 하려 들지 않는다. 부정적인 사람은 가능한 자신의 책임을 최소화하는 일을 선호하고, 그래서 인생을 간접적으로 살 수밖에 없다는 사실은 간과하고 만다. 이 사람은 자신이 언제 어떤 일을 어떻게 해야 하는지 다른 사람이 정해주는 삶을 선호한다.

물론 나쁜 노동조건이 원인이 되어 우울증에 걸린 사람조차 모두 자기 사업을 해야 한다는 말은 절대 아니다. 이 예를 든 것은 단지 부정적인 생각이 얼마나 큰 파장을 부를 수 있는지 보여주기 위해서다. 당연히 회사원으로 더할 수 없이 행복하게 살아가는 사람들도 많다. 상사가 존경할 만하고, 동료들과 잘 어울리고, 노동에 대한 적절한 보상도 받으므로, 기꺼이 회사에 출근하는 사람이라면 그런 자신의 삶을 재고해볼 필요는 없다. 그런데 훌륭하기 그지없는 그런 직장에 대해서도 금방 다음과 같이 생각하는 사람도 있다.

세상에 그런 직장이 어딨어. 늘 뭔가 잘못되게 되어있어. 그러므로 늘 타협해야 해. 그건 피해갈 수 없지.

이런 사람은 살면서 언젠가 우울증에 걸릴 위험이 특히 높은 사람이다. 전적으로 만족하며 일할 좋은 직장 환경에 대한 가능성을, 그런 생각으로 처음부터 완전히 차단해 버리니까 말이다. 이 사람은 성공과 행복을 위한 중요한 기본 법칙 하나를 간과하고 있다.

## ▶ 당신이 참기만 할수록 기회는 더 늦춰진다

이 법칙은 앞선 예시에서 어떤 방식으로 구체화될까? 완벽한 직장은 어쨌든 존재하지 않는다고 전제하는 사람은 이만하면 괜찮겠다 싶은 직장에 만족할 것이다. 그리고 그 직장을 다니다 보니 당연히 문제가 생긴다. 하지만 빨리 더 나은 직장을 찾아보는 게 좋겠다는 생각은 억누른다. 왜냐하면 다른 직장도 더 나을 게 없다고 생각하니까. 그래서 이 사람은 인생의 너무 오랜 시간을 불만스러운 일을 하면서 보낸다. 압박을 도저히 참을 수 없어 '어쩔 수 없이' 다른 직장을 고려해야 하는 상황이 올 때까지. 이런 일은 결코 드물지 않다. 하지만 이런 일이 가볍고 충만한 삶을 방해하는 최대 장애물 중 하나인 것도 사실이다.

## ▶ 인간이 변하는 두 가지 이유

살아가면서 사람이 변하는 데는 크게 두 가지 이유가 있다. 고통이 크거나 목표가 크거나. 우선 삶의 부담이 크고 수반되는 고통이 감당할 수 없을 지경이 될 때, 인간은 뭔가를 바꾸는 것 외에 다른 도리가 없다.

그리고 추구할 가치가 있는 큰 목표를 발견할 때 그 목표를 이루기 위해 할 수 있는 모든 일을 다 하게 된다. 우울증으로 괴로워하며 고통을 호소하는 사람은 대부분 고통이 너무 클 때 변화하겠다는 용기를 내게 되는 첫 번째 경우에 해당한다. 반면 큰 목표에 자극되어 변화가 이루어지는 두 번째 경우는 우울증 방지에 큰 효력을 발휘한다.

하지만 최후의 큰 목표만 생각하고 이미 이룬 작은 목표들을 그때그때 적당히 축하하지 않아도 역시 번아웃이라는 결과를 초래하므로 주의해야 한다. 치유의 비밀은 늘 정량을 지키는 데 있다. 다음은 스위스의 위대한 의사이자 철학자인 파라켈수스 Paracelsus가 이미 500년 전에 했던 말이다.

> 모든 것이 독이다. 독이 없는 것은 아무것도 없다. 오직 정량을 지켜야 독이 되지 않는다.

무턱대고 다 잘 될 거라고 믿고 목표를 계속 올리는 것도 목표 없이 최악의 경우만 기대하는 것만큼 해롭다. 이와 관련된 강의를 할 때 나는 수레를 끄는 당나귀 비유를 들곤 한다. 당신은 이 당나귀를 장소 A에서 장소 B로 데려가야 한다. 당나귀를 움직이기 위해 당신은 긴 막대 끝에 맛있는 당근을 달아 당나귀의 코에 가깝게 둔다. 배가 고픈 당나귀는 당근을 먹으려고 한 걸음씩 움직인다. 하지만 당근은 그때마다 한 걸음씩 멀어진다.

어쨌든 덕분에 수레는 계속 앞으로 나아간다. 동기부여 전략으로 나쁘지는 않다. 하지만 끝까지 당근 하나 주지 않고 목표 지점까지 데리고 가려 한다면 당나귀는 힘들어서 주저앉고 말 것이다. 그러므로 가끔은 멈춰서 당근을 조금 먹게 하는 것이 중요하고 또 필요하다.

인생의 큰 목표도 그렇다. 인생의 목표를 갖는 것은 매우 좋다. 하지만 건강하고 행복한 사람으로 늙어갈 때만이 그 목표를 달성할 수 있다. 정확하게 왜 그런지는 나중에 더 자세히 설명하겠다. 여기서는 큰 목표를 단계에 맞게 여러 개의 작은 목표로 나누는 것이 매우 중요하다는 것만 알아두자. 그리고 중간 목표들을 하나씩 달성할 때마다 적당히 축하하자. 당신의 당나귀에게 당근을 먹이자.

축하 방법은 원하는 대로 하면 된다. 소파에 앉아 모처럼 좋은 책을 읽거나 좋아하는 레스토랑에서 맛있는 음식을 먹을 수도 있고, 햇살 아래에서 긴 산책을 즐기는 것도 좋겠다. 한 단계씩 앞으로 나아갈 때마다 자신에게 선물을 줘라. 그럼 중간에 멈추지 않고 원했던 모든 목표를 달성할 것이다.

계산된 비관주의로 돌아가보자. 계산된 비관주의는 개인을 떠나 사회적으로도 그 파장이 크다. 이미 설명한 바 있는, 계산된 비관주의자 특유의 사고의 틀 때문에 이들은 작업 환경이 나쁨에도 불구하고 오랫동안 그 일을 계속하게 되고, 그래서 예를 들어 '나쁜' 상사는 그 나쁜 행동을 바꿀 이유가 없게 된다. 계산된 비관주의자 직원은 온 힘을 다해 가능한 한 오랫동안 일한 다. 그러다 우울증을 진단받는 문제가 터지면 더는 일을 할 수 없게 된다. 하지만 그 6주 후부터 바로 의료보험 회사가 직원 결 손 비용을 처리해주기 때문에 고용주에게는 직원을 막 대하고 착취하는 것이 오히려 거의 수지맞는 일이다. 해당 직원이 그렇 게 오래 참지 않고 부당함이 발견되자마자 주저 없이 더 나은 회사를 찾았다면, 그 나쁜 상사는 자신의 부적절한 행동에 대해 더 일찍 반성해야 했을 것이다. 계속 새 직원을 교육해야 한다 면 그야말로 거의 밑지는 장사가 아닐 수 없으니까 말이다. 대 부분의 직업군에서 그렇다. 혹시 당신이 고용주인데 당신이 뽑 은 직원이 우울증에 걸렸다고 하는가? 그렇다면 당신은 나쁜 상 사가 아니라 오히려 그 반대일 것 같다. 어쨌든 당신은 이 책을 읽고 있으니까 말이다.

반복 훈련이 야기한, 우울증을 부르는 뇌의 사고 형태를 분명 히 밝히는 것이 이 장의 목적이다. 직업적으로 불편한 상황을 참아내는 것은 그런 사고 형태가 야기하는 상황의 한 예일 뿐이 다. 부정적인 사고는 당연히 인생의 다른 수많은 부분에서도 우 울증을 부를 수 있다. 예를 들어 당신은 이미 불행해진 지 오래 된 관계를 떠나지 못하고 있을 수도 있다. 길게 봤을 때 서로에 게 좋은 관계가 아님을 처음부터 안 사람일수록, 너무 일찍부터 불필요한 타협을 하게 된다. 하지만 이것도 심각한 결말을 부르 는 사고의 오류일 '뿐'이다. 참고로 이 사고의 오류를 앞으로 이 책에서는 '믿음 문장'이라 부를 것이다. 파트너 혹은 직업에 대한 의심이 정당한지 아닌지, 혹은 자신이 단지 믿음 문장의 희생자인지 아닌지는 어떻게 확신할 수 있을까? 그 답은 3장에서 알려주겠다.

## ▶ "나는 그동안 쭉 이렇게 살았으니 어쩔 수 없어요"

"당신은 계산된 비관주의자군요"라는 말을 들을 때 내 환자들이 자주 하는 말이다. 하지만 이런 반응도 믿음 문장이다. 물론 우리가 어떤 교육을 어떻게 받았느냐가 지금 우리의 생각과 행동을 결정한다고 해도 과언이 아니다. 하지만 그렇다고 당신은 정말로 우리가 아무것도 바꿀 수 없다고 생각하는가? 당연히 하루아침에 바꿀 수는 없겠지만 분명 바꿀 수 있고, 이것을 우리 환자들은 매일 증명하고 있다. 그리고 무엇보다 바꿀 가치가 분명히 있다. "나는 이렇게 살았으니 어쩔 수 없어요." 이 믿음 문장은 결국 아무 일도 하지 않고 계속해서 괴롭게 살기 위한 변명에 지나지 않는다. 이 변명에는 사실 다음과 같은 주장(또 다른 믿음 문장)도 숨어있다.

나는 내 생각과 행동을 바꾸려는 시도조차 할 필요가 없어요.
왜냐하면 너무 뿌리가 깊어서 어차피 바꿀 수 없거든요.

이런 믿음 문장을 반복할수록 부정적인 어린 시절의 기억이 저장된 뇌의 신경 회로가 더 강력해질 것이다. 그럼 부모, 형제, 선생, 혹은 학교 친구들이 당신의 인생을 영원히 망쳐버렸다는 느낌이 더욱 막강해진다. 이런 비난의 화살은 나중에 전 파트너, 상사에게로 옮겨갈 것이다. 다른 사람에 의해 삶이 규정되는 모습을 무력하게 바라만 봐야 하는 기분, 이 기분이 점점 더 당신의 뇌에 명확하게 새겨질 것이다. 심지어 아래와 같은 충고는 이 악순환을 더욱 강화한다.

문제를 철저하게 규명해야 앞으로 나아갈 수 있어요.

무언가를 먼저 철저하게 규명해야 그것에 이별을 고하고 앞으로 나아갈 수 있다는 생각도 사고의 오류이기 때문이다. 신경가소성에 대해 지금까지 당신이 배운 것들을 기초로 해서 다음 질문에 답해보기 바란다. 심리 치료사와 50시간 이상 당신의 유년기의 나빴던 점을 모두 들추어 낸다면 당신 뇌의 신경에 어떤 일이 일어나겠는가?

**그렇다!** 그렇게 오랜 시간동안이나 관련 신경 회로를 다시 연결했으므로 결과적으로 그 불편한 기억과 감정을 예전보다 더 강하게 느낄 것이다. 이어서 부모와 더는 말도 섞기 싫을 수도 있다. 아니면 헤어진 전 파트너에게 긴 편지로 해묵은 분노를 다시 터트릴지도 모르겠다. 하지만 그래서 기분이 좀 나아졌는가? 그렇지 않다! 그런 심리 치료를 받아본 사람이라면 잘 알겠지만 그 후에도 궁극적인 해방은 찾아오지 않는다. 그 대신 분노를 느끼거나 체념하게 될 것이다. 어느 쪽도 대단히 바람직한 감정은 아니다.

　무언가를 철저하게 규명한 다음 이별을 고한다는 생각 자체는 기본적으로 아무 문제가 없다. 사랑하는 사람을 잃었을 때와 같이 정말 슬픈 상황이라면 이런 과정이 절대적으로 중요하고 도움도 된다. 이 문제는 이 장 뒤에서 다시 자세히 살펴볼 것이다. 여기서는 당신의 유년기가 아무리 나빴고 부당했다고 하더라도 좋은 점이 적어도 한 가지는 있음을 알고 넘어가자. 바로 **유년기가 지나갔다**는 점 말이다. 지금 여기서 당신을 괴롭히는 문제는 단지 지금 여기서만 해결할 수 있다. 그리고 당신은 지금 이 책을 여기까지 읽었으므로 이미 생각보다 훨씬 더 많이 사고의 틀을 바꾸었을 것이다. 그러니 계속하기 바란다. 변화가 기본적으로 어렵고 오래 걸릴 거라는 생각조차 단지 믿음 문장일 뿐이다. 이 믿음 문장은 사실도 아니고 도움도 되지 않는다.

# 운동 부족은 BDNF 단백질 결핍과
# 키뉴레닌 과다를 부른다

"건강한 몸에 건강한 정신이 깃든다"라는 말은 누구나 들어봤을 것이다. 이 말을 했던 고대 로마 사람들은 우리의 생각과 행복에 규칙적인 육체 활동이 중요함을 잘 알고 있었다. 하지만 **정확하게 왜** 그런지는 고대 로마 사람도 우리의 가정의도 설명해주지 않는다.

충분한 육체 활동은 앞으로 살펴볼 햇빛 공급과 적절한 영양 공급과 함께 이른바 뇌유래신경영양인자BDNF° 생산에 결정적인 역할을 한다. BDNF는 뇌세포와 시냅스 생성에 결정적인 역할을 하는 단백질이다. 간단하게 말해 우리 뇌를 생성하는 주요 건축자재라 할 수 있다. 이 단백질을 충분히 활용할 수 있으면 그만큼 기억력과 사고 능력이 좋아지고, 문제를 더 빠르고 창조

———— ● Brain Derived Neurotrophic Factor.

적으로 해결할 수 있으며, 만족감, 기쁨, 가벼움, 여유를 느낄 수 있다. 반대로 우리 몸이 이 중요한 단백질을 거의 생산해내지 못하면 제일 먼저 집중력과 기억력이 감퇴한다. 이 단백질이 오랫동안 결핍되면 불안증, 우울증,[5] 번아웃, 수면 장애[6]가 심해진다. 심지어 알츠하이머와 뇌전증 발생 확률이 눈에 띄게 높아지기도 한다.

푸에르토리코 대학의 연구자들은 동물 실험을 통해 뇌에 BDNF 단백질이 풍부하면 불안을 부르는 생각들이 눈에 띄게 줄어든다는 걸 보여주었다.[7] 이와 관련해서 보강 연구가 필요하기는 하지만 연구자들은 이미 이 연구가 미래의 외상 후 스트레스 장애 치료에 돌파구가 될 것이라고 보고 있다.

하지만 그때까지 기다리고만 있을 필요는 없다. BDNF 단백질 수치를 충분히 높일 수 있는 다른 방법들이 여럿 있으니까 말이다.


▶ 밖에 나가 걸어라

2017년 초 내 가장 친한 친구의 어머니가 힘든 병을 앓다가 돌아가셨다. 돌아가시기 직전, 어머니는 아들에게 자신이 죽어도 너무 오래 슬퍼하지는 말라고 당부했다. 누구나 언젠가는 겪을, 피할 수 없는 죽음으로 슬픔에 빠져 있기에는 삶이 너무 소중하다는 게 그 이유였다.

사랑하는 사람을 잃었을 때 슬퍼하는 것은 매우 건강하고 꼭 필요한 일이다. 일단 충분히 슬퍼해야 우리 정신은 그 상실을 받아들이고 그래야 비로소 슬픔에 짓눌리지 않고 다시 일상을 살아갈 수 있다. 얼마나 오랫동안 슬퍼해야 하는지는 사람마다 다르다. 과거에는 1년은 슬퍼해야 한다고 했지만 요즘은 반년 이상 슬픔에서 빠져나오지 못하면 병적이라 본다. 하지만 누가 그런 기준을 정할 수 있을까? 결정적으로 그 사람과 '내'가 정서적으로 얼마나 강하게 묶여 있었느냐에 따라 달라지지 않겠는가? 나의 친구는 몇 달을 슬퍼한 후 돌아가신 어머니의 마지막 바람을 들어주어야 한다고 확신했다. 그래서 나에게 와서 이렇게 물었다.

이 슬픔을 극복하고 애도 기간을 줄이기 위해 할 수 있는 일이 뭐가 있을까?

당시 나는 이 책을 쓰기 위해 자료 조사를 하던 중이었으므로 BDNF 단백질이 얼마나 중요한지, 그리고 이 단백질이 몸을 충분히 움직여 줘야만 생산된다는 걸 잘 알고 있었다. 그래서 나는 친구에게 당장 운동화를 꺼내 신고 숲속을 매일 최소 30분씩 달리라고 했다. 친구는 내 조언을 따랐고 그렇게 달리기 시작한 지 사흘 만에 굉장한 효과를 보았다. 이어서 3주를 더 달리고 나자 어머니를 잃은 슬픔을 거의 극복했을 뿐만 아니라, 환희 같은 격앙된 감정까지 들 정도였다.

그런데 그때 비가 내리기 시작했다. 2017년 여름, 독일 북부는 평년보다 세 배나 많은 강수량을 기록했고 베를린에서는 실제로 6주 내내 하루도 쉬지 않고 비가 왔으니, 베를린에 사는 우리는 정말 운이 없었다. 하지만 친구는 새롭게 발견한 '치료제'의 복용을 멈출 생각이 없었으므로, 주저하지 않고 트레드밀을 주문해 받았고 그때부터 집에서 달렸다. 이제 친구는 운동을 하면서 태블릿으로 좋아하는 드라마까지 매일 한 편씩 볼 수 있었으니 심지어 그 나쁜 날씨에도 좋은 점이 있었던 셈이다.

그런데 일주일 전 숲속에서처럼 열심히 달렸음에도 친구의 기분은 눈에 띄게 나빠져갔다. 돌아가신 어머니를 생각하면 또 자꾸 슬퍼졌고 부정적인 생각이 꼬리를 물고 이어졌다. 무엇 때문이었을까? 자연 속에서 달리는 것과 집 안에서 달리는 것이 대체 무엇이 다른 걸까? 햇살? 이 가정을 증명해보기 위해 우리는 주광 전등*을 사서 그의 트레드밀 옆에 설치했다. 그 결과 기분이 나빠지는 것 같지는 않았지만 숲속을 달리며 느꼈던 행복한 기분은 전혀 돌아올 기미를 보이지 않았다.

그러는 동안에도 나는 이 책을 위한 자료 조사를 계속했고 안구 운동 민감 소실 및 재처리 요법EMDR*과 윙웨이브Wingwave 요법*의 작동 방식을 재차 살펴보던 중 마침내 빠진 퍼즐 조각을 찾아낼 수 있었다. 이 두 치료법에는 눈의 움직임이 심리적 문제를 해결하는 데 결정적인 역할을 했다. 원하는 효과를 얻어 내려면 육체적 움직임만으로는 부족하고 눈까지 같이 움직여줘야 하는 걸까? 트레드밀에서 달릴 때 친구의 눈은 텔레비전 시리즈물을 방영하는 태블릿에만 거의 고정되어 있었다. 반면 자연 속을 달릴 때는 눈동자가 이리저리 움직일 수밖에 없다.

　내 이론이 맞는지 알아보기 위해 나는 기묘하고 터무니없어 보이는 실험을 하나 해보기로 했다. 그 '장치'를 처음 보았을 때 친구의 표정을 나는 아직도 선명히 기억한다. 친구는 그 장치를 설치하는 내 모습을 반은 재밌다는 듯 또 반은 의아해하며 지켜 봤다. 나는 친구의 트레드밀 앞에 길쭉한 봉 하나를 세로로 설치했고 그 위에 가로로 된 금속 레일을 올려 고정했다. 그 레일 위에는 작은 거치대가 있어 태블릿을 올려놓을 수 있었고 그 거치대는 금속 레일 좌우 1.5미터를 계속 왔다 갔다 하도록 되어 있었다. 이것은 사실 내가 과학 기자로 먹고 살 때 쓰던 슬라이더라는 장치인데, 원래는 텔레비전 보도 시 카메라를 조금씩 움직이며 찍는 데 쓰는 도구였다. 그런데 이제 트레드밀에서 달릴 때 몸만이 아니라 눈동자도 움직이게 하는, 심리 치료를 돕는 장치의 기능을 하게 된 것이다. 친구는 좌우로 계속 움직이는 태블릿 속 텔레비전 시리즈물을 보며 달렸다.

　그 결과는 놀라울 정도였다. 숲속을 달리던 때처럼 그렇게 달리기 시작한 지 며칠도 안 되어 친구의 기분은 눈에 띄게 좋아졌고 주광 전등을 치웠음에도 행복감은 여전했다. 몸과 눈동자의 움직임, 이 둘의 조합이 뇌에 긍정적인 영향을 주는 결정적인 요소였음에 틀림없었다.

이것은 미국의 심리학자 프란신 샤피로Francine Shapiro가 이미 1987년에 경험했던 것과도 일치한다. 공원을 산책하던 중 샤피로는 눈동자가 이 나무에서 저 나무로 계속 옮겨갈 때 우울한 생각들이 쉽게 사라짐을 알아챘다. 그래서 안구 운동법을 개발했고 그것을 대화 치료 같은 기존의 심리 치료법과 결합한 다음, 지금은 이미 세계적으로 인정받고 있는 치료법인 안구 운동 민감 소실 및 재처리 요법을 개발해냈다. EMDR은 안구 운동을 통해 둔감화를 이끌어낸 다음 재조건화 한다는 뜻이다. 이 치료법은 특히 우울증을 동반하는 불쾌감과 외상 후 스트레스 증후군에 당시 관례적인 행동 요법들보다 훨씬 빨리 원하는 치료 효과를 만들어냈다.

샤피로가 안구 운동을 치료에 도입하면서 육체 운동은 생략한 이유에 대해서는 나로서는 그저 추측만 가능하다. 아마도 EMDR만이 기존의 치료 과정에 쉽게 통합될 수 있었기 때문이 아니었을까 싶다. 치료 과정은 닫힌 공간에서 앉은 자세로 진행되기 때문에 안구 운동에만 집중하는 것이 훨씬 효율적이었을 것이다.

하지만 내 애초의 의도는 뇌의 원재료인 BDNF 단백질의 분비를 최대한 빨리 촉진해 충분히 제공하는 것이었다. 자력으로 다시 삶의 기쁨을 느끼는 데 필요한 그 원재료 말이다. 그렇다면 눈만이 아니라 몸도 충분히 움직여주는 것이 매우 적절한 듯 보였다.

▶ 신경생리학적 관점에서 본 걷기의 효과

안구 운동과 신체 운동이 대체로 같이 일어나고, 우리 정신에 일상적인 긍정 효과까지 어느 정도 불러일으키는 활동으로 어떤 것이 있었을까 생각해 봤는데, 생각하면 할수록 많이 떠올랐다. 예를 들어 야고보의 길 성지순례도 종일 걸으며 쉴 새 없이 변하는 풍경에 눈길을 준다는 점에서 마찬가지 효과를 낸다. 게다가 그러는 동안 햇빛도 충분히 받으므로 비타민 D도 가득 충전하는데 이것도 정신적·육체적 건강에 매우 좋다. 일상의 스트레스를 뒤로하고 숙고하는 시간과 여유를 가질 수 있다는 것도 매우 좋다. 하지만 무엇보다 그런 성지순례 동안 급격하게 올라간 BDNF 단백질 수치와 그 결과 뇌가 '근본적으로 재정립'된 것이 이때 느끼는 행복감에 가장 큰 원인이 아닐까? 적어도 나는 BDNF 단백질이 충분할 때 새로운 아이디어, 혹은 더 나은 생각이 머릿속에 확실하게 구현되곤 한다.

그런데도 나는 확신을 갖기 위해 추가 실험을 해보기로 했다. 다름 아니라 나도 친구처럼 숲속 달리기를 시작했다(다행히 고약한 날씨도 어느 정도 나아졌다). 그리고 관련 전문 연구소에 부탁해 내 혈액 내 BDNF 단백질 수치를 여러 차례 재고 기록하게 했다. 마침내 예상했듯이 안구 운동과 육체 운동을 결합한 것이 BDNF 단백질 수치를 눈에 띄게 높인다는 사실을 확인했다. 나는 오메가3 지방산과 아연도 복용했고 일광욕도 틈틈이 했는데 덕분에 BDNF 수치가 심지어 더 올라갔다. 그렇게 약간의 시간이 지나자 나도 내 친구가 느꼈던 예의 그 행복감을 자주 느끼게 되었다. 편안함에 이르기가 이토록 쉽단 말인가? 그렇다면 지금보다 훨씬 더 많은 사람이 더 행복해야 하는 것 아닌가? 하지만 육체적 기반이 아무리 튼튼해도 생각이 우리의 길을 가로막고 있으면 아무 소용이 없음을 나는 수많은 상담 경험으로 너무도 잘 알고 있다. 그런데 내 BDNF 관련 경험은 주로 정신적 문제를 갖는 사람으로 한정되어 있었다. 이 새로운 발견이 균형 잡힌 정신의 소유자에게도 똑같이 적용될 수 있는지는 확실하지 않았다.

그래서 나는 이미 한 번 성지순례를 간 적이 있는, 정신적으로 상당히 안정된 친구와 지인 몇 명을 만나보았다. 이 만남으로 또 아주 흥미로운 점들을 발견하게 되었다.

### ▶ BDNF 단백질을 100% 활용하는 방법

나는 모두 아홉 명과 성지순례 경험에 대해 말해보았다. 아홉 명이라니 통계 전문가들의 비웃음을 살지도 모르겠다. 하지만 그런데도 거듭되는 패턴이 보였고 이 패턴은 내가 심리 치료를 하면서 자주 마주치는 것과 똑같거나 비슷했다.

9명 중 6명이 순례길을 걸으며 매우 의미 있는 시간을 보냈다고 했다. 문제들을 새로운 관점에서 볼 수 있었고 덕분에 많은 부분에서 중점들이 옮겨갔다. 힘들게 했던 문제들이 물러나고 긍정적인 경험들이 다시금 의미와 힘을 갖게 되었다. 덧붙여 순례길에서 돌아오고 난 뒤에도 중요한 결정들을 이전보다 쉽게 내릴 수 있었다. 눈에 띄었던 점은 여섯 명 모두 순례길을 떠나기 전에 그 여행으로부터 무엇을 얻겠다는 분명한 목표를 갖고 있었다는 것이다. 예를 들어 그중 한 명은 누군가의 밑에서 일하기를 그만두고 자신이 정말로 좋아하는 일로 직접 사업체를 꾸려보고 싶었다.

그리고 또 다른 사람은 오랜 도시 생활을 청산하고 교외로 이사한 다음 바라던 가정을 일구고 싶었다. 이 여섯 명이 각자 순례길에서 던진 질문이 무엇이었든 다 걷고 난 다음에는 모두 만족스러운 답을 얻었다. 이들은 그 순례길 덕분에 남은 인생을 더 윤택하게 살게 되었다.

이와 대조적으로 나머지 세 명은 그 여행으로부터 그다지 대단한 소득을 올리지 못했다. 그중 한 명은 두 번째 날 이미 순례길을 걷겠다고 결심한 자신을 저주했다. 날씨가 너무 더웠고 모든 것이 불편했고 발바닥의 물집이 성가셨다. 이 친구는 머지않아 걷기를 중단했고 나머지 휴가 기간을 호화 리조트에서 보냈다. 그리고 나머지 두 명은 골치를 썩이는 청소년기 아이들에게서 벗어나겠다는 단순한 이유에서 순례길을 떠났었다. 이 세 사람 모두에게 그 휴가가 준 위안은 몇 주 안 돼 사라졌다. 셋 다 그 순례길이 남은 인생을 더 윤택하게 해 준 건 아니라고 느꼈다. 왜 이렇게 서로 다른 경험을 하게 됐을까?

신경 가소성이 발견된 이래 경험이 뇌에 일정한 규칙에 따라 저장됨이 점점 분명해지고 있다. BDNF 단백질이라는, 새 시냅스 연결을 가능하게 하는 충분히 좋은 건축자재를 갖고 있다고 해도 그것으로부터 무엇을 지을 건가에 대한 우리의 '계획'도 그만큼 결정적인 역할을 한다. 무능한 건축가가 최고의 돌을 갖고도 추한 집을 지을 수 있는 것처럼 우리의 뇌도 우리가 생각으로 준비한 시냅스 연결만 만들어낸다. 앞서 말한 여섯 명의 순례자들은 순례길을 걷는 동안 어떤 결정을 내리고 싶은지 미리 확실히 해두었기 때문에, 더 많은 확신과 용기와 만족감과 평정심을 갖고 돌아올 수 있었다. 나머지 세 명은 아무런 계획 없이 한동안 일상에서 벗어나고만 싶었다.

이것을 우울증 치료에 적용해보면 다음과 같은 결론을 내리게 된다. 우울증에서 벗어나고자 달리기만 하는 사람은 반드시 건강해진다고 보기 어렵다. BDNF 단백질 수치 상승으로 모든 면에서 혜택을 보려면 그 전에 몇 가지 합리적인 목표를 정해두면 좋다. 예를 들어 오랫동안 불행했던 관계를 잘 작별하고 싶다는 목표를 세울 수 있다. 아니면 당신이 정말로 좋아하는 일에 도전해 보겠다는 목표도 좋다. 그것도 아니면 현재 복용하고 있는 약들이 정말로 꼭 필요한 약인지 그 효과를 검증해 보겠다고 결심할 수도 있다. 그러려면 물론 그 약을 처방한 의사가 아닌 다른 의사에게 가봐야 할 것이다.

덧붙여 말하지만 그러는 동안 해결책이 당장 눈앞에 나타나기를 기대해서는 **안 된다**. 우리 뇌는 어차피 BDNF 단백질이 다시 충분해지기 전에는 그 답을 찾을 수 없다. 그것보다는 이제부터 당신이 더 많은 움직임을 통해 얻어낼 단백질 그 하나하나가 최대한 긍정적인 효과를 일으킬 곳에 제대로 투입되도록 늦지 않게 항로를 잡아주는 것이 더 중요하다.

## ▌뇌에 독이 되는 키뉴레닌

앞에서 이미 언급했듯이 정신적인 문제든 우리 몸속 생화학 물질의 문제든, 하나의 원인만 보고 가는 것은 우울증이라는 이 복잡한 질병을 치료하기는커녕 파악하는 데도 대부분 매우 부족하다. 그러므로 BDNF 단백질도 당신이 다시 완전히 건강해지기 위해 필요한 많은 건축자재 중 하나일 뿐이다. 또 다른 단백질 건축자재가 있으니 바로 이름도 참 번거로운 PGC-1a1 단백질이다. 이 단백질도 BDNF 단백질처럼 일단은 근육을 충분히 움직여야 만들어진다.

이 단백질은 키뉴레닌이라는 아미노산을 변화시켜 혈뇌장벽*

———● 나쁜 화학물질이 혈액에서 뇌 속으로 들어가지 못하게 하며 뇌를 보호하는 우리 몸의 기제.

을 통과하지 못하게 한다. 이것은 좋은 일인데, 이미 널리 입증된 대로 뇌에 키뉴레닌이 과다하면 뇌 신경세포의 기능을 우울증을 발병시키는 방향으로 바꿀 수 있기 때문이다.[8] 학자들은 알츠하이머와 조현병도 현재 이 키뉴레닌 아미노산 과다와 연관이 있다고 보고 있다.[9]

규칙적인 운동으로 근육을 써서 이 단백질을 충분히 생산해 내 키뉴레닌이 독이 되는 것을 막으면 충분히 예방할 수 있는 질병들이다. "건강한 육체에 건강한 정신이 깃든다"라는 말은 그러므로 여러 면에서 맞는 말인 것 같다.

덧붙이자면 키뉴레닌 수치 과다와 몸속 염증이 서로 관계가 있다는 것도 거의 증명된 사실이다. 염증은 또 다른 이유에서도 우울증을 유발하는데 이 점에 대해서는 뒤에서 다시 살펴보겠다.

# 무심코 먹는 약을 조심해라

💧

내 아내는 15년 전 하시모토병 진단을 받았다. 자가
면역질환인데 시간이 지나면 갑상샘을 파괴해 생명 유지에 꼭
필요한 일련의 호르몬들을 생산할 수 없게 한다. 우리가 처음
만났을 때 아내는 이미 합성 호르몬제인 티록신을 5년째 복용
중이었다. 그렇게만 알고 있던 나는 우리가 만난 지 거의 반년
이 다 되어갈 때 우연히 좀 더 많은 사실을 알게 되었다. 아내의
기분 상태가 티록신 복용 여부에 매우 강하게 좌우되고 있었다
는 것이다. 그날 오전에 이미 나는 그녀가 매우 우울해 보인다
고 생각했는데, 그전 며칠 동안에 우리는 유쾌하기만 했으므로
상당히 갑작스러운 느낌이었다. 무슨 문제가 있느냐는 나의 질
문에 그녀는 고개를 저으며 "아무 문제없다"고만 했다.

같은 날 이른 오후, 날씨는 매우 좋았고 우리는 우리가 제일
좋아하는 맥줏집에 앉아 재밌게 대화를 나누고 있었다. 그런데

갑자기 아내가 빠르게 말이 없어지는가 싶더니 근심에 찬 표정이 되었다. 내가 왜 그러느냐고 물으려는 찰나 아내는 갑자기 뭔가 생각이라도 난 듯 가방을 뒤지기 시작했다. 그리고 작은 약통을 꺼내 안을 들여다보더니 안심한 듯 말했다. "아, 그랬지!" 그날 깜빡하고 티록신 복용을 하지 않았던 것이다. 아내는 곧 티록신을 복용했고 30분 후 나는 아무 일도 없었다는 듯 다시 기분이 좋아진 편안한 여성과 함께 앉아있었다.

티록신은 정신적인 문제와 관계있는 수많은 약물 중 하나일 뿐이다. 일리노이 대학의 한 연구 결과에 따르면 흔히 볼 수 있는 약들 중에 부작용으로 우울증을 낳는 약이 200개가 넘는다고 한다.[10] 이 연구의 목적은 그 부작용의 발생 빈도를 알아내는 데 있었다. 덧붙여 그중 하나가 아니라 여러 개의 약을 동시에 복용할 때 우울증에 걸릴 위험이 얼마나 더 높아지는지도 조사했다. 연구는 약 26,000명의 환자들을 10년 넘게 관찰하고 분석하는 방식으로 이뤄졌다. 그 결과 '의심쩍은' 여러 약을 동시에 복용할수록 우울증에 걸릴 확률이 더 높아진다는 사실이 증명됐다.

서너 개의 약을 동시에 복용하는 환자들을 찾는 일을 결코 어렵지 않았다. 어쨌든 혈압약, 항생제, 역류성 식도염, 혹은 피임약 같은 흔한 약 위주로 실험했으니까 말이다.

고혈압, 위장병 같은 수많은 질병이 심신상관적 원인 때문인 경우가 많음을 생각해보면 왜 그렇게 많은 질병이 수년, 심지어 수십 년 동안 낫지 않고 오히려 악화되는지 분명히 알 수 있다.

심리적 원인 대신 육체적 증상만 치료하는 사람은 치료만 지체하는 것이 아니다. 사실 전혀 필요 없는 약들을 자꾸 복용하는 것으로 더 많은 문제를 갖게 될 위험을 감수하는 것이다. 그러므로 여기서 우리는 흔한 약 몇 가지를 좀 더 자세히 살펴보려 한다. 이 과정에서 당신도 당신의 우울증을 낳게 한 '용의자'를 한두 개 발견하게 될 지도 모르겠다.

## ▶ 티록신

합성 호르몬제인 티록신은 독일만이 아니라 전 세계에서 다섯 번째로 많이 복용되는 약이다.[11] 그런데도 우리는 왠지 삶이 힘들고 인내심이 바닥을 치는 것 같아도, 몇 년 동안이나 갑상샘이 제대로 기능하고 있는지 아닌지 전혀 모르고 지나간다. 내분비학 의사가 갑상샘에 문제가 있다며 약을 처방해 주었다고 해도 그 복용량이 꼭 적당하다고도 볼 수 없다. 왜 그럴까? 보통 갑상샘 전문가가 1년에 한 번 당신에게 적당한 갑상샘 호르몬 양을 측정하고 그 양을 하루에 몇 번을 나눠 복용해야 하는지 정해줄 것이다. 하지만 얼마만큼의 갑상샘 호르몬을 필요로 하는지는 사람마다 매우 다르고 무엇보다 일상에서 받는 스트레스양에 따라 크게 달라진다.

자동차가 필요로 하는 연료를 생각해보면 비슷하다. 국도를 시속 90킬로미터로 일정하게 달린나면 대체로 100킬로미터당 약 7리터 정도 연료가 필요하다. 하지만 고속도로를 시속 180킬로미터로 질주한다면 필요한 연료는 그 두 배가 될 것이다. 갑상샘 호르몬도 다르지 않다. 스트레스가 많을수록 정신적 안정에 호르몬이 더 많이 필요하고 더 많이 소모된다.

의사가 복용량을 다시 정해주는 시기는 어떤가? 당신이 정말 필요할 때 검사를 받을 수 있는가 말이다. 전혀 그렇지 않다. 예를 들어 여유로운 휴가 직후 티록신 적정량을 처방받기 위해 의사에게 간다면 그때 한 피검사 결과가 잘못될 가능성이 아주 높다. 휴가 때는 스트레스가 없는 상태이므로 사실상 필요한 양보다 더 많이 복용했을 것이기 때문이다. 당신이 방금 스트레스 없는 시간을 보냈는지 아닌지 의사가 우연히 묻지 않는 이상, 의사는 현재 당신 몸속 티록신의 양이 너무 많아 보일 테니 복용량을 줄이라고 할 것이다. 다음 휴가는 한참 기다려야 하고 다시 매일 일하다 보면 당신은 점점 호르몬 부족으로 빠져들 것이다. 이런 문제를 제때 알아차리지 못하면 기분이 점점 더 나빠질 테고 결국 우울감에 빠질 수도 있다.

반대로 유난히 힘든 주를 보내고 기진맥진한 상태에서 갑상샘 호르몬 복용 적정량 검사를 받는다면 피검사 결과는 티록신이 부족하다고 말해줄 것이다. 그리고 사실 그렇다. 스트레스를 많이 받던 기간에는 티록신을 더 많이 복용했어야 했을 테니 말이다. 하지만 짧은 스트레스 기간에 체내 티록신의 양이 부족해 보인다고 해서 다음 1년을 위한 일일 복용량을 금방 올려버리는 것도 마찬가지로 잘못된 처방일 뿐만 아니라, 매우 위험한 처방이다. 전혀 쉬지 않고 전력으로 일만 하고 잠도 잘 못 자게 될 테니까 말이다. 그럼 조만간 번아웃에 걸릴지도 모른다.

아내는 돼지에서 추출한 천연 갑상샘 호르몬제로 천천히 옮겨갔다. 이쪽이 합성 호르몬제보다 아내에게 더 잘 맞았다. 덧붙여 그날그날 스트레스 정도를 고려해서 복용량을 달리했다. 의사가 권한 복용 시간도 아내의 필요에 맞게 바꾸었다. 그렇게 복용 약과 용량과 시기를 자신에게 맞게 바꾸자 예전보다 모든 것이 훨씬 나아졌다.

이때 주의할 것이 있다. 내 아내도 나도 내분비계 전문가가 아니므로 이 자리에서 당신이 당신의 약을 어떻게 언제 의미 있게 복용할 수 있는가에 대해 충고할 수 없고, 충고해서도 안 된다. 반드시 전문가들의 도움을 받아라.


▶ 혈압강하제

베타 차단제는 물론이고 칼슘길항제도 혈압강하제로 통하고 세계적으로 가장 많이 처방되는 약들 중에 하나다. 하지만 유감스럽게도 둘 다 우울증 유발 가능성을 두 배로 올린다. 이것은 글래스고 대학의 과학자들이 알아낸 결과다.[12] 산도스 파드매나브한Sandosh Padmanabhan 박사가 주도한 이 연구는 14만 명이 넘는 환자를 대상으로 5년에 걸쳐 다양한 혈압강하제의 부작용을 기록했다.

하지만 혈압강하제가 정신에 일으키는 부작용은 평균적으로 복용 시작 후 일단 2~3년이 지나야 입원 치료가 필요할 정도로 심해지므로 당사자는 물론이고 담당 의사마저도 이 약들과 우울증 발병 사이의 관계를 쉽게 알아차리지 못한다.

조언을 하자면 당신이 만약 이미 오랫동안 베타 차단제나 칼슘길항제를 복용해왔고, 그 약들로 정신적인 문제가 생기고 있음이 의심된다면 담당 의사와 꼭 상의하기 바란다. 상황에 따라 예를 들어 ACE 억제제 같은 약으로 바꿀 수도 있다. 항우울제로 즉시 문제를 해결하려 들기 쉬운데 사실 항우울제는 마지막 선택지여야만 한다. 항우울제도 심한 부작용을 일으킬 수 있기 때문이다. 또 다른 약으로 더 깊은 정신적 구렁텅이 속으로 떨어질 위험을 감수하기 전에, 우선 기분이 나빠지는 것의 진짜 원인이 사실은 다른 약들에 대한 과민증 때문은 아닌지 조사해보자.

▶ 항우울제

유럽인 중 8퍼센트, 미국인 중 10퍼센트가 정기적으로 항우울제를 복용한다. 그런데 단 하나의 예외를 제외하고는 SSRI(세로토닌 재흡수 억제제) 계통 항우울제가 어린이와 청소년에게 처방되는 경우는 없다. 이것은 단 한 가지 이유 때문인데 바로 극도의 불안감을 야기하기 때문이다. 아이들에게 처방될 경우 자살률이 두 배로 뛸 정도로 위험하다.[13]

그런데도 거대 제약 회사들은 이런 연구 결과들을 계속 숨기려 든다.[14] 영국 제약 회사, 글락소스미스클라인GlaxoSmithKline

은 2012년 항우울제 두 개, 당뇨약 한 개, 천식약 한 개에 대한 부정적인 실험 결과를 숨겼다는 이유로 30억 미국 달러에 달하는 벌금을 선고받기도 했다. 사실 이런 사건이 한두 개에 그치는 것도 아니다. 지난 20년 동안만 해도 다양한 제약 회사들이 거짓말을 한 죄로 유죄 판결을 받고 지불해야 했던 벌금의 총액이 300억 미국 달러를 넘겼다. 이 정도면 심지어 심각한 계산된 비관주의자에게조차 합리적인 의심을 용인할 만하겠다.

보스턴 하버드 의과대학의 한 연구 결과는 특히 많은 생각이 들게 한다.[15] 이 결과에 따르면 미국 내 젊은 수련의들 거의 29퍼센트가 우울증, 혹은 최소한 우울증 증상을 호소하고 있다고 한다. 정신과 약을 쉽고 간단히 접할 수 있는 집단의 경우 특히 평균 미국인들보다 우울증에 걸릴 확률이 세 배 더 높다고 한다. 그렇다면 이제 우리는 이 약들의 효능을 과연 어떻게 봐야 하는가?

이런 사실들은 당연히 많은 의사를 매우 곤란한 처지에 놓이게 한다. 보통 사람들보다 더 많이 정신적 문제와 싸워야 하는 것도 모자라 자신과 환자들을 치료할 대안이 없다는 문제에도 직면한다. 우울증, 번아웃, 혹은 불안증에 더는 항우울제를 처방하지 않는다고 해도 "죄송하지만 더는 도움이 되어 드리지 못할 것 같군요"라고 말하는 것 외에 다른 방법이 거의 없다. 하지만 이것은 그동안 구축해온 의사라는 정체성에 전혀 맞지 않는 행동이다. 혹시나 하는 노파심에서 하는 말인데 나는 절대 의사들을 비난하는 것이 아니다. 의사들은 그들이 아는 한도 내에서 최선을 다해 환자들을 돕고 싶지만 현존하는 약을 처방할 수밖에 없다. 그러므로 양극성 장애에 쓰이는 리튬과 항우울제가, 늘 그랬듯이 많은 사람에게 유일한 선택지가 된다. 이 약들이 특히 좋아서가 아니라 간단히 말해 대안이 없기 때문이다.

하지만 진실은 우리가 여전히 항우울제(리튬도 마찬가지)가 우리 뇌에서 어떻게 작용하는지 정확하게 알지 못한다는 것이다. 그래서 우리는 기술 문외한이 고장 난 텔레비전을 다루듯 우리 뇌를 다룬다. 텔레비전 화면이 깜빡거리면 텔레비전을 주먹으로 쳐본다. 운이 좋으면 화면이 다시 제대로 나오고 그럼 보던 영화를 이어서 본다. 그렇게 때린 것이(그러니까 항우울제가) 이 텔레비전(우리 뇌)에 어떤 작용을 했는지 모르지만 다른 대안이 없으므로 계속 쾅쾅 두드린다(계속 복용한다). 그렇게 두드린다고 망가진 텔레비전을 고칠 수 없음은 당연하고 그렇게 한 번씩 때릴 때마다 더 망가지게 할 위험이 더 커짐에도 불구하고 말이다.

## ▶ 갱년기 여성을 위한 호르몬 치료제

가능하면 건강하게 오래 사는 것이 예로부터 인간의 꿈이었다. 하지만 나이가 들수록 우리 몸은 특정 호르몬들을 점점 더 적게 분비하게 된다. 그래서 독일에서는 갱년기 여성 10명 중 1명꼴로 호르몬 치료를 받는다. 이렇게 호르몬을 보조해주는 치료는 당연히 예전이나 지금이나 논란의 여지가 매우 많다.[16] 반대로 논란의 여지가 전혀 없는 것은 그 잦은 부작용들이다. 예를 들어 프로게스테론 복용은 피로감, 어지러움, 두통, 우울감을 동반하는 기분 저하를 부를 수 있다. 더불어 알코올과의 상호작용도 절대 무시할 수 없다. 호르몬 복용 전후 두 시간 안에 와인, 혹은 샴페인 한 잔만 마셔도 때에 따라서는 마치 한 병을 다 마신 듯 정신이 혼미해지고 어지러움을 느낄 수 있다.

에스트로겐도 일련의 불편한 부작용을 불러일으키는 것으로 잘 알려져있다. 메스꺼움, 다리 경련, 체중 증가(특히 복부 지방 증가), 가슴 통증, 두통, 그리고 역시 여기서도 우울증이 그 부작용 중 하나다. 의심쩍은 약들 여러 개를 오랫동안 함께 복용할수록 이 부작용들에 시달릴 가능성이 더 높아진다. 그러므로 당신이 만약에 갑상샘 합성 호르몬제를 꼭 복용해야 하는데 혈압강하제도 복용해야 하고, 갱년기라 여성 호르몬제도 복용해야 한다면, 당신의 정신적 문제들이 생겨난 이유가 애초에 그런 약들의 조합에 있을 수도 있음을 꼭 염두에 두어야 한다. 이런 상황에 항우울제까지 복용한다면 불에 기름을 붓는 것과 마찬가지다.

남자든 여자든 누군가를 죽도록 사랑해본 사람이라면, 혹은 사랑의 열병에 걸려본 적이 있다면 누구나 호르몬이 우리의 행복을 얼마나 좌우하는지 잘 알 것이다. 그런데 젊은 때만 그런 것도 아니다. 나이가 들어도 균형 잡힌 호르몬 구성은 만족감과 활력 있는 삶의 기본 전제다. 그리고 약 없이도 적당히 운동하고 식습관이 좋다면 충분히 행복하게 살아갈 수 있다. 그러기 위해서는 무엇보다 먼저 어떤 음식이 자신에게 맞고 맞지 않는지 잘 알아야 한다. 그래야 식습관을 잘 바꿀 수 있고 그럼 불필요한 약을 먹지 않아도 된다. 이 주제에 대해서는 뒤에서 더 자세히 살펴보겠다.

### ▶ 피임약

피임약도 호르몬제다. 약에 따라 하나의 호르몬인 경우도 있고 여러 호르몬의 조합인 경우도 있다. 대표적으로 황체 호르몬인 '레보노르게스트렐Levonosgestrel'이 특히 우울증을 유발하는 것으로 잘 알려져있다.[17] 레보노르게스트렐은 현대의 많은 피임약, 장기 피임약 장치인 호르몬 루프Hormonspiralen, '사후 피임약' 등에 쓰이지만 호르몬 대체 요법에서도 쓰인다.

이제 유럽 의학청EMA까지 호르몬 피임약 제조사들에게 가능한 부작용으로 우울증이 있으며 그 결과 자살 위험률도 높아질 수 있음을 설명서에 적어 넣을 것을 요구하고 있다. 코펜하겐 대학병원의 2017년 연구 결과가 결정적 계기로 작용한 결과였다.[18] 이 연구는 약 475,000명의 여성을 대상으로 연구한 결과, 호르몬제 피임약 복용이 여성들의 자살 시도 위험을 배가시킨다는 결론을 내렸다. 이 여성들이 우울증에 의해 실제로 삶을 포기할 위험은 호르몬제 피임약을 복용하지 않은 여성들에 비해 심지어 세 배나 높았다.

우울증을 부를 수 있는 또 다른 약이 하나씩 추가될 때마다 우울증에 걸릴 확률은 또 한 번 더 높아지므로 상황이 따라준다면 다음과 같은 전략이 당신에게 도움이 될 것이다. 먼저 시험 삼아 최소 6주 정도 호르몬제 피임약을 끊어본다. 그리고 기분이 어떻게 달라지는지 관찰해본다. 덧붙여 가정의나 담당 의사와 함께 다른 약들도 부작용이 없는 약으로 바꿀 수 있는지 알아본다. 의사가 관련해서 도울 생각이 없는 것 같으면 주저 없이 다른 의사를 찾아보기 바란다. 이것은 무려 당신의 건강에 관한 문제다. 다양한 약들의 상호작용에 대해 충분히 잘 알고 있고 당신에게 맞는 약을 찾는 데 충분한 시간을 내어주는 의사만이 당신에게 맞는 의사다.

사례 하나를 보자. 2018년 L부인은 불안증을 치료하고자 우리 클리닉을 찾아왔다. 그녀는 언제부턴가 늘 불면의 밤을 보내야 했고 이제 다시는 건강해지지 못할지도 모른다는 생각이 들었다. L부인은 서른여섯 살의 기혼으로 각각 다섯 살과 두 살 된 아들을 두고 있었다. 직장 일로 바쁜 남편 대신 혼자 집안일과 아이들 양육을 책임졌기 때문에 L부인은 아들 둘을 제대로 돌보지 못할 정도로 상황이 나빠질 것을 제일 두려워했다. 그도 그럴 것이 재발한 우울증이 거의 1년 넘게 삶에 필요한 모든 에너지를 앗아가 버렸기 때문이다. 그러는 동안 부인은 이미 다른 항우울제 복용을 세 번째로 시도하고 있었다. 앞에 복용했던 두 약은 눈에 띄는 체중 증가 외에는 아무런 효과도 없었디.

첫 상담에서 L부인은 첫아들이 심장 장애를 갖고 태어났으므로 태어나자마자 1년 동안 집보다 병원에서 더 많은 날을 보내야 했음을 말해주었다. 그 시기 L부인은 자꾸 고혈압에 시달렸고 가정의의 권유로 베타 차단제를 복용하기 시작했다. 두 번째 임신 기간과 그 후에도 계속 복용했다. 둘째 아들이 건강하게 태어났고 부부는 이제 출산 계획이 없었으므로 L부인은 호르몬 루프 삽입으로 피임을 시작했다. 그 한 달 후 즈음 첫 번째 우울증을 경험했다.

나는 L부인에게 서로 다른 약 세 개를 동시에 복용하는 것이 우울증의 원인이 됐을 수도 있음을 설명했다. 베타 차단제의 경우 많이 아픈 아기 때문에 매일 걱정을 놓을 수 없던 당시에 의사로부터 평생 복용해야 한다며 처방받은 것인데, 이제 다행히 아이는 건강해졌으므로 나는 이 약부터 복용을 재고해 보자고 했다. L부인은 자신의 의사에게 가 베타 차단제를 줄이거나 아예 끊을 수 있는지 물어보았다. 그리고 의사의 동의하에 3개월 동안 조금씩 줄여갔고 최종적으로 검사를 받았을 때는 놀랍게도 앞으로 전혀 복용하지 않아도 된다는 소견을 받았다.

L부인은 항우울제도 어차피 좋은 효과가 없었기 때문에 베타 차단제와 함께 복용을 중단했다. 이 경우도 물론 매 4주마다 용량을 절반씩 줄여나가다가 12주가 지났을 때는 완전히 끊었다. 그때쯤에는 우울한 기분이 이미 상당히 약해져 있었고 잠도 조금씩 더 잘 잘 수 있었지만 L부인은 아직 완전히 만족하지 않았다. 따라서 피임용 호르몬 루프까지 제거했다. 그리고 14일이

지나자 우울증이 완전히 사라졌다.

다중 약물 요법, 즉 서로 다른 약을 여러 개 복용하는 것을 매우 비판적으로 보는 의료인들이 점점 더 늘어나고 있다. 서로 다른 약들의 상호작용이 우울증만 부르는 것도 아니다. 그 외에도 많은 육체적·정신적 문제에도 직접적인 연관이 있어 보인다. 그렇다고 당신의 의사가 무조건 틀렸다고 말하는 것은 아니다. 전문의는 물론이고 가정의나 전공의가 자신의 처방전을 올려야 하는 의무가 있는 의학 플랫폼이 현재 하나도 없다. 의료보험 가입 환자를 진료하는 의사가 쓰는 처방전은 약국 정산소에서 사라지고 사보험 환자가 받는 처방전은 그 환자의 손으로 돌아간다. 그러므로 일개 의사가 다른 어떤 의사가 어떤 약을 언제부터 처방하고 있는지에 대한 완성된 그림을 그리기가 거의 불가능하다. 그러므로 현재로서는 환자 스스로 전체 그림을 얻어내 담당 의사에게 전달해줄 수밖에 없다.

## ▶ 위장약

자신이 잘살고 있는지 아니면 몸의 경고를 무시하며 자신을 계속 속이고 있는지 확실히 알 수 있는 좋은 중요한 척도가 하나 있는데, 바로 위장이다. 장기적인 스트레스는 그야말로 '소화불량'을 부른다. 우리가 쓰는 구어에, 불편한 상황이 위장에 주는 즉각적인 영향을 암시하는 우회적인 표현들이 많음은 절대 우연이 아니다. 다음이 그 몇 가지 예다.

- 그건 먼저 소화부터 좀 시켜야 할 것 같다.
- 욕지기 난다.
- 체할 것 같다.
- 쓴맛을 보게 될 거다.
- 구역질 난다.

하지만 대개 무엇이 우리 위장을 뒤집고 있는지 깊이 생각하지 않고 그렇게 매우 중요한 경고 장치를 약으로만 진정시킨다. 위장이 주는 느낌을 계속 무시하고 다음과 같은 것을 하려고 말이다.

- 줄담배를 피우고 과음하고 불량한 음식을 먹기 위해.
- 아무도 칭찬은커녕 인정도 해주지 않는 일을 야근까지 하면서 하기 위해.
- 사랑을 줄 줄 모르는 파트너에게 계속 사랑을 주기 위해.
- 막무가내인 자식에게 끈기있게 부모 노릇을 하기 위해.
- 당신이 어떤지 아무도 몰라줘도 모든 사람과 모든 것에 계속 책임감 있게 행동하기 위해.

이 모든 것들보다는 한 번쯤은 자신의 내면으로 들어가, 어떤 사고의 오류가 그 정도로 스스로를 사랑하지 않는 나를 만들었는지 깊이 한번 생각해보는 것이 더 현명하지 않을까? 위장약은 수많은 번아웃 혹은 우울증 환자들이 갖고 있는 근본적인 문제, 즉 사고의 오류를 절대 해결해주지 못한다. 오히려 그 반대다. 오메프라졸, 판토프라졸 같은 위장약을 주기적으로 삼키는 사람은 문제를 더 키우게 된다. 의사들이 이미 알아냈듯 이런 약들을 장기 복용할 경우 비타민 B12의 결핍이라는 위험한 상태에 빠질 수 있기 때문이다.[19]

그 결과 예를 들어 피로감, 빈혈, 수족냉증, 집중력 저하를 겪을 수 있고 치매와 정신병에 걸릴 확률이 높아진다. 거기다 이 비타민은 우리 뇌 속 신경 네트워크의 성장과 보호에 중요한 역할을 하므로 계속 부족하게 되면 당연히 우울증에 빠질 위험도 커진다. 그러나 이 약들의 제조사들이 그런 위험성을 자진해서 적절히 알려줄 리 만무하다. 그러기는커녕 그런 약들로 한 해만도 세계적으로 220억 유로 매출을 올리고 있으니까 말이다. 게다가 이 매출은 오름 추세다.

▶ 천식약

싱귤레어 혹은 몬테루브론치Montelubronch 같은 천식약만이 아니라, 다른 수많은 모방 상품에도 들어가 있는 작용 물질인 몬테루카스트도 마찬가지로 우울증 발병률을 높일 수 있다. 그뿐만 아니라 2017년 발표된 한 연구에 따르면 무엇보다 아이들이 복용할 경우 악몽이 빈번해지는 것 같은, 눈에 띄게 공격적인 화학 반응도 일어난다고 한다.[20]

그 외에도 예를 들어 불안증, 수면 장애, 환각, 자살 생각, 어지럼증 같은 부작용을 낳을 수도 있다. 이것은 작용 물질인 몬테루카스트가 용량에 따라 혈뇌장벽을 넘어갈 수 있음을 고려할 때 그리 놀랄 일도 아니다. 혈액과 뇌 신경 조직 사이의 이 중대한 장벽은 우리의 뇌를 해로운 물질로부터 보호하고, 뇌에서 온 건강한 신호가 온몸으로 전달되게 하는 역할을 한다. 이 장벽이 뇌가 '사실' 필요로 하지 않는 물질에 의해 뚫리면 보통은 그 결과가 좋지 않다.

## ▶ 항생제

항생제는 은총이자 저주다. 항생제는 많은 위험한 질병으로부터 우리를 보호하지만 불편한 부작용을 아주 많이 일으키기도 한다. 장내 유익균을 파괴하고 흔히 메스꺼움과 두통을 유발하며 심각한 정신적 문제를 부를 수도 있다. 무엇보다 플루오르퀴놀론 계열 항생제의 사용은 전문가들이 이미 오랫동안 경고해오고 있다.[21] 예를 들어 노르플록사신, 시프로플록사신, 목시플록사신, 레보플록사신 같은 약들이 그러한데 몇 알만 먹어도 곧장 불안증, 공황발작 같은 육체적 증상을 동반하는 여러 문제를 불러일으킬 수 있다. 이런 부작용은 약을 끊고도 몇 달씩이나 계속될 수 있으므로 애초에 불안증으로 시작된 것이 결국에는 우울증으로 발전하기도 한다. 그러므로 나는 항생제는 정말로 다른 방법이 없을 때만 복용하라고 조언한다. 항생제는 심각한 질병에 은총이 될 수도 있지만 작은 문제가 있을 때마다 복용하면 그 은총만큼 위험해진다.

## ▶코르티솔

현대 의학에서 코르티솔은 절대 무시할 수 없는 존재다. 코르티솔은 특히 류머티즘, 호흡 곤란, 피부 알레르기에 뛰어난 항염 효과를 발휘한다. 하지만 특히 과다한 용량을 복용하거나 장기 복용할 경우 계속해서 부작용이 목격되고 있다. 고혈압, 당뇨, 골다공증과 나란히 정신 이상, 조병躁病, 단어 기억의 어려움, 우울증 등이 대표적이다.[22]

그러므로 여기서도 증상만 치료하지 말고 육체적인 문제의 진짜 원인을 찾아야 한다. 예를 들어 얼마 전 우리 클리닉에 우울증에 더해 극심한 신경피부염과도 싸우고 있던 한 젊은 여성이 찾아왔다. 첫 상담에서 여성은 자신의 우울증 증상이 피부염 때문에 코르티솔을 바르기 시작한 지 2주 만에 생겼다고 했다. 피부염은 2년 전 석사 논문을 쓰던 중에 시작됐다고 했다.

논문을 쓰던 기간에 스트레스가 심했느냐고 묻자 여성은 논문의 진척이 너무 더뎠고 그것 외에는 다른 아무것도 할 수 없을 정도로 힘든 기간이었다고 고백했다. 그때까지 그녀 인생에서 큰 부분을 차지했던 '친구들과 어울리기', '규칙적으로 운동하기', '균형 잡힌 식사' 모두를 포기해야 했다. 지금은 다시 운동을 하기 시작했고 친구들과도 자주 만나 즐기고 있지만 식습관은 여전히 나쁜 상태로 남아있었다. 석사 논문을 쓰던 중 그녀는 엄청난 양의 '단 과자'를 폭식하곤 했다. 마치 중독 같았다. 단 하루도 초코바와 청량음료 없이 보낸 적이 없었다고 했다.

나는 코르티솔과 설탕이 어떤 부작용을 일으키는지 설명했다. 우리는 실험 삼아 그녀가 4주 정도 모든 설탕을 끊는 데 합의했고 결과를 본 후 다시 얘기해 보기로 했다.

한 달 후 다시 만났을 때 나는 그 젊은 여성을 하마터면 못 알아볼 뻔했다. 눈에 띄게 살이 빠져있었고 피부염도 거의 흔적을 찾아볼 수 없을 만큼 호전되어 있었다. 그리고 기분도 한결 나아져 있었다. 설탕을 끊은 것이 그녀의 몸만이 아니라 정신에도 긍정적인 효과를 발휘하고 있음이 분명했다. 그 후 코르티솔을 끊자 그녀의 기분이 훨씬 더 좋아졌다. 현재 그녀는 거의 1년을 설탕 없이 살고 있다. 가끔 약간의 단 과자를 허락하기는 하지만 1년 전의 중독이었던 수준과 비교하면 완전히 끊은 것이나 마찬가지라고 한다. 한편 우울증은 코르티솔을 끊은 지 10주 만에 완전히 사라졌다. 그즈음 피부염의 마지막 흔적도 사라졌다. 어떤가? 이 여성이 피부염을 계속 코르티솔로 치료했고 거기다 우울증도 항우울제로 다스렸다면 과연 이런 결과가 나왔을까?

▶ 뇌전증약

뇌전증 환자는 일반인보다 우울증 발병률이 최고 80퍼센트까지 높다.[23] 이것이 병 때문인지 아니면 그 병 때문에 복용하는 약 때문인지는 아직 제대로 연구되지 못하고 있는 실정이다.

하지만 최소한 독일, 오스트리아, 스위스에서 '사브릴Sabril'로 통용되고 있는 비가바트린과 토피라메이트만큼은 우울증 부작용을 일으킬 수 있음이 분명히 증명된 상태다. 토피라메이트는 편두통약으로도 통용되므로 당신이 만약에 이 약을 복용하고 있다면 다른 대안을 찾기를 강력히 권한다. 다른 약도 여러 개 같이 복용하고 있다면 그 약들을 뇌전증 혹은 편두통약과 함께 복용했을 때, 어떤 부작용과 상호작용이 생길 수 있는지 당장 전문가에 의뢰해 꼭 확인받기 바란다. 약 하나만 바꾸었는데도 정신적 균형을 되찾았다는 환자들의 보고를 우리는 거듭 받고 있다. 당신도 다시 건강해질 그런 기회를 절대 놓치지 말기 바란다.

### ▶ 기타 약들

그 외에도 우울증을 부를 수 있는 약이 많다. 특히 다음 약들에 주의하자.

- 식욕억제제
- 편두통약
- 콜레스테롤 억제제
- 간염약
- 말라리아약

- 탈모 방지 호르몬제
- 금연약
- 여드름약

정신적 문제를 일으킬 수 있는 약은 총 200종이 넘으므로 여기서 다 언급하기는 어려울 듯하다. 일단 우울증이 얼마나 자주 약물 부작용으로 발생할 수 있는지 알고 있는 것, 그리고 의심 가는 약들을 같이 복용할 경우 부정적인 효과가 강해질 수 있음을 알고 있는 것이 무엇보다 중요하다. 그런 약들을 많이 복용할수록 당신의 우울증이 그 약들 때문일 가능성도 더 높아진다.

## ▶ 혈뇌장벽 문제

혈뇌장벽을 넘나드는 일련의 물질들이 있다. 이 물질들이 혈뇌장벽을 넘나들게 되면 우리의 정신이 그 즉시, 당신도 당신 몸으로 이미 적어도 한 번은 경험했을 반응을 하게 되어있다. 산소, 이산화탄소 같은 가스와 함께 스트레스 호르몬과 성호르몬도 이런 물질에 속한다. 설탕(포도당), 니코틴, 알코올, 코카인 같은 중독성 강한 물질, 수면제, 안정제도 이 장벽을 통과해 뇌에서 그 효력을 발휘한다. 하지만 이 장벽을 통과할 수 없게 만들어진 자연 물질과 합성 물질이 훨씬 더 많이 존재하고 여기에는 그만한 이유가 있다. 그 모든 물질이 통과된다면 우리는 곧바로 육체적으로만이 아니라 정신적으로도 아프게 될 테니까 말이다. 그러므로 나는 혈뇌장벽을 넘는 약을 복용하는 사람에게서 특히 더 자주 심각한 정신적 질환이 (부작용으로) 목격되는 일이 결코 우연이 아니라고 생각한다.

그런데도 우리 뇌에 활성 물질을 잠입시키는(원래는 불가능한 일) 길을 찾으려는 연구가 점점 더 많이 이루어지고 있다. 이런 연구가 성공하면 뇌종양이나 알츠하이머 같은 질병을 더 잘 치료할 수 있다고 희망한다. 물론 상반되는 노력도 있다. 미국 서던캘리포니아 대학 연구팀은 나이가 들수록 혈뇌장벽이 헐거워짐을 증명했다.[24] 이 팀은 바로 그것 때문에 나이가 들면 치매가 잘 생긴다고 보고 있다. 그렇다면 우리 뇌의 자연적인 안전장치를 더 강화하는 것이 모든 속임수를 써서 혈뇌장벽을 헐겁게 하는 것보다 더 바람직해 보인다.

내가 이해하기로 이것은 전체론적 접근법을 지향하는 의학과도 일맥상통한다. 나는 인간이 혈뇌장벽 같은 유용한 장치가 생겨나도록 진화해온 데는 그만한 이유가 있다고 생각한다. 어쨌든 인간의 뇌는 우리가 알고 있는 것 중에 가장 복잡한 조직인 것이다. 뇌의 기능에 대해 우리가 아는 것보다 모르는 것이 훨씬 많다. 현재 우리의 상태는 석기시대 인간이 주먹도끼를 갖고 정밀한 시계를 고치려드는 것과 비슷하다. 고치기보다 더 고장 낼 가능성이 훨씬 높다. 우리 뇌에 뇌가 원하지 않는 이물질들을 잠입시키려는 노력도 마찬가지 결과를 부를 듯하다.

# 기분을 망치는
# 음식 과민증

♦

글루텐〔식물성 단백질〕이 문제야! 아니 락토오스(유당)가 문제일 거야! 정제 설탕은 무조건 백색 독이지. 혹시 프룩탄〔과당 단백질〕도 문제인가? 그럼 글루텐은 괜찮은가? 언제부턴가 절대 먹지 말아야 하는 것과 무조건 먹어야 하는 것에 대한 기사들이 매일같이 쏟아진다. '올바른' 식이요법이 점점 기존의 종교들을 대체해가고 있는 것 같다. 다양한 영양학파의 신봉자들이 신념 전쟁을 제대로 벌이고 있다.

그러는 동안 식품 회사들은 쾌재를 부르며 슈퍼마켓의 코너를 설탕, 글루텐, 유당 프리 상품으로 채워왔다. 이윤을 남기려면 트렌드가 바뀔 때마다 재빨리 움직여야 한다. 그렇다면 무엇이 맞는 말인가? 무엇이 먹어도 괜찮고 무엇이 안 괜찮은가? 어떤 음식이 우리를 얼마나 우울하게 만드는가?

이 주제를 다루는 연구는 많다. 하지만 대개 금전적인 이해관계에 얽혀있다. 그러므로 글루텐 프리 음식이 건강에 좋음을 증명할 때만 돈을 받는 연구가 드물지 않다. 그리고 또 어떤 연구는 그 반대를 증명할 때 돈을 받는다. 그리고 독립적인 연구라고 해도 그 결과가 공공에 널리 알려지는 경우는 거의 없다. 그러기 위해선 주도면밀한 마케팅 전략이 필요한데 대학에는 그럴 돈도 인력도 없다. 그러므로 광고비가 대대적으로 들어간 대중매체나 SNS의 내용이 먼저 널리 퍼질 수밖에 없다. 그리고 그런 내용은 당연히 식품 회사 혹은 거대 제약 회사가 후원하는 연구의 결과들이다.

그러므로 음식 과민증에 시달리는 수많은 사람들은 자신이 다수의 과민증 중에 어떤 것을 갖고 있는지 알고 싶을 때 직접 의사를 찾아갈 수밖에 없다. 하지만 여기서도 식품 산업이 어떤 대학이나 보건 당국보다 더 재빠르게 움직인다. 대학이나 보건 당국에서 어떤 영양 방침이 좋고 어떤 것은 고쳐야 하는지 등을 논의만 하고 있는 동안 약국이나 인터넷 쇼핑몰에서는 이미 가능한 모든 과민증 형태를 검사할 수 있는, 열 개가 훌쩍 넘는 자가 테스트기를 내놓고 있다.

의사조차 음식 과민증을 정확히 진단하는 방법을 모르는데 그런 자가 테스트기가 과연 믿을 만하겠는가? 특정 식품, 의약품, 영양제들 사이에서 일어날 수 있는 상호작용은 대개 매우 복잡해서, 다년간의 임상 경험이 있는 전문의만이 필요한 선체 그림을 볼 수 있다.

그런 의미에서 《독일 약국 신문Deutsche Apotheker Zeitung》조차 2017년 한 기사를 공개하며 그런 식의 자가 진단 형태가 대개 설득력이 없다는 사실을 인정해야 했다. 이 신문의 고객인 약국들은 이미 그런 테스트기 판매로 돈을 많이 벌었겠지만.[25] 예를 들어 진짜 글루텐 과민증의 경우 십이지장 조직 검사까지 해야지만 정확한 진단이 가능하다. 당연히 과민증 검사를 위해 위장 내시경까지 할 사람은 그다지 많지 않을 것이고, 우울증이 심한 사람일수록 더 그럴 것이다.

그럼 어떻게 하면 당신의 우울증이 식품 과민증 때문인지 아닌지 알 수 있을까? 일단 나는 첫 번째로 2주 정도 시험 삼아 의심 가는 성분을 완전히 끊어볼 것을 권한다. 이때 꼭 어떤 변화가 일어나는지 잘 살피고 적어둔다. 무엇보다 매일의 배변 상태, 그날그날의 에너지 상태와 기분 상태와 수면 상태가 어떻게 변하는지 잘 살핀다. 긍정적인 변화가 전혀 느껴지지 않는다면 그 식품은 다시 섭취해도 좋다. 하지만 다시 먹기 시작하고도 한 주 정도는 변화를 계속 살펴본 뒤 다음 식품에 대한 테스트로 넘어간다. 특히 식후 60~90분 안의 변화를 잘 살핀다.

그 2주 동안 눈에 띄게 좋아짐을 느낀다면 해당 식품의 섭취를 계속 중단하고, 다음으로 의심 가는 식품들을 하나씩 테스트해본다. 이렇게 해야만 음식들 사이의 상호작용을 최대한 피하면서 당신에게 맞거나 맞지 않는 음식을 찾아낼 수 있다.

이제 주로 정신적 문제를 야기하는 음식 성분들 몇 가지를 하나씩 살펴보자.

## ▶ 글루텐? 아니면 프룩탄?

글루텐은 주로 밀가루에 들어있지만 귀리, 호밀, 스펠트밀에도 들어있는 천연 단백질이다(단백질 점착 물질이라고도 한다). 전문 의학 용어로 '셀리악병'이라고 하는 진짜 글루텐 과민증은 세계적으로 지금 약 100명 중 1명꼴로 앓고 있다고 한다. 이 환자들은 글루텐 함유 음식을 먹으면 복부 팽만, 복부 통증, 설사에 시달린다. 몸은 물론 정신적으로도 매우 극단적으로 반응할 수 있다. 그 예로 2013년 있었던 한 연구는 글루텐 섭취와 우울증적 정신장애 발병이 직접적인 연관이 있음을 잘 보여주었다.[26] 이것은 진짜 셀리악병 환자만이 아니라 훨씬 약한 형태의 글루텐 과민증 환자에게도 마찬가지다.

이 점은 우리 클리닉의 수년간의 임상 치료 경험과도 잘 부합한다. 우리는 글루텐이 들어간 식품을 철저히 배제한 것만으로도 우울증 증상들이 몇 주 만에 모두 사라졌다고 말하는 환자를 많이 봐왔다. 그러다 밀가루 빵 한 조각만 허락해도 몇 시간 안에 우울한 증상이 돌아온다고 한다.

유감스럽게도 의사가 주도하는 전문적인 글루텐 과민증 테스트는 진짜 셀리악병일 경우에만 거론된다. 그보다 덜 괴로운 과민증 형태들은 대개 확인되지 못한 채 넘어간다. 게다가 노르웨이의 한 연구가가 자신이 글루텐 과민증이라고 믿는 사람이 사실은 대부분 완전히 다른 성분에 부정적으로 반응하는 것임을 발견해냈고 그러자 문제가 더 복잡해졌다.[27] 이른바 '프룩탄'이라는 성분인데 이것 또한 많은 밀가루 상품에 포함되어 있다. 프룩탄은 짧은 과당 분자 배열로 구성된 일련의 다당류를 총칭한다. 예를 들어 양파, 마늘, 아티초크, 민들레, 돼지감자, 서양우엉, 파스닙, 치커리 등에 풍부하게 들어있다.

　프룩탄 과민증도 글루텐 과민증처럼 주로 장에 문제를 일으킨다. 그런데 여기서 또 충격적인 사실이 하나 더 있다. 아랫배통증, 가스 참, 혹은 설사로 힘들어하는 사람들은 유산균 의학품으로 장을 건강하게 하려 한다. 그런데 유산균 효과라는 것이 대체로 이눌린 성분에 의지하는 것이다. 이 이눌린이 어떤 성분인가? 눈치챘겠지만 그렇다. 이눌린은 놀랍게도 프룩탄의 다른 이름이다. 프룩탄을 소화하지 못하는 사람이 그 문제를 해결하려고 프룩탄이 든 유산균을 복용하는 것은 빈대 잡으려다 초가삼간 태우는 격이다. 참고로 이눌린은 의학품만이 아니라 예를 들어 요거트나 건강 음료 같은, 유산균이 들어있다고 광고하는 많은 상품에도 들어가 있다.


▶ 잠깐 끊어보자
문제되는 성분이 글루텐이든 프룩탄이든, 소화 문제로 오랫동안 고심해 왔다면 그런 과민증이 정신적인 문제를 불러왔을 가능성이 분명히 있다. 정확하게 무엇이 문제인지 확인하기 위해 먼저 2주 정도 프룩탄을 끊어보자. 그리고 필요하다 싶으면 이어서 2주 정도 글루텐을 끊어보자. 진짜 과민증이 있다면 이 기간동안 최소한 위장–장 관련해서 긍정적인 반응이 올 것이다. 그렇다면 최소한 4주는 그런 식습관을 계속 유지하고 정신적인 문제에 어떤 변화가 일어나는지 살펴보자.

식습관의 변화가 언제 어떻게 당신의 정신에 긍정적인 영향을 발휘하는가는 과민증이 얼마나 오래되었는지에 달려있다. 그리고 예를 들어 만성 염증 상태나 복용하고 있는 약과 같은 다른 요소들도 같이 고려되어야 한다. 프룩탄 혹은 글루텐을 끊는 것만으로도 우울증 증상이 상당히 약해지거나, 심지어 완전히 사라지는 사람도 물론 있다. 하지만 다른 여러 요소도 함께 원인으로 작용할 경우 일단 몸에서만 긍정적인 효과가 나오는 경우도 충분히 가능하다.

그렇다고 실망하지는 말기 바란다. 힘들게 얻어낸 그런 부분적인 성공을 있는 그대로 인식하는 것이 무엇보다 중요하다. 일차적으로 소화 문제'만' 줄었다고 해도 계속 진행하다 보면 모든 것이 어떻게 다른 모든 것과 연결되어 있는지 알게 될 것이다.

예를 들어 장이 먼저 정상적으로 기능할 때만이 우리 몸과 정신을 건강하게 유지해줄 수많은 중요한 영양 성분들을 추출하고 흡수할 수 있다. 그러므로 특정 성분의 섭취를 끊는 것으로 단지 육체적인 수준 정도만 좋아졌다고 해도, 그 새로운 식습관을 꼭 유지하기 바란다. 그래야 새롭게 얻은 그 육체적 건강을 기반으로 삼아 우울증의 또 다른 원인들을 훨씬 쉽게 찾아낼 수 있다.

## ▶ 설탕, 여성보다 남성에게 더 위험하다

남성보다 여성이 우울증에 더 많이 걸린다. 앞 장에서 살펴봤던 약들이 여성들이 압도적으로 더 많이 복용하는 약들이니 그리 놀랄 일도 아니다. 피임약, 갱년기 호르몬은 물론이고 합성 갑상선 호르몬인 티록신도 그렇다.

그런데 최소한 설탕에 대한 저항력만큼은 여성이 남성보다 강하다. 이것은 독일인 영양학자 아니카 크뉘펠Anika Knüppel이 이끈 런던 대학 연구가 밝혀낸 것이다.[28] 이 연구에 따르면 하루에 67그램 이상의 설탕을 섭취하는 남성은 그 절반가량 섭취하는 남성보다 향후 5년 안에 우울증에 걸릴 확률이 23퍼센트 더 높다고 한다. 여성들의 경우 놀랍게도 그 정도로 확률이 높지는 않다. 물론 여성들도 설탕 섭취를 조심하는 편이 훨씬 좋다. 설탕을 과다 섭취하면 꿀이나 과당(프럭토스) 같은 이른바 건강한 설탕을 먹더라도 육체적 혹은 정신적으로 아프게 될 테니까 말이다.

캘리포니아 대학의 한 연구에 따르면 과당 과다 섭취가 특히 뇌 속 신경세포와 시냅스의 생성을 책임지는 단백질의 활성화를 막는다고 한다.[29] 이것은 나아가 의지 활동을 책임지는 뇌의 부분을 본격적으로 쪼그라들게 할 수 있다. 그러므로 너무 많은 과당은 우리를 뚱뚱하게 만들 뿐만 아니라 장기적으로 볼 때 심지어 멍청하게도 만든다.

하지만 좋은 소식도 있다. 오메가3 지방산이 많은 음식이 과당의 그런 부정적인 작용을 상당히 반감시킬 수 있다. 상호작용이 긍정적인 경우도 분명 있다. 오메가3 지방산은 아마씨 오일, 호두 오일, 평지씨[유채] 오일이나 연어, 참치, 고등어, 청어 같은 바닷물고기에 풍부하다. 그리고 방목한 닭의 알, 아보카도, 시금치, 호박, 방목한 소의 고기에도 이 소중한 지방산이 풍부하게 들어있다.

## ▶ '숨어있는' 설탕에 특히 조심하라

균형 잡힌 음식 섭취가 매우 중요함은 누구나 잘 알고 있다. 하지만 현대에 제공되는 수많은 가공 음식에 관해서라면 그 안에 무엇이 들어있는지 파악하기가 늘 쉬운 것은 아니다. 설탕이 예를 들어 사카로오스[자당], 덱스트로스[포도당 일종], 글루코스[포도당 일종], 말토스[엿당], 유청 분말, 아가베 시럽, 과당, 유당처럼 무해한 것 같은 이름 뒤에 숨어있기 때문이다. 대표적으로 과당과 유당에 대해서는 뒤에서 따로 자세히 살펴볼 것이므로 여기서는 마침내 계획한 식습관 바꾸기로 바라는 효과를 얻는 데 유용할 몇 가지 조언만 덧붙이며 넘어가도록 하겠다.

이제부터 식품을 구입할 때 '작게 인쇄되어 있는' 부분을 꼼꼼하게 읽자. 당신이 구입하는 식품이 설탕 제품이 전혀 아니더라도 말이다. 대놓고 먹는 설탕만이 아니라 숨어있어서 모르고 복용하는 설탕도 모이면 무시 못 할 정도의 양이 된다. 다음은 의외로 설탕 함량이 높은 식품들이다.

- 병에 든 양배추 피클(700ml 병에 설탕 77g 함유)
- 청어 샐러드(200g에 설탕 16g 함유)
- 케첩(500ml 병에 설탕 130g 함유)
- 스무디(250ml에 최대 설탕 35g 함유)
- 마시는 과일 요거트(500g에 최대 설탕 60g 함유)
- 디저트 샴페인(200ml 미니 병에 설탕 22g 함유)
- 드레싱이 들어간 냉장 샐러드(400g에 최대 설탕 50g 함유)

## ▶ 놀라운 실험 결과

우리 부부의 좋은 친구가 오랫동안 우울증 증상으로 고충을 겪고 있었다. 나는 그가 설탕을 많이 섭취한다는 것을 알았기에 그를 설득해 작은 실험을 하나 해보기로 했다. 친구는 곧 2주 동안 초코바, 잼, 콜라 같은 명백한 설탕 음식들을 전부 끊었고, 그 외에는 보통 먹던 대로 (인스턴트나 반조리 음식을) 먹되 그러는 동안 '숨어있는' 설탕을 얼마나 많이 섭취하는지 기록했다. 그러자 실제로 자신이 매일 평균적으로 설탕을 114그램씩 섭취했음을 알게 되었다. 그 양에 충격을 받은 친구는 자진해서 그 실험을 계속했고 그다음 2주 동안 모든 형태의 숨어있는 설탕을

가능한 한 최대한 멀리했다. 그리고 이번에는 몸과 정신의 모든 변화를 상세히 기록했다. 그 변화는 놀라웠다

1. 첫 사흘 동안에는 설탕 섭취를 거의 완전히 없앤 탓에 설탕 금단현상을 경험했다. 기분이 나빴고 예민해졌으며 단맛이 극단적으로 당겼다. 하지만 나흘째 되던 날 그런 증상은 흔적도 없이 모두 사라졌고 그 후에도 돌아오지 않았다.

2. 눈에 띄게 체중이 줄었다. 4주 만에 6.8kg이 줄었는데 설탕을 제외하고는 먹고 싶은 대로 다 먹었음에도 그랬다. 다년간 과체중 탈출을 위해 안 해본 일이 없었는데도 매번 실패했기에 이 결과가 친구에게 큰 동기부여가 되었다.

3. 며칠 되지 않아 숙면하게 되었고 아침에 개운하게 일어났다.

4. 중이염으로 인한 만성 코 막힘 증상이 있었는데 몇 달 만에 처음으로 코가 뚫렸고 밤에 스프레이를 뿌리지 않고도 숙면할 수 있었다.

5. 며칠 안에 미각이 살아났다. 모든 음식의 맛이 달라지고 강렬해졌다. 덕분에 소금과 양념을 덜 쓰게 되었다.

6. 무엇보다 정신에 찾아온 변화가 가장 놀라웠다. 4주의 실험 기간이 끝날 때 즈음 친구는 너무도 만족했고 그 어느 때보다 행복했다.

그러므로 친구는 바뀐 식생활을 계속 유지하기로 했다. 이 결심은 2018년 2월 6일 이루어졌는데 그 같은 해 말에 결산해보니 친구는 27킬로그램을 감량했고, 만성 비염이 나았고, 우울증 증상도 말끔히 사라졌다.

## ▶ 먹는 것이 바뀌면 몸과 정신도 바뀐다

사용 방식에 따라 바뀌는 것은 뇌만이 아니다. 혀와 미각도 그렇다. 입속 점막에는 미관구라는 약 10,000개의 맛 봉우리가 있는데 이것들은 10~14일마다 새로운 세포로 교체된다. 그런데 이 과정이 결정적으로 그 시간에 우리가 먹는 음식에 큰 영향을 받는다. 우리가 먹는 음식에 따라 맛 봉우리 각각의 민감성이 바뀔 뿐만 아니라 맛에 대한 요구도 달라진다. 그리고 이런 변화는 물론 맛 봉우리에서만 일어나는 것은 아니다. 입맛과 특정 성분의 갈망에 관여하는 우리 뇌의 부분들도 우리가 먹는 음식에 영향을 받는다. 다시 말해 특정 음식에 대한 '갈망'이 생기는 것은 우리 몸에 지금 당장 그 음식 성분이 필요해서 그럴 수도 있지만, 늘 그런 것은 아니란 뜻이다. 오히려 특정 음식을 평균 이상으로 자주 먹는 것이 그 갈망을 부르기도 한다. 안타깝게도 우리 뇌는 건강한 음식과 해로운 음식을 구분하지 못한다. 자주 먹거나 마시는 것일수록 더 찾게 되어있다. 이것이 독일인 한 명당 연간 설탕 섭취량이 35킬로그램에 달하는 이유이기도 한다. 이것은 하루에 평균 96그램을 먹는다는 뜻이다. 그리고 이것은 세계 보건 기구WHO가 우려할 만하다고 하는 수치의 네 배에 해당한다.

당신이 무설탕 식이의 장점을 아직 발견하지 못했다면 나는 기꺼이 2주만 시험 삼아 설탕을 끊어보라고 하고 싶다. 누가 알겠는가? 그것을 통해 얻어낸 삶의 질이 너무 높아서 그 후부터 설탕을 끊었기 때문에, 아니 설탕을 끊었음에도 정말로 '달콤한' 인생을 즐기게 될지.

### ▶ 쉽게 포기하지 마라

식습관을 완전히 바꿨음에도 금방 긍정적인 효과를 보지 못할 수도 있다. 그렇더라도 포기하지 말고 자신에게 사랑을 듬뿍 주자. '모 아니면 도' 자세보다는 다각도 전략을 짜는 것이 언제나 목적 달성에 좋고 방향 전환에도 도움이 된다. 우울증과 번아웃도 '다각도'에서 그 원인을 찾아야 하는 경우가 대부분이므로 당연히 작은 여러 변화가 모일 때 가장 빨리 이겨낼 수 있다.

그러므로 내 친구의 경우처럼 변화가 무조건 빠르고 분명하게 일어나지는 않음을 염두에 두기 바란다. 때로는 사랑하던 먹거리를 새로운 것으로 대체하는 데 몇 번의 실패를 거듭해야 할 수도 있다. 우리 부부도 이미 두 번이나 설탕과 작별하려 했지만 거듭 나약한 모습을 보이고 말았다. 하지만 그렇다고 신선한 생선, 아보카도, 방목한 닭이 낳은 달걀, 호두 등을 통한 건강한 오메가3 지방산 섭취까지 포기해버린 것은 아니다. 우리는 식습관을 아주 조금 바꾸고도 매우 놀라운 효과를 볼 수 있었는데 사실 그건 다 우리를 찾아온 새 가족 덕분이었다.

## ▶ 오메가3 지방산의 비밀

2018년 4월 우리 집은 새 가족을 들였다. 스누피라는 귀엽고 똑똑한 보더콜리 종인데 녀석이 우리 삶을 꽤나 뒤집어 놓았다. 이 더할 수 없는 개구쟁이 녀석은 태어난 지 3개월 반쯤에 우리 집에 왔는데 털이 어찌나 부드럽고 빛이 나던지, 녀석이 옆에 오면 쓰다듬고 어루만지지 않을 수 없었다. 그런데 몇 주가 지나자 갑자기 녀석의 털이 거칠어졌고 윤택도 눈에 띄게 사라졌다. 우리는 꼭 사육사가 추천하는 먹이를 먹였고 그 나이의 강아지에게 좋다는 것은 다 해주었다. 하지만 진짜 도움이 되었던 건 어느 작은 사료 가게의 아주 유능한 주인이 해줬던 조언이었다. 다름 아니라 오메가3 지방산이 풍부하도록 특별히 제조된 혼합 오일을 먹이에 매일 한 티스푼씩 넣어 먹여보라는 것이었다. 우리는 그 조언을 따랐다. 그러자 몇 주 안 가 스누피의 털은 다시 예전처럼 부드럽게 되었고 그 빛도 되돌아왔다. 지금도 우리는 여러 좋은 오일이 혼합된 그 오일을 스누피에게 먹이고 있는데, 덕분에 이제 거의 어른이 된 녀석의 털은 여전히 놀랍도록 부드럽고 매끄럽다. 녀석은 털 자체가 거의 빠지지 않는데 이는 보더콜리 종에게는 드문 일이라고 한다.

이 책을 위해 자료 조사를 하기 전만 해도 나는 오메가3 지방산의 인기에 대해 회의적인 쪽이었다. 과학적으로 증명된 게 거의 없는데도 여기저기서 '기적의 약'이라도 되는 양 추앙받는 음식이 그전에도 많았으니 말이다. 하지만 스누피에게 매일 티스푼 몇 개 분량의 기름을 먹이는 것만으로 그 정도의 탁월한 효과를 보고 나자, 나도 매일 좋은 오일을 밥숟가락 몇 개 정도로 먹어보면 어떨까 하는 호기심이 생겼다.

그래서 나는 베를린의 크로이츠베르그에 있는, 각종 오일을 맛볼 수 있는 오일 가게에 가서 시식을 해 본 후 보통 아마씨 오일과는 다른 야생 아마씨Leindotter오일을 시도해 보기로 했다. 보통 아마씨 오일은 단순히 아마씨를 짜낸 것으로 나에게는 늘 먹기 힘든 맛이었다. 그런데 야생 아마씨 오일은 십자화과 식물임에도 야생 아마씨란 이름으로 불렸고 보통 아마씨 오일만큼 질 좋은 오메가3 지방산이 풍부했다. 그리고 아마씨 오일 특유의 맛이 없기 때문에 나로서는 아침마다 한 숟가락씩 먹기가 아주 수월했다.

그렇게 먹기 시작한 지 며칠도 되지 않아 이미 변화가 느껴졌다. 스누피처럼 털이 부드러워진 건 아니지만 최소한 머리카락이 훨씬 건강해 보였고 아침에 일어나기도 수월해졌다. 그런데 더 놀라웠던 건 내 정신에 일어난 효과였다. 보통 나는 저녁 7시 이후에는 집중력은 물론이고 시력도 급격하게 떨어지기 때문에 이메일에 답장을 거의 하지 않았다. 그런데 저녁 8시 이후에도 집중력도 시력도 날카로운 상태를 유지했다. 그 전 1년 동안 다양한 피쉬 오일 캡슐을 시도해 봤지만 별다른 효과를 보지 못했던 터라 그 결과가 매우 놀라웠다. 최소한 나에게는 냉압착 기름 혹은 아보카도 오일 같은 최대한 가공되지 않은 천연 그대로의 오메가3 지방산 원액이, 널리 애용되는 다른 상품들과는 달리 긍정적으로 작용함에 틀림없다.

## ▶ 유당과 과당

성경에서 풍성하고 윤택한 삶의 전형으로 말해지던 것이 오늘날에는 우울증을 거의 보장하는 삶이 되고 말았다. 꿀을 구성하는 설탕의 주요 성분이 과당이고 여러 연구에 따르면 3명 중 1명은 이 설탕을 소화하는 데 문제를 갖고 있다고 한다. 이런 문제를 전문 용어로 과당 흡수 장애라고 한다.[30]

그리고 위키피디아에 따르면 세계 성인 인구 중 약 75퍼센트가 유당 소화에 문제를 갖고 있다고 한다. 특히 아프리카인과 아시아인 중에 유당불내증이 많다고 하는데 독일어권에서도 15퍼센트나 된다.[31] 이렇게 유당불내증이 있는 사람 4명 중 3명이 과당불내증도 갖고 있다고 한다. 그런데 정확히 바로 이런 다중불내증이 우울증 유발 가능성을 상당히 높이고 이것은 여러 연

구에서 이미 검증된 사실이다.[32]

유감스럽게도 당사자들은 그런 자신의 불내증에 대해 모르고 몇 년을 보내는 경우가 많다. 불내증으로 인한 육체적 문제가 당장 치료가 필요할 만큼 늘 심각한 것은 아니기 때문이다. 하지만 그러다 보면 몸은 너무 오랫동안 부담을 견뎌야 하므로 몸만이 아니라 정신적 건강에도 중요한 영양소를 받아들이는 것이 점점 더 어려워진다.

당신이 지금 우울증을 앓고 있다면 곧장 전문가에게 가서 당신이 몰랐던 불내증이 있지는 않은지 적당한 테스트를 받아보기 바란다. 정신적 문제의 원인이 될 수도 있는 것을 많이 발견할수록 좋다. 그래야 우울증을 극복할 수 있고 우울증의 악화도 막을 수 있다.

## ▶알코올

알코올 소비에 관한 한 독일은 국제적으로 상위 3분의 1그룹에 속하므로 알코올 고소비 국가에 해당한다. 독일인은 2015년 한 해 평균 9.6리터 순수 알코올[에탄올]을 섭취했다. 이것은 모든 사람, 그러니까 아이들까지 포함한 1인당 평균 소비량이다. 연령별 인구 통계를 고려해 수치를 수정해보면 독일 성인 한 명당 1년 동안 순수 알코올을 평균 14.6리터를 섭취한다는 뜻이다.[33]

장기간 알코올 섭취를 견뎌내지 못하는 췌장만 생각해도 이것은 심각한 문제다. 자신의 몸에 매일 80그램 이상의 에탄올(약

와인 1리터)을 붓는 사람은 췌장 관련 질병에 걸릴 위험을 무릅쓰는 것이다. 이때 췌장은 소화 효소와 인슐린 분비를 제대로 하지 못하게 되므로 당뇨까지 생긴다.[34]

그런데 적은 양의 알코올도 강한 손상을 부를 수 있다. 적은 양이라도 알코올은 일단 염증 과정을 작동시키며 소장의 혈액 순환을 방해한다. 그럼 소장 벽이 일시적으로 영양소 흡수를 못 하게 된다. 게다가 알코올을 맘껏 즐기고 난 뒤 찾아오는 위 점막 손상이 치료되려면 최소한 24시간 이상 필요하다. 매일 강력한 알코올을 소화해야 한다면 위장은 더는 제대로 회복되지 못하므로 째진 피부처럼 피가 나는 상태가 된다. 게다가 몸에 염증 과정이 오래 계속되면 우울증을 부른다는 연구 결과도 있다. 그러므로 문제를 자꾸 알코올 섭취로 잊어버리려 한다면 결국 문제가 더 생기는, 정확하게 반대되는 효과를 얻게 될 것이다.

## ▶ 술을 마시면 정말 기분이 좋아질까?

오랫동안 우리는 삶에 그 어떤 문제가 있어서 혹은 불만이 있어서 자꾸 술이 당긴다고 생각해왔다. 우울한 기분이 먼저 생기고 그다음 자가 치유의 한 방법으로 술을 마신다고 가정했었다. 하지만 사실은 정확히 그 반대임을 알려주는 표시가 더 많아졌다. 그러니까 술을 마실수록 우울증에 걸릴 확률이 더 커진다는 것이다. 그러므로 기본적으로 술을 끊는 것이 우울증과의 싸움에서 하나의 묘수가 될 수 있다.

금주가 우울증을 더 빨리 극복하는 데 큰 도움이 됨은 이미 확인된 사실이다. 번아웃 상태이면서 밤에 조금이라도 안정을 찾기 위해 술을 마셨던 사람이라면, 술을 끊음으로써 우울증으로 넘어갈 가능성을 상당히 줄일 수 있다. 말은 쉽지만 어려운 일이란 것 잘 안다. 특히 중독 증상이 있다면 더 말할 것도 없다. 하지만 아직 통제 불능일 정도가 아니라면 몇 주 정도 단호하게 금주해보기 바란다. 그럼 진짜 기적이 일어날지도 모르니까 말이다.

## ▶ 놀라운 변화의 시작, 파레토 법칙

어쩌면 지금쯤 당신은 내가 식습관에 대한 새 안내서들을 끝까지 읽었을 때 생각하는 것과 똑같은 생각을 하고 있을지도 모르겠다.

"이렇게 시키는 거 다 하면 대체 뭘 먹고 뭘 마실 수 있담!"

하지만 다행히도 그렇게 비관적일 필요는 없다. 우리 부부는 식습관에 관해서라면 파레토 법칙을 따르고 있다. 파레토 법칙은 원래 비즈니스 코칭에서 쓰이던 똑똑한 전략인데 많은 사람들이 '8대 2원칙'이라는 말로 더 잘 알고 있을 것이다. 다름 아니라 20퍼센트의 근무 시간으로 80퍼센트의 성과를 이루어낸다는 원칙이다. 그리고 나머지 20퍼센트의 성과를 위해 우리는 그 네 배에 해당하는 나머지 80퍼센트의 시간을 쓰는 셈이다.

이 법칙은 부정적인 경우에도 마찬가지여서 20퍼센트의 잘못된 식습관이 우리 문제의 80퍼센트를 야기한다. 이 말은 당신의 문제의 상당 부분을 만들어내는 그 20퍼센트를 알아내기만 하면 상대적으로 수월하게 목적한 바를 크게 이룰 수 있다는 말이다. 앞에서 소개했던 우리의 과체중 친구가 설탕을 끊은 것만으로도 육체적으로는 물론이고 정신적으로도 다시 활기를 되찾을 수 있었던 것처럼, 누구에게는 술을 줄이거나 글루텐 혹은 프룩탄을 끊는 것이 결정적인 전환이 될 수도 있다.

물론 장기적으로 봤을 때는 우울증과 번아웃의 잠재적인 원인을 모두 알아내 영원히 없애버리는 것을 목표로 삼아야 할 것이다. 하지만 지금 당장 당신에게 가장 필요한 것은 첫 성공을 맛보는 것이고 이 성공 경험은 가능한 한 최소한의 노력으로 얻어낼 수 있어야 한다. 그런 의미에서 이 파레토 법칙이 당신에게 도움이 될 것이다.

그래도 수긍할 수 없다면 그것도 물론 이해한다. 내가 이 8대 2법칙에 대해 들었을 때도 도무지 믿음이 가지 않았으니까. 당시 나는 시간과 돈, 둘 다에 쫓기고 있는 기분이었다. 그런데 2010년 우연히 티모시 페리스Thmothy Ferriss의 책,《나는 네 시간만 일한다》의 초판이 내 손에 들어왔고 이것을 읽은 후 내 생각은 달라졌다. 이 책에서 묘사된 파레토 법칙은 너무 아름다워 도무지 사실이라 믿기 어려웠다. 하지만 나는 설득됐다기보다는 다른 대안이 없었기에 이 책이 말하는 조언들을 몇 개 시도해 보았고 그러자 말 그대로 모든 것이 바뀌었다. 몇 달도 안 되어 전보다 시간이 많아졌고 경제적인 문제도 흡사 기적처럼 거의 저절로 해결되었다. 당시의 내가 그랬듯 당신도 돈과 시간에 쫓기고 있다면 이제는 세계적 베스트셀러가 된 이 책을 꼭 한 번 읽어보기 바란다. 우리는 번아웃 세미나에서 꼭 이 파레토 법칙을 이용하는데 참가자들은 이 간단한 법칙을 적용할 때 삶이 얼마나 크게 바뀌는지 보고 놀라움을 금치 못한다.

# 비타민, 무기질, 미량원소의 결핍

독일 연방 정부 영양농경소비자보호국Das Bundesmi-
nisterium Ernährung, Landwirtschaft und Verbraucherschutz이 막스
루브너연구소Max-Rubner-Institut에 독일 청소년과 성인의 영양
상태를 전국적으로 조사해줄 것을 의뢰한 바 있다.[35] 조사 결과
독일인 일부의 경우 몇 가지 비타민과 무기질이 극도로 부족한
상태임이 밝혀졌다. 여기서는 그 해당 영양소들과 그 부족이 우
리 정신에 미치는 영향을 하나씩 살펴보려 한다.

## ▶ 요오드

요오드만큼 논란이 많은 영양소도 없다. 어떤 사람들은 요오드
가 식품들에 쓸데없이 첨가되는 특수 폐기물에 지나지 않는다
고 하고 또 어떤 사람들은 요오드 결핍이 세계적으로 수많은 질
병의 주범이라고 한다. 과연 어느 쪽이 맞는 소리일까?

갑상샘이 제대로 기능하려면 요오드가 필요하다는 것만큼은 분명한 것 같다. 독일 영양 협회Deutsche Gesellschaft für Ernährung는 그래서 매일 요오드 180~200마이크로그램 섭취를 권장한다. 이 정도의 요오드를 섭취하려면 매일 생선을 먹거나 2킬로그램에 달하는 유제품을 먹어야 한다. 이것은 불가능에 가까우므로 의사들은 요오드가 들어간 소금을 섭취하라고 한다. 하지만 여전히 우리는 필요한 요오드의 양을 다 채우지 못하고 있는 것 같다. 방금 언급한 막스루브너 연구소의 조사에 따르면 독일 남성 96퍼센트와 독일 여성 97퍼센트가 요오드를 권장량만큼 섭취하지 못하고 있다. 이들에게 요오드가 들어간 소금을 섭취하게 하면 수치가 좋아지기는 하는데 여전히 남성의 28퍼센트와 여성의 53퍼센트가 요오드 결핍 상태로 남는다고 했다.

이것은 2004년 발표된 뷔르츠부르크 대학의 한 연구 결과와도 부합한다.[36] 이 연구는 독일 직장인 3분의 1이 이미 갑상샘 변형 상태인데 놀랍게도 그중 그 사실을 알고 있는 사람은 아주 극소수에 지나지 않는다고 발표했다.

갑상샘 변형은 기본적으로 요오드 결핍과 관계있다고 추측되고 있다. 관련해서 세계보건기구도 요오드가 결핍된 유럽인의 수를 3억 9천만 명 이상으로 추정하고 있다. 세계적으로는 그 수가 20만 명에 달할 것으로 본다.

요오드 결핍은 갑상샘 비대는 물론 갑상샘 내 결절을 부른다. 이때 호르몬 교란 및 다양한 육체적 문제들이 뒤따른다. 피로감, 집중력 저하, 능률 저하, 수면 장애 등이 대표적이다. 그리고 번아웃은 물론이고 우울증까지 모든 증상이 함께 올 수 있다. 나아가 소화가 잘 안 되고, 감기 같은 감염성 질환에 걸리기 쉽고, 호흡이나 목 넘김이 어려워지기도 하는데, 특히 목에 뭔가 늘 걸려있는 것 같은 느낌은 불안증 환자들이 전형적으로 보이는 증상이기도 하다. 그러므로 우울증만이 아니라 많은 점에서 충분한 요오드 섭취가 도움이 될 것이다.

▶ 엽산

비타민 B9으로 불리기도 하는 엽산도 음식으로 섭취하기에는 부족한 물질에 속한다. 막스루브너 연구소에 따르면 독일 남성 79퍼센트와 여성 86퍼센트가 일일 엽산 권장량을 만성적으로 채우지 못하고 있다고 한다.

이미 60년대부터 모든 우울증 환자 중 최소 30퍼센트가 엽산 결핍에 시달리고 있음을 증명하는 연구들이 많았다. 최근에는 노르웨이에서도 관련 연구가 있었다.[37] 거의 6,000명에 달하는 사람들의 혈액 내 호모시스테인 아미노산 수치를 측정해본 결과, 그 수치가 높은 사람들이 우울증을 앓을 확률도 두 배나 되었다. 호모시스테인은 그 분해에 엽산이 필요한 아미노산으로 그 수치가 높다는 것은 엽산이 부족하다는 뜻이다.

엽산 부족은 우울증에서 나아가 설사, 식욕부진, 피로감, 예민함, 혈액 순환 장애 등의 문제도 일으킬 수 있다. 그러므로 음식을 통해 엽산을 풍부하게 섭취하는 것이 무엇보다 중요하다. 귀리, 렌즈 콩, 달걀노른자, 파슬리, 서양 냉이, 해바라기 씨에 많이 들어있다고 한다. 아스파라거스, 시금치, 토마토, 소고기도 엽산 섭취에 좋은 음식들이다.

참고로 햇빛에 노출이 많은 사람은 엽산이 특히 더 많이 필요하다. 피부에 닿는 햇살이 체내 엽산을 현저하게 소모하기 때문이다.[38]

2000년대 이후 세계 67개국이 이미 기본 식료품에 엽산을 첨가하기 시작했던 점만 봐도 엽산 관련 문제를 과소평가해서는 안 됨을 잘 알 수 있다.[39] 하지만 유럽연합 내에서 그런 정책에 동참하는 나라는 안타깝게도 아직 없으므로 우리는 스스로 엽산을 충분히 섭취할 방법을 찾아내야 한다.

### ▶ 아연

세계보건기구에 따르면 세계 인구 절반이 아연을 너무 적게 섭취하고 있다고 한다. 아연 결핍은 건강상의 많은 문제와 관계가 있고 특히 심한 감정 기복, 피로감, 무력감, 집중력 저하를 부른다. 그리고 당연히 이미 눈치챘겠지만 우울증을 부른다. 아연이 신진대사에 꼭 필요한 미량 원소이므로 그리 놀랄 일은 아니다. 설탕, 지방, 단백질의 소화는 물론이고 면역 체계와 호르몬이 잘 기능하는 데도 꼭 필요한 물질이다. 무엇보다 청소년기 아이들은 꼭 아연을 충분히 섭취해줘야 한다. 2005년 한 실험에서

12~13세 청소년 200명이 10주간 매일 주스를 한 잔씩 마셨다.[40] 주스에는 하루 권장량에 해당하는 10밀리그램의 아연이 들어있거나, 그 두 배인 20밀리그램이 들어있거나, 전혀 들어있지 않을 수도 있었다. 실험 후 대상자 약 3분의 1이 시각적 기억력과 집중력이 눈에 띄게 좋아졌다. 그런데 하루에 20밀리그램의 아연을 섭취한 아이들만 그랬다.

여기서 알아둘 것이 있다. 한창 크는 청소년의 경우 특히 아연이 많이 필요하므로 렌즈 콩, 옥수수, 귀리, 치즈, 소고기, 양고기 같은 음식을 가능한 한 규칙적으로 섭취해야 한다. 아이가 이 음식들을 잘 먹지 않으면 영양제로 먹일 수도 있다.


▶ 비타민 D3와 B12

생리활성물질〔혹은 필수물질〕의 결핍이 우울증을 부른다는 것은 의학계에서 오래전부터 잘 알려진 사실이다. 특히 비타민 D3와 비타민 B12가 그런 것 같다. 물론 모든 생리 활성 물질이 중요하다. 철분, 셀렌, 비타민C가 부족해도(몇 가지만 들어도 이 정도) 우리 몸은 특정 과정에서 적절히 기능하지 못하게 된다. 흔히 말하듯 모든 것은 다른 모든 것과 연결되어 있으므로 우리 몸과 정신도 가장 약한 부분이 허락하는 정도에 한해서만 잘 기능할 수 있다.

비타민 D3는 우리 뇌의 중요한 원자재인 뇌유래신경영양인자를 충분히 만들어내기 위해서도 꼭 필요한 물질이다. 비타민

D3를 우리 스스로 만들어내는 방법은 물론 햇빛에 피부를 충분히 노출해주는 것밖에 없다. 그렇게 하지 못하면 동절기 우울증이라고 하는 증상이 일어난다. 그래서 우리 위도상의 의사들은 최소한 11월부터 3월까지는 비타민 D3를 약으로 복용할 것을 권한다. 그런데 햇빛은 비타민 D3 생산 효과만 내는 게 아니고 우리 정신에도 좋으므로, 나는 겨울에도 해가 나오기만 하면 가능한 한 자주 밖으로 나가라고 권한다. 스카프나 목도리로 얼굴을 감추지 말고 가능하면 장갑도 끼지 않고 나가야 동절기 우울증 퇴치에 효과가 있다.

## ▶ 비타민 D와 우울증의 상관관계

우리 뇌에도 비타민 D3 수용체가 있음이 이미 몇 년 전에 증명되었다. 이때부터 이 비타민은 물론 우리 몸속에서 이루어지는 햇빛의 활성화가 매우 중요하다는 것이 점점 더 명확해지고 있다. 우리의 정서만이 아니라 기억 능력과 행동 통제 능력까지 비타민 D 수치와 직접적인 연관이 있다.[41] 높은 비타민 D 수치가 우울증 증상을 줄일 수 있음은 아프자네 바흐라미Afsane Bahrami가 2017년 발표한 박사 연구 논문에서도 잘 증명되었다.[42] 이 연구를 위해 바흐라미는 우울증에 걸린 청년들에게 9주 동안 매일 고용량의 비타민 D를 복용하게 했다. 흥미롭게도 첫 주에는 거의 아무런 긍정적인 효과가 없어 보였다. 하지만 오래 복용할수록 상당히 의미 있는 효과를 불러일으켰다.

따라서 인내심을 가져야 할 것 같다. 이 책에서 말하는 긍정적인 효과들도 몇 주가 지나야 보이는 것들이 대부분이다. 인내심을 발휘할 때 그 결과에 더 기뻐하게 될 것이다.

### ▶ 비타민 B12, 늙지 않고 건강할 수 있는 비법

《독일 의사지Deutsche Ärzteblatt》가 2008년 보고했듯이 비타민 B12 결핍도 심각한 결과를 낳을 수 있다.[43] 이 보고에 따르면 비타민 B12가 결핍되어 있는 사람이 의외로 매우 많다고 한다. B12 결핍이 장기화할 경우 되돌릴 수 없는 신경 손상이 일어날 수 있으므로 늦지 않게 검사를 받아보는 것이 좋다. 결핍을 제때 발견해 보충해주면 인지 손상, 우울증, 심지어 치매까지 효과적으로 저지할 수 있다. 달걀, 치즈, 생선, 고기에 풍부하게 들어있고 간 같은 내장에는 일반 순수 살코기보다 최고 일곱 배 더 많이 들어가 있다. 채식주의자라면 클로렐라나 영양제로 대체할 수 있다. 비타민 B12를 과다 복용하면 소변 색이 진한 오렌지색에서 심지어 붉은색으로 바뀔 수도 있으나 전혀 문제 되지 않으니 놀라거나 걱정할 필요 없다. 이것은 비타민 D 과다 복용의 경우도 마찬가지다.

이때 기본적으로 지켜야 할 것이 있는데 지금까지 설명한 영양소 중 어떤 것의 부족이 의심된다고 해서 그것이 들어간 아무 약이나 무턱대고 먹지는 말기 바란다. 그보다는 의사에게 가서 먼저 어떤 무기질, 미량 원소, 비타민이 부족한지 검사부터 받아보고 정말 부족한 것이 있다면 그때 어떻게 그 부족을 메울 것인지 스스로 결정하기 바란다.

## ▶ 칼슘과 마그네슘

이 두 무기질의 부족도 우울증 환자에게서 쉽게 보이는 증상들을 유도할 수 있다. 막스루브너 연구소에 따르면 독일에서 14~18세 여학생 74퍼센트가 칼슘을 충분히 섭취하지 못하고 있다고 하므로 한층 더 우려가 되고 있다. 65세 이상 집단도 그리 좋은 상황은 아니다. 여기서는 남성 61퍼센트, 여성 65퍼센트가 칼슘 부족에 시달리고 있는 것으로 보인다.

마그네슘 섭취는 그다지 부족한 것 같지는 않지만 미국의 경우 국민의 48퍼센트가 너무 적게 섭취하는 것으로 나온다.[44]

하지만 마그네슘 필요 용량은 스트레스 노출 정도에 따라 달라지므로 힘든 시기가 오래 계속될 경우 누구나 마그네슘 부족 상태에 놓일 수 있다. 그렇다는 사실을 알고 최소한 스트레스가 많은 시기라도 마그네슘 복용량을 늘려보자. 그럼 긴장감, 피로감, 고혈압, 편두통을 막을 수 있고 갑자기 찾아오는 청력 저하도 효과적으로 막을 수 있다.

## ▶ 구리

이 책을 위한 자료를 찾으면서 나는 1999년 폴란드 크라카우 대학에서 있었던 한 연구 결과를 보게 되었다.[45] 이 연구는 우울증 환자 5명 중 1명꼴로 혈액 내 구리 수치가 눈에 띄게 높음을 발견했다. 구리 부족이 건강 문제를 부를 수 있음은 알고 있었지만 구리 과잉이 우울증과 관계있음은 내게는 새로운 사실이었다. 그 발견을 증명할 또 다른 연구 결과를 찾을 수 없었으므로 나는 구리에 대해서는 일단 접어두기로 했다.

그런데 그때 다시 구리에 관심을 두게 만드는 어떤 일이 일어났다. 당시 우리는 새롭게 설립한 현대정신치료연구소Institut für moderne Psychotherapie로 막 이사를 마친 상태였는데 마지막 짐을 풀고 나자 나는 물론 아내도 이상하게 침울한 기분에 빠져들었다. 열흘이 지났는데도 기분이 나아지지 않자 우리는 흔한 '면제 우울증Entlastungsdepression' 같은 것이 아닐까 생각했다.

면제 우울증은 오랫동안 끌던 힘든 일이 마침내 사라질 때 주로 나타난다. 정신 역학적으로 볼 때 이것은 우리 정신의 똑똑하기 그지없는 보호 기능이 발동한 것이다. 목표 달성으로 기분이 좋은 사람은 그런 행복감 속에서 몸과 마음을 충전하기보다 그 즉시 새로운 목표를 찾고 또 전속력으로 그 목표를 향해 달려가기 쉬운데, 이런 자가 동력 시스템이 건강하지 못하다는 건 앞에서 코앞의 당근을 먹지는 못하고 좇기만 하는 당나귀 이야기로 이미 설명한 바 있다. 그런데 목표 달성 후 우울증이 찾아오면 억지로라도 어느 정도 쉬어가게는 된다.

면제 우울증은 특히 완벽주의자 성향이 강한 사람으로 하여금 다른 목표로 달려들기 전에 쉬게 하고 힘을 모으게 한다. 이 우울한 기간은 대개 2~3주 정도에 그치는데 이 정도면 번아웃에 걸리지 않게 하는 효과로는 충분하다. 물론 처음부터 성공을 적극적으로 축하하고, 아무것도 하지 않고 철저하게 쉬며 자신에게 보상을 주는 것이 더 영리한 자세일 테다. 그래야 우울증이라는 억지스러운 방식으로 휴식을 강요하는 대신, 성공을 정말로 만끽하고 에너지를 재충전한 후 다시 새로운 목표를 향해 전력질주 할 수 있을 테니까 말이다.

그런데 우리의 경우 그 우울증이 3주 이상 지속되었기 때문에 우리는 그 원인을 체계적으로 찾아보기로 했다. 그러다 나는 구리 과다 섭취에 대한 그 연구 결과를 기억해냈다. 우울한 기분이 이사를 하고 난 지 얼마 안 된 시점에 시작되었기 때문에, 나는 확실히 하기 위해 새 집의 수도관에 이 미세 원소가 얼마나 함유되어 있는지 조사해 보기로 했다. 그다지 대단한 장비가 필요하지는 않았다. 구리가 1리터당 0.6밀리그램 이상일 경우 수족관의 물고기들이 죽게 되므로, 수족관에 가거나 인터넷만 찾아보아도 믿을 만한 수질 테스트 기구를 단 몇 유로에 살 수 있고 직접 테스트도 할 수 있다.

그 결과는 충격적이었다. 우리 집 수도관에서 나온 물은 리터당 2.0밀리그램의 구리를 함유하고 있었다. 우리는 차와 커피를 많이 마시므로 물로 마시는 구리양만 따져도 일일 권장량인 1.5밀리그램의 두 배에 달했다. 거기다 음식으로 섭취하는 구리양까지 더하면 심지어 서너 배의 구리를 섭취하고 있는 것이었다.

우리는 그 즉시 유기 농산물 가게에 가서 흔한 필터를 하나 사다 설치했다. 설치 후 다시 검사해보니 최소한 구리는 전혀 검출되지 않았다.

어쩌면 플라세보 효과도 있었을지 모르겠다. 하지만 필터로 거른 물을 마시기 시작한 지 겨우 한 주가 지났을 뿐인데 우리 기분은 한결 좋아졌다. 그 후 다시 활력을 되찾았으므로 우리는 계속 필터를 사용하기로 했다.


## ▶ 우울증에 확실한 치료법은 없다

수십 년 동안 전 세계의 과학자들이 우울증에 대한 이른바 생체 지표를 찾고자 했다. 그러니까 너무 없거나 너무 많으면 틀림없이 우울증을 부르는 그 어떤 물질을 찾으려했다. 이 책에서 지금까지 살펴본 모든 결핍 상태들이 우울증과 관계있음이 분명해 보이지만 여전히 현재까지도 우울증의 확실한 생체 지표는 하나도 없다. 왜 그런지는 내 생각에 다음 세 가지로 설명해볼 수 있을 것 같다.

첫째, 인간을 정신적 불균형에 빠트리는 것은 단 하나의 물질이 아니라 서로 영향을 주는 아주 많은 물질이기 때문이다. 지금까지 하나의 물질에 집중해온 연구들은 그러므로 결코 적절한 결과를 도출해낼 수 없었다.

둘째, 그 연구들 자체가 거의 대부분 항우울제와 관련해 진행되었기 때문에 만족한 결과를 끌어낼 수 없었다. 좀 더 자세히 말하자면 이렇다. 어떤 연구에 따르면[46] 사실 수백 개의 물질이 우울증에 대한 생체 지표가 될 수 있다. 하지만 이 원소들 중 그 어떤 것도 계속 연구되지 못한다. 왜냐하면 연구에 돈을 대는 측이 조건으로 다는 임무에 맞지 않기 때문이다. 그리고 그 임무는 거의 모든 경우 "항우울제가 도움이 됨을 증명하라"다.

구리 관련 경험 후 나는 혹시 다른 대학에서 이와 관련한 새로운 연구가 있었는지 찾아보았다. 그리고 실제로 여러 개 발견하기는 했는데 내가 바라던 쪽은 아니었다. 관련 연구들은 모두 항우울제가 실제로 측정 가능한 정도의 효과를 보인 일부 환자들에게서 구리 수치도 줄어 들었는지 아닌지를 검사해 본 게 전부였다. 실제로 항우울제 때문에 구리 수치가 줄어들지는 않았으므로 구리와 우울증의 상관관계에 대한 연구는 더 이상 진행되지 않았던 것이다.

간단히 할 수 있는 실험들이 안타깝게도 이루어지지 않았던 것이다. 수돗물을 정화해 마시거나 커피나 녹차 같은 구리가 다량 함유된 식품들을 몇 주 끊었을 때 우울증 환자에게 어떤 일이 생길까? 아니면 아연 제제를 규칙적으로 복용하면 어떨까? 아연이 우리 몸에서 구리의 흡수를 막아주는 것은 이미 증명된 사실이다. 그런데 이런 실험들이 지금까지 전혀 후원받지 못했다. 이것이 항우울제가 여전히 수십억 유로를 벌게 해주는 것과 관계가 있고 없고는 각자 판단할 문제다.

하지만 나와 우리 클리닉 동료들은 환자들에게 그런 특별한 관계들을 알려주고 스스로 매일 실험해 보라고 권하기를 주저하지 않는다.

셋째, 모든 물질에 모두가 똑같이 반응하는 것은 아니기 때문이다. 유전적 경향이 달라서 어떤 사람은 특정 물질을 아무 문제없이 소화하고 또 어떤 사람은 같은 물질이라도 그것으로부터 다양한 육체적·정신적 문제들을 만들어낸다. 그런 이유로 나는 개인 맞춤형 의학으로 향해가고 있는 현재의 발전 방향을 매우 환영한다. 이미 개인 유전체 해독이 몇백 유로만 주면 가능해졌고 지금은 그 어느 때보다 광대한 정보처리가 가능한 시대다. 번거로운 과정 없이도 그날그날 소비 형태를 입력할 수 있는 앱이 있는가 하면, 하루 동안의 바이털사인*을 기록해주는 시계도 있고 심지어 반지도 있다. 애플이나 구글 같은 거대 기업이 그 모든 정보를 분석해 모든 개인에게 어떤 음식, 약, 영양소를 섭취해야 최적의 건강 상태를 유지할 수 있는지 스마트폰으로 알려주는 때가 조만간 올 것이다.

육체적 움직임과 관련해서는 이미 그런 앱들이 존재한다. 대체로 팔찌나 손목시계 형태의 이른바 피트니스-트래커Fitness-Tracker라는 것들인데 뛰는 사람에게 충분히 뛰었는지, 뛰는 동안 맥박이 어땠는지 등을 알려준다.

물론 다수로부터 건강 관련 정보를 모으고 분석하는 데 신중

───── ● 호흡, 체온, 심장박동 같은 활력 징후.

해야 함은 당연하다. 하지만 그렇다고 다양한 질병의 진짜 원인을 마침내 찾아낼 큰 기회를 외면해서는 안 될 것이다. 최소한 우울증에 대해서는 그런 분석이 지금 절박하다. 이미 말했듯이 이 정신 질환의 생체 지표가 여전히 '공식적'으로 말해지지 않고 있기 때문이다.

그런 의미에서 나는 거대 제약 회사들이 지난 40년 넘게 우울증이 세로토닌과 노르아드레닐린의 부족 탓이라고 끊임없이 공포해온 사실이 정말이지 충격적이라고 생각한다. 이런 주장에 대한 과학적 근거가 여전히 없기 때문이다.[47] 사람들이 무언가를 믿게 하려면 충분히 오랫동안 반복해 말해야 함을 저들은 잘 알고 있는 것 같다.

이것은 시금치 이야기와 비슷하다. 시금치에 철분 함량이 매우 높다는 말은 사실 인쇄가 잘못된 영양가 지표 때문에 생겨난 틀린 정보였다. 시금치 100그램당 철분이 3.5밀리그램 있다고 해야 할 것이 점이 잘못 들어가 35밀리그램이 되었는데, 뒤에 나온 수많은 인쇄물도 이 잘못된 인쇄물을 그대로 따라 찍었으므로 그와 같은 시금치 철분 신화가 탄생했던 것이다. 시금치 깡통을 먹기만 하면 철분으로 근육이 빵빵해지곤 했던 뽀빠이 수병에 대한 만화는 그러니까 일종의 착각에서 나온 이야기였다.

▶ 영양제만으로는 부족하다

여기까지 이 책을 읽은 사람이라면 비타민, 무기질, 미량 원소가 다 들어가 있는 영양제를 몇 가지 복용하는 것도 나쁘지 않겠다고 생각할지도 모르겠다. 영양제 제조사들이 그래도 된다고 말하기는 하지만 아쉽게도 문제가 그렇게 간단하지는 않다. 어떤 성분이 당신에게 왜 부족한지, 아니면 왜 과다한지 알지 못한다면 잘못된 중장비로 잘못된 공사장에 들어서게 하는 또 다른 위험이 도사리고 있을 테니까 말이다.

이렇게 상상해보면 이해가 쉬울 것이다. 당신은 A지점에서 B지점으로 운전을 해가고 있다. 그런데 차가 갑자기 이상하다. 요란한 소리를 내고 핸들이 제멋대로 움직이고 연비가 눈에 띄게 올라간다. 하지만 괜찮다. 주유소는 많으니까. 기름을 좀 더 자주 넣어주면 크게 문제 될 건 없어 보인다. 하지만 시간을 내어 차를 제대로 점검했다면 타이어 하나에 바람이 빠진 것을 알아냈을 것이다. 그래서 차를 똑바로 몰기가 그렇게 힘들었고, 시끄러운 소리가 나고, 연비도 올라갔던 것이다. 그런 사실들을 무시하고 그냥 자주 주유하는 것만으로 안심한다면 곧 제일 먼저 바퀴가 나갈 것이고, 차 전체가 망가지는 것도 시간문제일 것이다.

부족한 것 같은 성분을 왜 그 성분이 그렇게 오랫동안 부족했는지 그 원인은 밝히지 않고 영양제로 채워주기만 하는 것도 이 운전자의 행동과 별반 다르지 않다. 예를 들어 글루텐 불내증이 장내 아연 결핍을 부를 수 있다. 티록신 과다 복용도 평균보다 훨씬 더 많은 무기질과 미량 원소들을 소모한다. 음식을 너무 가려서 다양한 영양소가 부족할 때도 영양제를 통해 보충하는 것보다는 골고루 더 잘 먹는 것이 더 건강한 방법이다. 질적인 면에서나 다양함 면에서나 균형 잡힌 식사로 섭취되는 성분들을 영양제가 따라잡지는 못한다.

## ❱ 세로토닌이 많으면 정말 행복해질까?

세로토닌도 시금치 신화와 같은 경우다. 세로토닌 수치가 올라가면 행복해진다는 거짓말이 일단 세상에 한번 알려지고 나자 사태는 걷잡을 수 없게 되었다. 거의 2명 중 1명이 그게 사실이려니, 혹은 사실이 틀림없다고 생각하게 되었다. 수천 권의 책에서 거짓이 진실로 실렸다고 해서 지금의 시금치가 100년 전 시금치보다 더 많은 철분을 함유하게 되지는 않는다.

다량의 세로토닌이 부득이하게 우리를 더 행복하게 만들지는 않는다. 오히려 세로토닌 증후군이란 말로 요약되는 불편한 증상들은 물론이고 성기능 장애까지 부른다.[48] 세로토닌 증후군에는 메스꺼움, 과도한 땀, 빈맥, 설사, 가쁜 호흡, 불안감, 환각, 전율, 근육 경련, 발작 등의 증상이 포함된다. 이 정도라면 항우울제 복용으로 정말로 세로토닌 수치를 올리고 싶은지 한번 더 생각해보는 것이 좋을 것이다.

심리학자이자 정신 요법 의사인 토어스턴 파드베르크Thorsten Padberg는 2018년 《정신요법저널Psychotherapeutenjournal》에 발표한 논문에 항우울제의 효능을 다음과 같이 정리했다.[49]

가벼운 우울증 혹은 중간 단계의 우울증의 경우 항우울제는 평균적으로 기껏해야 플라세보 정도의 효과를 낼 뿐이다. 항우울제 치료로 실질적으로 약리학적 효과를 얻을 가능성은 14퍼센트 정도다. 그러므로 당신은 (입안 건조, 체중 증가, 항우울제 중단 증후군, 성욕 상실 같은) 가능한 부작용을 고려할 때 이 14퍼센트의 가능성 때문에 항우울제를 시도할 가치가 과연 있는 것인지 생각해봐야 한다.

당신의 의사가 처음부터 이런 말과 함께 항우울제를 건네주었다면 당신은 그 약을 받았겠는가? 의사에게 한 번 더 제대로 검사해 보자고 하지 않았을까? 예를 들어 특정 영양소의 결핍 혹은 만성 염증이 당신이 앓고 있는 정신적 문제의 진짜 원인이 아닌지 말이다.

# 만성 염증이
# 우울증을 부른다

2013년 《네이처 메디슨Nature medicine》에 항우울제가 우울증에 긍정적인 효과를 낸다면, 그것은 항우울제가 일종의 '부작용'으로서 항염 작용을 갖기 때문임을 추측하는 논문이 하나 실렸다.[50] 이 점은 왜 항우울제가 (효과가 있는 경우) 2~3주 후에나 그 효과를 드러내는지도 설명해준다. 항우울제가 늘 주장되듯이 뇌의 신경전달물질에 영향을 준다면 그 효과는 복용 후 몇 시간 안에 드러나야 한다. 반면 우리 몸의 염증이 성공적으로 사라지는 데는 며칠에서 심지어 몇 주가 걸리기도 한다.

몸의 염증을 찾아내 치료하면 우울증도 며칠 안에 완전히 사라질 수 있음은 이미 잘 알려진 사실이다. 20년 동안 과학·의학 전문 텔레비전 저널리스트로 일했던 나는 요로염, 비염, 혹은 잇몸염이 우울증 증상을 동반한다고 보고하던 의료인을 많이 만났다. 그런 경우 해당 염증이 사라지자마자 대개 정신적으로도 놀랍도록 빨리 회복된다. 참고로 특히 장염이 그렇다. 장이 제2의 뇌라는 말이 그냥 나온 말이 아니다.

그러므로 건강검진을 철저히 하고 의사에게 종합 혈액 검사만이 아니라 무기질 수치 검사도 해보자고 하자. 몸의 염증 상태도 알아내고 어떤 성분이 현재 부족한지에 대한 전체적인 조망을 해보자는 말이다. 의사 입장에서도 전체론적 의학을 지향한다면 정보가 많을수록 우울증의 진짜 원인을 찾아내고 그에 대응하는 적절한 조치를 더 잘 취할 수 있다.


## ▶ 염증성 질병을 앓고 있는 사람은 우울하기 쉽다

류머티즘 관절염이나 다발성 경화증 같은 만성 질환을 앓고 있다면 우울증과 싸우게 될 확률이 평균 이상으로 높아진다. 오랫동안 우리는 자신이 병에 걸렸다는 사실을 안 것이 낙담과 우울증을 부른다고 생각했다. 하지만 가만히 보면 여기서 병이란 염증 과정이 큰 역할을 하는 것들임을 알 수 있다. 사실 염증 질환이 아닌 중증 질환의 경우도 쉽게 우울증을 부르지만 염증 동반 질환이 야기하는 우울증의 정도까지는 아니다.

그런데도 안타깝게도 도움이 되는 관련 연구가 오랫동안 제대로 실행되지 못했다. 여기서도 그 이유는 대개 거의 모든 연구가 염증이 세로토닌 대사에 미치는 영향에 한정되어 이루어졌기 때문이다. 오로지 세로토닌에만 집중하는 이런 행태는 옛날에 내 은사 한 분이 즐겨하시던 말을 떠올리게 한다.

도구라고는 망치밖에 모르는 사람의 눈에는 모든 것이 못으로 보인다.

실제로 염증은 세로토닌만이 아니라 기본적으로 다른 많은 신경전달물질에도 영향을 준다. 도파민, 글루타민산염 대사는 물론 키뉴레닌 대사에도 영향을 준다. 뇌에 키뉴레닌이 과다할 때 어떤 문제가 생기는지는 2장에서 이미 설명했다. 게다가 이 모든 신경전달물질은 우리의 동기부여 능력, 운동 능력, 불안과 흥분을 야기하는 내면의 경고 시스템에도 강력한 영향력을 행사한다. 그러므로 자꾸 더 많은 신경전달물질로 뇌를 조작하기 전에 혹시 예를 들어 염증이 우리의 신경전달물질 집단이 불안정해진 진짜 원인은 아닌지 생각해보는 것은 어떨까?

▶ 항생제가 해결책이 되는 경우는 매우 드물다

몸속 염증은 몇 년 동안 이어진 잘못된 습관 때문인 경우가 많다. 과도한 알코올, 글루텐, 혹은 설탕 섭취가 그 전형적인 예다. 그런데 예를 들어 유행성 감기 같은 전염병을 그 증상만 대충 약으로 치료하고 제대로 쉬지 않아도 우리 몸은 장기적으로 염증과 싸워야 하는 처지에 놓이게 된다.

염증을 그 원인은 찾지 않고 항생제로 일단 눌러놓기만 한다면 조만간 다시 같은 문제가 일어난다. 그러므로 이제 정말 당신의 행동과 건강에 대한 책임을 스스로 질 때가 왔다. 의사가 그 책임을 모두 질 수는 없다. 의사는 기본적으로 당신의 식생활이 정말로 어떤지 당신의 머릿속 사고의 흐름이 어떤지 알 수 없으니까 말이다. 의사는 당신이 주는 아주 작은 정보로 그 어떤 약을 제시할 수는 있다. 그리고 운동을 지시할 수도 있다. 나는 기본적으로는 약 복용이 전혀 나쁘다고 생각하지 않는다. 진짜 원인과 싸우는 중에 필요해서 복용하는 약이라면 그 약은 인간에게 은총이나 다름없다. 반면 증상만 이리저리 건드려보는 상태라면 '불필요한' 약으로 더 많은 문제를 일으킬 위험이 현저하게 높아진다.

## 소셜 미디어와 스마트폰에
## 중독된 인간관계

2017년 발표된 어느 연구 결과에 따르면 이런저런 소셜 미디어를 활발하게 이용하는 청년일수록 우울증과 불안증에 걸릴 확률이 높다고 한다.[51] 왓츠앱, 페이스북, 스냅챗, 인스타그램, 핀터레스트, 트위터, 링크드인, 씽Xing,* 유튜브 외에도 다양한 온라인 포털 사이트들이 있다.

이 포털 사이트들은 모두 일단 스마트폰으로 보게 되고 스마트폰으로는 이메일과 메시지도 주고받을 수 있다. 그러므로 스마트폰은 많은 이들에게 바깥세상과의 중요한 연결고리다. 나조차도 "이전에는 스마트폰 없이 도대체 이 모든 일을 어떻게 해냈던 거지?"라고 말하곤 한다.

하지만 어떤 정보든 얻고 누가 어디에 있든 연락할 수 있게 된

───● 독일의 미니 블로그 사이트.

덕분에 치러야 하는 대가가 없지는 않았다. 우리는 스마트폰에 말 그대로 중독되었다. 당신이 스마트폰 중독인지 아닌지, 중독이라면 얼마나 중독인지는 다음 다섯 가지 질문으로 알아보기 바란다.

- 스마트폰을 잃어버렸거나 실수로 집에 두고 나왔는데 그런 사실을 알아차린 순간부터 '계속 무언가 허전'하다 느끼는가?
- 아침에 눈 뜨자마자 침대에서 스마트폰부터 보는가?
- 친구와 밥을 먹는 동안에도 자꾸 스마트폰을 보는가?
- 대화 중이거나 흥미로운 영화 감상 중에도 메시지가 오면 그 즉시 다 읽어보는가?
- 시간 날 때마다 스마트폰으로 게임을 하거나 페이스북이나 인스타그램을 들여다보는가?

하나 이상의 질문에 '그렇다'고 대답했다면 당신은 이미 스마트폰 중독자다. 중독은 도파민이라는 신경전달물질에 그 책임이 있다. 도파민이 우리 뇌의 보상 센터를 활성화시키고 이때 보상 센터는 기대감과 뭔지 모를 강력한 욕구를 불러일으킨다. 그리고 '불안한 마음'이 이 욕구를 더 강하게 한다. "누가 메시지를 보낸 걸까? 이 친구는 방금 뭘 올릴 걸까? 무슨 재미있는 일이 있길래 이런 제목을 붙였을까?" 참고로 도파민은 스마트폰 이용만이 아니라 알코올 섭취, 약물 복용, 성관계로도 분비된다.

도파민이 작동하는 곳이라면 어디든 중독의 위험이 존재한다. 하지만 중독되지 않고도 가끔 술을 마시고 성적 만족을 느낄 수 있는 것처럼, 스마트폰도 중독 없이 건강하게 이용할 수 있다. 하지만 그 방법이 스마트폰을 완전히 없애거나 몇 시간만 이용한다는 식은 절대 아니다. 관건은 스마트폰을 다르게, 정확히 말해 더 잘 이용할 수 있느냐 없느냐다.

스마트폰이 위험한 것은 사실 욕망을 빠르게 충족시켜 주기 때문이다. 손가락만 몇 번 움직이면 한 번씩 짧게 게임을 하거나 핀터레스트나 인스타그램으로 기분 전환을 하며 힘든 일에 대한 보상을 받을 수 있다. 그 보상이 결국 얼마나 짧은지는 IOS 12 업데이트 버전 이상을 쓰는 아이폰 유저라면 뼈저리게 느낄 것이다.

'스크린 제한 시간' 기능이 추가된 다음부터 애플은 매주 보고 기능을 이용해 애플 유저들이 실제로 얼마나 오래 디스플레이를 응시하는지, 어떤 앱을 제일 많이 사용하는지 밝혀주고 있다. 특히 어린이나 청소년들의 경우 그래봤자 별 도움이 안 되는 경우가 많으므로 애플은 덧붙여 특정 앱의 경우 이용 시간을 제한할 수 있도록 만들어 놓았다. 이것이 '보상'이 너무 짧은 이유다. 안드로이드의 경우 '패밀리 타임' 같은 앱을 깔면 비슷한 기능을 이용할 수 있다. 한 연구에 따르면 독일에서 10~19세 아이들의 경우 하루 평균 287분씩이나 시청각 미디어(대체로 스마트폰)를 보며 보낸다고 하니 꼭 필요한 긴급 조치가 아닐 수 없다.[52]

그런데 이런 현상이 왜 우울증을 야기할까? 우리는 자신이 스마트폰 중독임을 알면서도 아무것도 할 수 없거나 하고 싶지 않다. 잘못인 줄 알면서도 그런 일을 너무 오래 하다 보면 언젠가는 죄책감을 느끼게 되고 그런 상태가 오래가면 우울증에 빠진다. 그리고 소셜 미디어를 보면서 우리는 끊임없이 자신을 다른 사람들과 비교한다. 나도 모르게 일어나는 이런 끝없는 경쟁이 멋진 모습만이 아니라 안 좋은 모습도 서로 받아들이게 하는 진짜 관계를 갖기 어렵게 만든다. 그 대신 일단 자신이 얼마나 성공했는지, 혹은 휴가가 얼마나 멋졌는지, 혹은 뭐든 질투를 유발하는 다른 사진과 영상부터 올리고 본다. 친구를 위해 진심으로 기뻐하는 마음이 들기보다, 다른 사람들은 모두 나보다 더 즐겁게 살고, 더 재미있는 일을 하고, 꿈을 이루거나, 최소한 꿈을 향해 열심히 달려가고 있는 것 같다.

또 다른 극단도 추가로 관찰되는데 바로 모든 종류의 재난과 폐해에 관한 포스팅이 그것이다. 학대받는 동물, 모든 것을 삼켜버리는 재난, 잔혹한 폭력, 혹은 환경 파괴 행위에 대한 영상이 끝없이 올라온다. 이런 영상을 매일 보거나 심지어 스스로 올려 널리 알리고 있다면 조만간 세상이 더는 살 가치가 없다 느껴져도 놀라지 말기 바란다. 그 모든 뉴스가 분명 삶의 한 측면일 뿐임은 전혀 보이지 않을 것이다.

물론 살면서 크나큰 불행을 겪는 사람들이 있다. 누가 봐도 잔혹한 일을 겪었거나 학대나 폭력을 당한 사람이라면 충분히 낙담할 수 있고 세상에 대한 정당한 환멸도 느낄 수 있다. 그런데 내 오랜 치료 경험에 따르면 이상하게도 바로 그런 사람들이 인생을 온실 속 화초처럼 살아온 사람들보다 불안증, 우울증, 번아웃을 더 잘 극복한다. 사람은 많이들 우려하는 것과 달리 큰 고통을 겪고 나면 훨씬 더 강해지고 단단해지는 것이 아닐까 추측해본다.

당신의 삶이 지금까지 불운했든 행복했든, 당신의 미래는 현재 당신의 초점이 어디에 있느냐에 의해 결정된다. 나는 베를린에서 24년을 살았는데 그동안 내게 일어난 가장 나쁜 일이라면 자전거를 두 번 도난당한 정도다. 물론 고백하자면 거의 3~4년에 한 번씩 이 도시에서 일어나는 불편하고 심지어 위협적이기까지 한 사건들을 목격하기도 했다. 하지만 나는 그런 예외적인 사건에 집중하기보다 늘 전체 그림을 보기로 했다. 이 말은 베를린에서 대부분 편안하고 좋은 삶을 사는데 가끔은 이 도시에도 다른 면이 있음을 알게 되기도 한다는 뜻이다.

텔레비전이나 신문들이 매일 내 코앞에 들이대는 것들이 내 세계관을 결정짓게 두었다면 내 삶은 지금과는 완전히 다른 그림을 그렸을 것이다. 미디어들은 시청자를 늘리고 클릭을 부르는 것들만 보여준다. 아름답고 화려한 것, 아니면 최악으로 비참하거나 폭력적인 장면만이 광고주와 사람들의 관심을 불러일으킨다. 소셜 미디어도 그런 점에서 전혀 예외가 아니다. 여기서도 극도로 양극화된 보도들이 우리로 하여금 다른 사람들은 모두 인생을 즐기고 있다고 느끼게 하거나, 그런데도 세상은 파멸로 가고 있으므로 인간은 어쨌든 실패한 거라고 느끼게 한다. 하지만 인간은 지금 최고로 안정된 시대를 보내고 있다. 예를 들어 1990년대 이래 전쟁을 동반한 분쟁의 수가 계속해서 줄어들었다. 다만 지금은 첨단 기술 덕분에 90년대라면 모르고 지나갔을 잔악 행위들을 모두 알게 된 것뿐이다.

하지만 부담을 주는 정보를 보고 말고는, 그리고 본다면 얼마나 자주 볼 것인가는 대부분 우리 스스로 결정할 수 있다. 나는 그래서 12년 전부터 뉴스는 보지도 듣지도 않는다. 그래도 지금까지 꼭 알아야 할 정보를 한 번도 놓치지 않았다. 오히려 덕분에 쓸데없이 내 뇌를 부정적으로 조건화했을 1,000시간이 넘는 시간을 절약할 수 있었다. 우리에게 매일 전달되는 뉴스의 최소 95퍼센트는 사실 우리 개인적인 삶의 반경에는 전혀 들어오지 못하는 것들이다.

## ▶ 좋은 인간관계가 행복을 만든다

하버드 대학은 75년 장기 프로젝트 연구 두 개로 무엇이 인간을 정말로 행복하게 만드는지 알아내고 싶었다.[53] 그 결과 좋은 인간관계가 인간을 행복하게 만들 뿐만 아니라 심지어 더 건강하게 만든다는 사실을 알아냈다. 연구에 참여한 사람 중 50세부터 서로에게 도움이 되는 돈독한 남녀 관계와 친구 관계를 위해 노력해온 사람들은 80세가 되어서도 그 나이 평균보다 훨씬 더 건강했다. 무엇보다 인간관계의 양보다 질이 결정적인 역할을 했다. 한편 소셜 미디어를 많이 이용하는 것은 그 반대 결과에 기여했다. 피상적인 친구 관계가 늘수록 진실한 친구 관계를 돌보는 데 필요한 시간이 사라지게 된다. 진실한 친구 관계는 서로 얼굴을 맞댈 때만 유지된다.

소셜 미디어에 너무 많은 시간을 할애하는 사람은 온라인 친구나 팔로워는 많을지 몰라도 진짜 관계는 점점 더 줄어들게 될 것이다. 그런데 진짜 인간관계야말로 하버드 대학의 연구가 분명히 보여주듯 행복한 삶의 기본 조건이다.

### ▌ 스마트폰 중독에서 벗어날 수 있는 세 가지 팁
스마트폰 사용량이 늘어난 것이 당신의 우울증 발병의 진짜 원인일 수 있다는 생각이 든다면 당장 시행할 수 있는 일련의 조치들이 있다. 당신의 소중한 스마트폰을 즉시 버리라는 말은 아니니 걱정하지 말기 바란다. 중요한 것은 어떻게 하면 스마트폰을 잘 이용하는가다. 다음이 그 조치들이다. 잘 지키면 상당히 빨리 삶의 기쁨을 다시 느끼게 될 것이다.

### ▌ 팁 1: 스마트폰을 생산적으로 이용한다!
게임을 하고 소셜 미디어 네트워크의 수많은 포스팅을 다 읽으며 시간을 죽이는 대신 예전에 좋아했던 취미를 다시 시작하거나 새로운 취미를 배워본다. 예를 들어 사진도 좋고 그림도 좋고 요리도 좋다. 이런 용도라면 스마트폰은 기꺼이 사용해도 좋다. 지금은 스마트폰 카메라 성능도 괜찮고 교정 앱도 좋은 정도를 넘어 경탄할 정도다. 유튜브나 인스타그램 영상들을 보며 초상화를 그리는 법이나 맛있는 음식을 요리하는 법을 무료로 배울 수 있다. 여기서 주의할 점. 영상을 100개씩 보기만 하고 연필이나 숟가락은 한 번도 들지 않으면 아무 소용없다. 기꺼이 해보고 싶은 것을 찾았다면 바로 시작하라!

어쩌면 이제 당신은 이런 생각을 할지도 모르겠다. "고작 그거라고? 그게 과연 무슨 효과가 있을까?" 하지만 잘 생각해보기 바란다. 인터넷 포스팅들을 보며 기분 전환에만 그치지 않고 무언가 새로운 것을 목표로 삼고 적극적으로 노력하는 것은 사실 지금까지의 생활 패턴을 대단히 크게 바꾸는 것이다. 하지만 그만한 가치가 있다. 관련해서 우리 클리닉 환자에 대한 이야기를 하나 해보겠다.

34세 여성이 심각한 번아웃 증후군으로 우리 클리닉을 찾아왔다. 혼자 두 아이를 키우고 있는 싱글 맘이자 유치원 선생님으로 일하는 여성이었는데, 상사에 대해 유감이 아주 많아 보였고 동료 두 명이 자기를 따돌리기조차 한다고 했다. 그런데도 아이들을 사랑했고 다른 직업은 상상도 할 수 없었다. 그녀는 조금 시간이 난다 싶으면 바로 스마트폰으로 '캔디 크러쉬'라는 게임을 했다. 한 단계씩 오를 때마다 순간이나마 성공의 단맛을 맛보았고 나름 자유를 느꼈다.

패밀리 타임 앱을 깔고 난 뒤 그녀는 자신이 매일 평균 한 시간 반을 그 게임으로 보내고 있음을 알게 되었다. 대부분 밤에 아이들이 잠들고 난 뒤나 버스를 타고 출근하는 동안 게임을 했다. 그렇게 지난 한 해 동안 약 550시간을 말 그대로 '놀면서 보냈다.' 매일 일하는 시간인 여덟 시간으로 나눠보면 68일이 넘는 시간이다. 그 결과에 놀란 그녀는 최소한 4주 동안은 그 시간을 옛날에 즐겼던 취미, 그러니까 사진을 공부하는 데 보내기로 결심했다. 일단은 인터넷에서 인물 사진 잘 찍는 법을 검색해보는 것으로 시작했다. 나중에는 밤마다 유튜브로 사진 보정 프로그램들을 공부하며 보냈다.

그러는 동안 그녀가 일하는 유치원에 유치원 전담 사진가가 왔다. 그 사진가는 1년에 한 번씩 아이들 사진을 찍으러 오곤 했다. 하지만 늘 그랬듯이 사진들이 도저히 봐주지 못할 정도였다. 재밌지도 멋지지도 않았고 아이들 개개인의 성격이 전혀 드러나지 않았다. 그리고 사진들이 무서울 정도로 서로 닮아 있었다. 카메라를 보고 억지로 웃는 아이들의 얼굴은 순수했지만 행복해 보이지는 않았다. 학부모들은 자식들의 사진을 기념 삼아 사기는 했지만 화를 삭였고 자기 자식이지만 못 알아보겠다며 실망감을 감추지 않았다.

그 석 달 후 우리의 이 여성 환자는 내면의 충동에 따라 자신의 카메라를 들고 출근했고 놀고 웃고 노래하고 떠드는 아이들의 모습을 카메라에 담았다. 그리고 그날 밤 보정을 하고 출력까지 마쳤다.

그리고 유치원 여름 축제 기간, 출입구 쪽 벽면 하나를 자신의 사진들로 장식했다.

학부모들뿐만 아니라 동료들도 놀라워했고 많은 부모가 사진들을 살 수 있는지 물어왔다. 장당 3유로 50센트밖에 받지 않았지만 평소 한 주 동안 벌던 돈을 그날 하루 만에 다 벌었다.

그것이 2017년 여름의 일이었다. 그해 가을 그녀는 새롭게 깨달은 열정을 추구하기 위해 당당하게 유치원에 사표를 냈다. 유치원 선생 경력과 그녀의 멋진 사진들 덕분에 다른 유치원들에서 사진가로 일하기는 그리 어렵지 않았다. 그렇게 그녀는 여전히 아이들과 함께 시간을 보내면서도 짜증나게 하는 상사도 불편한 동료들도 없이 완벽하게 자율적으로 일할 수 있게 되었다. 유치원 선생님으로 일할 때보다 차를 타고 움직이는 시간이 길어졌음에도, 일하는 시간은 예전보다 30퍼센트나 줄어들었고 그런데도 돈은 거의 두 배나 더 벌게 되었다. 물론 눈치챘겠지만 번아웃도 흔적도 없이 사라졌다.


▶팁 2: 오디오북을 이용한다!

어릴 때 이후로 오디오북을 듣기는커녕 책을 읽어본 적도 없다고 해도, 며칠만 들어보면 오디오북이 얼마나 듣기 좋고 치료에도 도움이 되는지 느끼게 될 것이다. 우리 클리닉에서도 오디오북은 자신의 취향이 아니라고 단호하게 말하던 환자들이 몇 달도 안 되어 오디오북 광팬이 된 경우를 심심찮게 볼 수 있었다. 여하튼 지금은 오디오북이 질도 좋고 선택권도 많아졌다. 게다가 오디오북은 단순한 기분 전환에 그치지 않는다. 흥미롭고 재미있는 책, 혹은 배울 게 많은 책을 듣다 보면 우울증의 원인 중 큰 것 하나가 사라지는, 건강에도 아주 긍정적인 효과가 바로 일어나기도 하니까 말이다.

우울증은 물론이고 번아웃에 시달리는 사람들은 사실 머릿속에서 끊임없이 자신과 대화를 한다. 이런 내면의 독백은 기본적으로 더 우울하고 더 너덜너덜해진 기분을 부르게 되어 있다. 좋은 오디오북은 그런 해로운 독백을 멈추게 하고 '위험하지 않는' 정보에 집중하게 한다. 병에 대해서만 생각하며 병을 키우는 대신, 우리 뇌는 이제 재미있고 흥미진진하고 유익한 이야기를 따라가게 되고, 내면의 독백은 몇 시간이나마 잠잠해진다. '억지로나마' 이렇게 집착적인 생각에서 벗어날 때 우리 뇌는 부정적인 생각이 저장되어 있는 신경 연결들을 쉽게 끊을 수 있다. 그러므로 몇 주 안에 당신은 해로운 독백, 그 생각의 고리에서 점점 더 빨리 빠져나올 수 있고 그럼 우울증 증상도 눈에 띄게 줄어들게 된다.

그러므로 오디오북의 세상으로 들어가는 것은 곧 부정적인 생각의 고리에서 빠져나오는 것이다. 나는 다양한 장르의 좋은 오디오북들을 선별해 모아 두었는데 우리 환자들도 이 책들로 좋은 경험을 했으니 당신에게도 도움이 될 듯하다(www.

Depressionen-loswerden.de).

믿지 않아도 된다.

당신은 아마 이런 생각이 들지도 모르겠다. "내가 얼마나 생각에 잘 빠지는데 그럼 나는 아침부터 밤까지 오디오북만 들어야겠네. 그게 가능해?" 일단 당신이 이런 생각을 자동적으로 할수밖에 없는 것은 이미 잘 훈련된 계산된 비관주의 때문임을 알기 바란다. 새로운 습관을 들이는 일이 처음부터 쉬울 수는 없다. 그리고 오디오북이 도움이 될 거라고 처음부터 꼭 믿어야하는 것도 아니다. 의구심 가득한 마음에도 불구하고 좋은 효과는 저절로 일어날 것이다.

처음으로 피아노를 배우기 시작한 아이를 생각해보자. 처음부터 언젠가는 난해한 악보도 연주할 수 있을 거라고 믿을 필요는 없다. 이 아이가 해야 할 것은 일단 매일 손가락 운동을 하는 것뿐이다. 처음에는 한 손으로만 치다가 나중에는 두 손으로 치고 그러다 보면 언젠가는 양손을 완전히 따로 놀리며 칠 수도 있을 것이다. 이쯤 되면 이 아이는 악보 한 구절 정도는 칠 수있다. 그리고 언젠가는 피아노를 정말로 잘 치게 될 거라고 조금씩 **믿게** 될 것이고 그런 믿음이 있다면 심지어 더 빨리 정말로 잘 칠 수 있을 것이다.

오디오북은 나에게 맞지 않는 것 같다고 단정하기 전에 건강을 생각해서 최소 2주 정도만 시험 삼아 들어보기 바란다. 첫 번째 피아노 수업에서 실망한 아이는 "나는 피아노는 못 쳐요!"라고 주장할 텐데 그럼 당신도 그 아이에게 시험 삼아 2주만 배워보라고 하지 않겠는가?

## ▶ 팁 3: 파킨슨의 법칙을 이용한다!

아무 효과가 없는 약이라도 장기간 복용했다면 천천히 끊는 것이 좋다. 소셜 미디어로 보내는 시간도 그렇게 줄이면 된다. 갑자기 다 끊을 필요는 없다. 하루에 최대 한 시간 정도가 될 때까지 조금씩 줄여보자. 그래도 중요한 것을 놓치는 일은 없고 당신에게 정말로 좋은 일을 할 시간이 훨씬 더 많아졌음을 금방 알게 될 것이다.

소셜 미디어를 직업상 이용해야 하더라도 이용 시간을 줄이는 것이 오히려 도움이 될 수 있다. 바로 '파킨슨의 법칙' 때문인데 모든 일은 우리가 할당하는 만큼의 시간을 필요로 하고 시간이 얼마나 할당되었든 그 결과물의 질은 크게 변하지 않는다는 법칙이다.

이 법칙을 처음 들었을 때 나는 그 즉시 그럴 리 없다고 생각했다. 그런데 학창 시절 발표 준비를 해야 할 때 어땠는지를 떠올려 보았다. 발표 준비에 며칠씩 보내기도 했지만 바로 전날이 되어서야 벼락치기로 자료를 준비하고 공부하는 경우가 더 많았다. 하지만 며칠을 준비하든 몇 시간만 준비하든 성적은 별반 다르지 않았다. 바로 파킨슨의 법칙 때문이었다. 어떤 일에 더 적은 시간을 할당할수록 더 목표지향적, 더 효율적으로 일하며 부수적인 것들에 시간을 덜 빼앗긴다. 앞에서 언급했던 파레토 법칙에 따라 20퍼센트의 공부로 80퍼센트의 성적을 올리는 데 자동적으로 집중하는 것이다.

이것을 소셜 미디어 이용에 적용해보자. 당신은 소셜 미디어 이용에 매일 소비하는 시간을 최대 한 시간으로 줄이고 그 시간 안에 모든 일을 한꺼번에 해결할 수 있다. 이메일 쓰기도 마찬 가지다. 하루에 몇 번씩 이메일 몇 개에 답을 하는 것과 정해진 시간에 이메일에 모두 답하는 것 사이에는 엄청난 차이가 있다. 예를 들어 오후 3시부터 4시까지만 이메일에 답을 하겠다고 엄 격히 시간제한을 하는 사람은 더 효율적으로 그 시간을 쓰게 되 므로 이메일 쓰는 시간을 줄일 테고, 쓰기 싫다고 답장을 미루 는 일도 거의 없을 것이다.

이런 방식으로 옮겨가면 그 즉시 여유 시간이 더 많이 생겨난 다. 당신의 스마트폰이나 컴퓨터가 더 이상 당신의 시간을 스펀 지처럼 빨아들이지 않게 되는 순간부터 새롭게 얻은 그 시간을 어떻게 써야 할지 처음에는 잘 모를 수도 있다. 그런 현상을 방 지하기 위해 나는 내 환자들에게 오랫동안 하지 못한 일 중에 하고 싶은 일의 목록을 적어보라고 한다. 그 목록의 최소 절반 은 오랜 친구 관계를 돌보거나 새로운 친구 관계를 만드는 일이 어야 한다. '진짜' 친구는 페이스북 친구나 팔로워가 아님을 꼭 잘 알기 바란다. 다음은 당신의 매우 개인적인 목록을 위한 나의 제안들이다.

- 오랫동안 만나지 못한 옛 친구 세 명에게 전화를 걸어 그중 최소한 한 명과 식사 약속이나 산책 약속을 잡는다. 그 친구는 당신의 새 집이나 당신의 새 반려자에 대해 알고 있는가? 모른다면 보여주고 소개해줘라. 참고로 세 명의 친구가 떠오르지 않는다면 이 목록은 당신에게 특히 더 중요하다. 좋은 인간관계는 정신 건강에 필수 조건이다. 새롭게 얻은 시간을 좋은 친구 얻는 법을 배우는 데 쓰거나 이미 있는 친구와 더 돈독해지는 데 쓰기 바란다. 나이에 상관없이 어떻게 그럴 수 있는지는 금방 다시 알아보겠다.

- 옛날에 어떤 일을 좋아했는지 기억해본다. 그리고 스마트폰 구글링을 통해 같은 열정을 발휘하는 사람들이 모이는 곳, 혹은 행사를 찾아낸다. 최소한 한 달에 한 번은 그곳을 방문하고 그 분위기에 한껏 취해보고 영감도 받는다.

- 매일 최소한 30분씩 산책을 하며 뇌유래신경영양인자(BDNF 단백질) 저장고를 가득 채운다. 너무 지루할 것 같으면 스마트폰으로 음악이나 오디오북을 들으며 산책한다. 음악은 기분을 좋게 하는 음악으로 플레이리스트를 만들어둔다. 몸을 들

썩이게 하는, 혹은 최소한 좋은 기억으로 미소를 짓게 하는 음악은 누구나 몇 개씩 다 갖고 있다.

- 책을 읽는다. 예일 대학 연구에 따르면 매일 한 챕터씩 책을 읽는 것이 수명을 평균 2년 연장한다고 한다.[54] 맞다. 제대로 보았다. 책을 읽는 사람은 진짜로 그렇지 않은 사람들보다 오래 산다. '고전적인 종이책 독서'는 오디오북 사용 때와는 또 다른 뇌의 부분들을 상호작용하게 만들기 때문에 오디오북을 듣는 것과 함께 매일 종이책도 읽으면 매우 좋다. 이런 '이중 전략'은 수명만 연장하는 것이 아니라 우리 뇌를 최대한 도와 우울증 증상을 최소화한다. 물론 진짜 책을 읽는 경우에만 그렇다. 12년 동안 3,000명을 대상으로 이루어진 이 예일대 연구는 잡지나 신문은 그런 눈에 띄는 효과를 이루어내지 못한다고 결론 내렸다. 책을 읽을 때만 그런 긍정적인 효과를 얻어낼 정도로 그 내용 속으로 깊이 들어갈 수 있기 때문이 아닐까 한다.

소셜 미디어 네트워크 최대 세 개, 유용한 앱 몇 가지만 현명하게 이용하고 그 즉시 나머지는 삭제하자. 깨끗한 디스플레이만 봐도 제대로 가고 있다는 생각이 매일 조금씩 더 들 것이다. 이제 기꺼이 만나고 싶은 친구가 아직도 부족하다 느낄 때 어떻게 하면 좋을지 살펴보자. 두 가지 방법이 있는데 그중에 하나는 주의할 점이기도 하다.

## ▶ 좋은 친구를 만드는 두 가지 방법

우정은 대부분 무언가를 같이 할 때 싹튼다. 학교나 직장에서 친구를 만들기가 비교적 쉬운 것이 그래서다. 물론 같은 경험을 한 것이 친구를 사귀는 데 다 좋다는 것은 절대 아니다. 예를 들어 따돌림을 자주 당하는 사람은 그렇지 않은 다른 학생이나 동료보다 또 다른 따돌림 희생자와 더 쉽게 친해지는 경향이 있다.

불행의 공유로 얻게 된 친구라도 친구가 전혀 없는 것보다는 물론 훨씬 낫다. 하지만 그런 '연합 공동체'는 정신적인 문제에서 빠져 나오도록 서로를 돕는 힘이 많이 부족하다. 대체로 둘이 비슷하게 바람직하지 못한 사고 구조를 갖고 있을 가능성이 아주 높기 때문이다. 같은 심신상관 클리닉에 다닌 것이 인연이 되어 친구가 된 경우도 마찬가지다. 이들을 이어주는 것은 같은 질병을 앓고 있다는 공통점이다. 둘 중에 한 사람이 우울증을 극복한다면 그 관계의 기반이 되는 그런 공통점도 같이 사라지게 된다. 그래서 새롭게 얻은 친구 관계를 어떻게든 오래 만끽하고 싶어 자신의 치료 과정을 무의식적으로 오래 끄는 일도 심심찮게 일어난다. 심리학에서는 이것을 '부차적 질병 이득 Krankheitsgewinn'이라고 부른다.

반면 공통의 관심사와 목표가 기반이 되어 생겨난 친구 관계는 서로의 성장을 돕고 덕분에 당신의 우울증도 좋아질 수 있다.

중세 역사, 음악, 역할극, 지중해 음식, 즉흥 연기, 그림 등 뭐든 관심이 가는 것이라면 좋다. 관련해서 같은 것을 좋아하는 사람들과 함께 시간을 보낼 수 있는 곳을 잘 찾아보라. 요리 수업, 연극 워크숍도 좋고 그림 그리기 수업도 좋다. 이런 곳들이 질병이나 문제들이 우선시 되는 곳보다 친구를 만들기 훨씬 더 좋다.

두 번째 조언은 이미 고전이 된 책을 하나 읽어보라는 것이다. 데일 카네기Dale Carnegie는 1937년에 이미 《인간관계론》이란 책을 썼는데 독일에서는 당시 독일 시장에 맞게 《친구를 얻는 법Wie man Freunde gewinnt》이란 제목으로 편집·출간되었다. 오래된 책이지만 애타게 바라는 친구 관계를 아직 얻지 못한 사람들에게 지금도 훌륭한 영감을 주는 책이다. 지난 100년 동안 기술적 수단들은 급격하게 발전한 반면 행복하고 만족하는 삶을 위한 정신적 기본 조건은 태초 이래 그리 변한 게 없다. 누군가와 같은 사명을 갖고 있다는 것이 주는 소속감, 좋은 일에 쓰이고 있을 때 느끼는 자부심. 이런 것들이 사실은 끊임없이 정보와 오락거리를 제공받는 것보다 좋은 삶에는 훨씬 더 중요한 요소들이다. 당연히 당신은 컴퓨터와 스마트폰을 보며 시간을 보낼 수 있고 실제로도 그럴 것이다. 단지 지금까지와는 다르게 미래에는 좀 더 의식적으로, 목적 지향적으로 이용하기를 바란다.

# 오래된 불안증을
# 치료하는 방법

베를린 중심가에 위치한 우리 클리닉은 모든 종류의 불안증 치료를 전문으로 하고 있다. 우리의 치료 방법이 몇 년 동안 병적인 불안증을 앓아온 많은 환자에게 좋은 효과를 보이고 있어, 다른 형태의 치료에서 지금까지 효과를 보지 못한 사람들이 점점 더 많이 우리를 찾아온다. 이 환자들은 불안증만이 아니라 우울증과 번아웃도 같이 호소하는 경우가 많다.

이것은 그리 놀라운 일이 아니다. 전문가들은 오랫동안 불안증과 공황장애를 앓아온 사람이라면 우울증으로 발전될 가능성이 크다는 것에 이미 오래전부터 동의해왔다. 그러므로 우리를 찾아오는 사람 중에는 이미 몇 년 전부터 항우울제를 복용해온 사람이 많다. 그래도 불안증이 사라지지 않았고 우울증으로의 발전도 방지하지 못했던 것이다. 그런데 우리와 함께 불안증을 극복하면 우울증은 저절로 사라지곤 한다. 이 경우 우울증은 너무 오래된 불안증의 여파에 지나지 않는다.

안타깝게도 지금도 병적인 불안증이 엉뚱한 공사장에서 생 뚱맞은 도구로 취급되고 있다. 환자는 우울증에서조차 효과가 거의 없는 항우울제를 처방받는 대신 단기 정신 치료로 불안증 을 빠르게 완전히 극복하는 방법을 배워야 한다. 꼭 내가 개발 한 베른하르트 방식을 채택하라는 것은 아니다. 물론 나는 현재 불안증과 공황장애에 대항한 우리 클리닉의 방식보다 더 효과 적인 방식은 없다고 확신한다. 이것은 우리 환자들의 후기에 근 거한 확신이다. 하지만 흔히 말하듯 '완치한 사람이 쓴 방식이 결국은 맞는 방식인' 것도 사실이다. 인지 행동 치료, 수용 전념 치료ACT, 최면 치료로도(몇 가지만 말해도 이 정도) 좋은 치료사라 면 놀라운 결과를 끌어낼 수 있다.

하지만 기존의 불안증을, 특히 이미 6개월 이상 이어진 경우 상황에 따라서 심지어 악화시킬 수도 있는 일련의 흔한 치료법 들이 있다. 어떤 치료법들이 그런지 구체적으로 알고 싶거나 베 른하르트 방식으로 빠르게, 그리고 완전히 우울증에서 벗어나 고 싶다면 우리 웹사이트(www.Panikattacken-loswerden.de)에서 '도움이 되는 추가 정보(Weitere Hilfe)'란을 클릭해보기 바란다.

# 수면 장애와
# 잘못된 수면 습관

٠

    수면 장애는 우울증 진단에 중요한 척도 중 하나다. 알코올에서처럼 여기서도 물론 이런 질문을 던질 수 있다. 우리는 우울증으로 어쩔 수 없이 잠을 못 자게 되는가 아니면 오랫동안 잠을 못 잤기 때문에 우울증에 걸리는가? 아마도 둘 다 맞을 것 같다. 2017년 DAK˚ 건강 보고서[55]에 따르면 독일 내 근로자 80퍼센트가 수면에 문제가 있다고 한다. 이것은 최근에 극적으로 올라간 수치다. 그렇다면 우리가 옛날보다 극적으로 더 많이 하게 된 또 다른 일로 무엇이 있나 보고 둘 사이에 연결점을 찾아보는 것도 나쁘진 않을 것 같다.

    이미 언급했듯이 일단 모니터 화면 앞에서 보내는 시간이 최근 몇 년 내 극적으로 늘어난 것만은 분명해 보인다. 일하면서

──● 독일의 공보험 조합.

보는 컴퓨터 화면이든 스마트폰, 태블릿, 텔레비전이든 지금 우리는 역사상 최대의 시간을 이 인공 광원들을 직시하며 보내고 있다. 오락거리도 지금처럼 풍성하게 제공된 적이 없었으므로 사람들은 실제로 자신이 하루에 도대체 몇 시간이나 모니터를 보며 지내는지 파악조차 제대로 할 새 없이 오락거리에 빠져들고 있다. 100회나 되는 드라마가 거의 매 회마다 손에 땀을 쥐게 하는 장면으로 끝나므로 하루 저녁에 한 편씩만 보기가 매우 힘들다. 넷플릭스나 아마존 프라임 같은 스트리밍 서비스는 방송 시간에 구애를 받지도 않으므로 이제 우리는 언제든 좋아하는 시리즈를 원하는 만큼 볼 수 있다. 그런 의미에서 2015년 영국에서 '몰아보기binge watching'라는 말이 그해의 단어로 뽑힌 것도 전혀 놀랄 일이 아니다.

하지만 크고 작은 모니터를 보며 보내는 시간이 늘어나는 것에는 안타깝게도 부작용이 따른다. 그러는 동안 우리 눈이 너무 많은 푸른빛에 노출되므로 생체 시간 감각이 크게 망가질 수 있고 따라서 수면 장애가 올 수 있다.

### ▶ 너무 많은 햇볕은 숙면을 방해한다

식물을 대상으로 한 실험들에서도 알 수 있듯이 우리의 생체주기는 해의 상태에 언제나 즉각적으로 영향을 받지는 않는다. 하지만 우리 몸의 시간 감각은 낮 동안 빛을 얼마나 '소비'했느냐에 따라 계속 다시 조정된다. 잠들기 직전까지 텔레비전, 컴퓨터, 스마트폰을 응시하는 사람은 자신의 생체 시계에 잘못된 기준치를 전달한다. 그 기구들이 발산하는 푸른빛이 햇빛과 비슷하기 때문이다. 매일 밤 11시까지 인터넷을 검색하거나 영화를 보는 사람의 내면의 시계는 언제부턴가 늦은 밤에도 아직 그리 밤이 깊지 않았다고 가정한다. 위도상 독일에서는 여름이면 해가 늦게는 밤 9시 반에 지고 겨울에는 이르면 심지어 오후 4시 40분에 지기도 한다.

저녁 6시에는 누워도 금방 잠이 들지는 않는다. 마찬가지로 잠자리에 들기 직전까지 인공 주광을 응시할 때도 금방 잠이 들지 못할 수 있다. 생체 시계가 잠들기 전까지 최소한 두 시간 정도는 활발히 움직여도 된다고 생각하며 깨어있기 때문이다.

### ▶ 주광 전등은 밝게? 아니면 어둡게?

주광 전등은 오래전부터 우울증 예방에 좋다고 알려졌다. 그리고 겨울 낮 동안 사용하거나 여름이라도 창이 좁은 사무실에서 일할 경우 사용한다면 분명 도움이 된다. 우울증에 분명 도움이 되는 비타민 D를 우리 몸이 생산하는 데 도움을 주기 때문이다.

하지만 이 전등을 밤에도 사용할 경우 이로움보다 해로움이 더 크다. 주광 전등은 그 광력이 텔레비전, 컴퓨터, 스마트폰의 모니터보다 더 강하다. 당연히 이것이 수면 주기를 교란하고 따라서 수면의 질이 나빠질 수 있다.

조언을 하자면 수면 문제는 우리 생체 시계를 다시 제대로 맞추면 저절로 해결되곤 한다. 그러기 위해서는 취침 시간 세 시간 전이나 최소한 두 시간 전에는 모든 종류의 모니터와 주광전등을 피한다. 지금까지 잠들기 전에 텔레비전이나 컴퓨터를 보며 한두 시간 보내는 게 일상이었다면 이제부터는 그 대신에 예를 들어 오디오북을 듣는 습관을 들여보자. 그럼 여전히 즐거운 저녁 시간을 보내면서 동시에 몸으로 하여금 정상적인 수면 주기를 되찾게 할 수 있다. 우리 생체 시계가 잠자리에 눕기만 하면 몇 분 안에 잠이 들 정도로 다시 제대로 맞춰질 때까지 보통 2~3주 정도의 시간이 걸린다. 나중에는 이틀 혹은 3일에 한 번 정도 예전처럼 밤에 텔레비전이나 컴퓨터를 봐도 괜찮을 수는 있다. 하지만 사람마다 다르다. 당신 몸의 시간 감각을 다시 흩트리지 않고 유지하면서도 밤에 어느 정도 푸른빛을 응시하고 싶다면 조금씩 시간을 늘려가며 실험해보고 그 결과에 따라 습관을 들이는 수밖에 없다.

▶ "도저히 잠을 잘 수 없다!"라는 생각 때문에
　 더 잠을 설친다

사고 습관도 수면 행태에 큰 영향을 준다. 밤에 자꾸 깨는데 그때마다 왜 이렇게 잠을 잘 수 없는지 골몰하다 보면 생각이 꼬리에 꼬리를 물게 되어 더 못 자게 된다.

　그와 동시에 거의 강제로 "도저히 잠을 잘 수 없다!"라는 믿음 문장이 만들어진다. 물론 우울증이 있는 사람은 그렇지 않은 건강한 사람보다는 수면의 질이 떨어진다. 하지만 수면에 대해 생각하면 할수록 더 잠들기 어려우므로 이런 문장을 자꾸 되뇌는 것은 전혀 도움이 되지 않는다.

게다가 스스로 잠을 못 잔다고 느껴도 실제로 꽤 오래 잠자는 경우가 많다. 두뇌 활동 측정 관련 자료들을 보면 잠을 전혀 자지 못한다는 사람도 실제로 밤마다 서너 시간을 잔다고 한다. 그런데도 잠을 전혀 못 잔다고 느끼는 이유는 간단하다. 수면 문제가 있는 사람은 잠을 덜 자는 것이 아니라 다르게 자기 때문이다. 이들은 깊은 잠은 짧게 자고 선잠을 더 많이 자기 때문에 자주 깰 수밖에 없다. 깨어있는 시간은 잘 의식하고 다시 시작된 잠자는 과정은 대체로 무의식적으로 진행된다. 그러므로 거의 잠을 하나도 못 자는 것 같은 느낌을 받게 되는 것이다.

하지만 이 느낌은 사실이 아니고 이들도 대체로 잘 잔다. 단지 한 번에 푹 자는 것이 아니라 여러 번 쪼개서 잘 뿐이다. 베를린에서 뮌헨으로 운전해가는 것과 비교해보자. 600킬로미터 길인데 한 번에 쭉 갈 수도 있고 30분마다 몇 분씩 쉬면서 갈 수도 있지만 6~8시간 안에 뮌헨에 도착하기는 마찬가지다.

수면도 그렇다. 숙면하는 사람은 원칙적으로 6시간 후에 하루를 다시 시작할 정도로 준비가 된다는 뜻이고 자다가 자꾸 깨는 사람은 하루 동안 쓸 충분한 에너지를 모으는 데 7~8시간이 필요하다는 뜻이다. 그런데도 매일 아침 일어나자마자 충분히 자지 못했다고 자신을 설득한다면 그 사람은 바로 그런 자기실

현적인 예언 때문에 사실은 충분히 잤음에도 힘이 없고 피곤한 하루를 보내게 될 것이다.

## ▶ 수면 습관 바꾸기

물론 자꾸 깨는 것보다는 통잠을 자고 숙면을 한다고 '느끼는' 것이 더 좋다. '느끼는'이라고 한 것은 정말 잘 자는 사람도 밤에 잠깐씩 깨기 때문이다. 아침에 그렇게 깬 걸 대부분 기억하지 못할 뿐이다. 다음은 통잠을 자고 싶다면 고려해 봄직한 조언, 혹은 트릭들이다.

- 덥지 않고 캄캄한 방에서 잔다.
- 잠을 자려고 누웠을 때는 부드러운 커브 길이 끝없이 펼쳐지는, 얕은 경사 길을 천천히 타고 내려간다고 상상한다.
- 자다가 소변이 마려워 깨는 일이 없도록 잠자러 가기 두 시간 전부터는 아무것도 마시지 않는다.
- 저녁은 가볍게 먹고 너무 늦게 먹지 않는다.
- 저녁 8시 이후 술은 가능하면 삼간다. 술은 잠이 드는 데는 도움이 될 수 있지만 수면의 질은 눈에 띄게 떨어뜨린다.
- 무엇보다 가장 중요한 트릭 하나는 매일 최소한 30분 야외 활동을 하는 것이다. 2013년 스위스 바젤 대학의 연구에 따르면 수면 장애의 가장 흔한 원인 중 하나가 (2장에서 이미 설명했던) 뇌유래신경영양인자의 부족이기 때문이다.[56] 이 단백질

이 원기 회복과 정신 건강 유지에 중요한 역할을 한다.

## ▶ 생각이 마음대로 되지 않을 때는 어떻게 하나?

이 모든 조언을 다 따랐는데도 수면에 대한 생각을 멈출 수 없고 그래서 그날그날 노동의 정당한 대가인 편안한 밤을 자꾸 박탈당하고 있다면 '베를린 수면 학교Berliner Schlafschule'를 찾아가 보기 바란다. 정신 요법 의사이자 수면 전문가인 한스-요하임 루어Hans-Joachim Ruhr가 아주 효과적인 수업을 제공하고 있으며 최근에는 우리 현대정신치료연구소에서도 이 수업을 제공하기 시작했다. 이 수업을 받은 우리 첫 번째 환자들은 몇 시간의 수업만 받고도 밤마다 이어지던 생각의 고리를 눈에 띄게 줄일 수 있었고 덕분에 잠도 훨씬 더 잘 자게 되었다. 이것은 모두 단지 수면 습관을 다시 들였기 때문이었다.

## 트라우마와
## 억압된 슬픔을 포용하기

2002년 발표된 〈간병인 애도 연구Caregiver Grief Study〉
의 서문에서 토마스 모이저Thomas Meuser와 사무엘 마위트
Samuel J. Marwit는 사랑하는 사람을 떠나보내고 슬픈 것은 상실
감 상태에 적응하려는 자연스러운 과정임을 분명히 했다. 슬픔
의 감정을 무시하거나 별 것 아닌 듯 취급하면 우울증을 비롯한
다른 심신 관련 병들을 부를 수 있다. 이때 슬픔은 더 이상 죽은
사람만의 이야기가 아닌 게 된다. 이혼도 그 이혼을 원치 않았
던 쪽이나 아이들에게 비슷한 슬픔을 느끼게 한다.

트라우마를 동반하는 경험도 그 기억이 억압되거나 대수롭
지 않게 취급될 때 심각한 정신적 문제를 부를 수 있다. 물론 트
라우마에 대해 **바람직하지 못한 방식으로 너무 많이** 말할 때도 함구
하는 것만큼이나 해로울 수 있으므로 조심해야 한다. 그런 의미
에서 올바른 조치를 취하고 적절한 대화법을 찾는 것이 정신적

건강을 되찾고 유지하는 데 결정적인 역할을 한다고 할 수 있다. 이 점에 대해서는 나중에 다시 살펴보겠다.

## ▶ 죽음을 애도하는 두 가지 방법

첫 번째 과정은 과거로 향하는 과정으로, 남은 자는 사랑하는 사람이 살아있던 때를 추억한다. 죽은 사람이 쓰던 물건이나 즐겨 뿌리던 향수 등을 보고 그 즉시 추억을 떠올리고 깊은 상실감에 슬퍼한다. 두 번째 과정은 미래로 향하는 과정으로, 사랑하는 사람을 잃은 상처를 극복하고 계속 잘 살아갈 방법을 고심한다. 처음 한 달은 이 두 과정 사이를 끊임없이 왔다 갔다 하며 정신적으로 매우 힘들고 고통스러운 시간을 보낸다. 그러므로 과거로 향하는 과정을 특별 의례 의식을 통해 적절한 시간 안에 끝내는 것이 매우 중요하다. 그래야 이별의 아픔을 의식적으로 무리 없이 겪을 만큼 겪을 수 있고 그래야 마침내 더 강해진 채 앞으로의 삶을 더 활기차게 살아갈 수 있다. 그렇다고 사랑하는 사람과 함께 했던 추억을 평가절하 하는 것은 절대 아니고 오히려 그 반대다. '제대로' 슬퍼할 때 아픔은 조금씩 사라지고 죽음을 초월한 감사와 연결의 느낌이 남는다.

이런 과정을 거부하고 예를 들어 슬퍼할 새도 없이 일에 몰두하는 것은 매우 좋지 않다. 아픔에 정면 대응하기를 피한다면 부작용이 따를 수밖에 없다. 어차피 언젠가는 정면 대응해야 한다. 그런데도 그것을 하지 않고 자꾸 미루면 한 달 한 달 지날수록 최대 반년이면 끝날 슬픔을 몇 년이나 이어갈 만큼 키우게 되고, 이것이 나아가 여러 정신적 문제들을 부르기도 한다.

## ▶ 억압된 슬픔이 두뇌 활동을 방해한다

억압된 슬픔은 뇌 기능에도 부정적인 영향을 준다. 억압된 슬픔은 사용하지도 않는 데 늘 뒤에서 열려있는, 용량을 크게 잡아먹는 복잡한 컴퓨터 프로그램 같은 것이다. 대기 모드라도 용량을 대거 잡아먹어서 무엇을 하든 컴퓨터가 느려진다. 해결하지 못한 슬픔이 너무 많은 에너지를 낚아채 버려서 자꾸 힘이 없다 못해 급기야 우울해진다. 물론 꼭 그럴 필요는 없다. 사용하지 않는 프로그램이 열려있을 때 지금 하고 있는 작업을 저장하고 그 문제의 프로그램을 닫아버리는 것이 좋은 것처럼, 사랑하는 사람이 죽었을 때도 특정 의식이나 의례를 통해 아직은 생생하기만 한 추억을 저장할 수 있다. 그럼 '슬픔의 대용량 프로그램'을 닫고 다시 살아갈 힘을 얻게 될 것이다.

## ▶ 사랑했던 사람을 잘 떠나보내는 한 가지 방법

사랑했던 사람과의 시간에 경의를 표하는 의식은 어느 문화에서나 있었다. 그런 의식을 충분히 치르면 남은 사람은 다시 가벼운 마음으로 미래에 긍정적인 눈길을 보낼 수 있다. 그러나 서구에서는 어느샌가 그런 의식들에 의미 부여를 그리 많이 하지 않게 되었다. 슬픔 극복 노력을 그다지 하지 않으므로 남은 사람은 사실 필요 이상으로 더 오래 슬퍼하게 되었다. 당신이 그런 오류를 범하지 않는 데 조금이라도 도움이 됐으면 하는 마음으로 간단하지만 매우 아름다운 의식을 하나 소개하려 한다. 이 의식을 치르다 보면 충분히 슬퍼한 후 사랑하는 사람을 떠나보내고 다시 살아가기가 조금은 수월하게 느껴질 것이다.

## ▶ 추억 상자를 만들어라

아름다운 상자를 하나 마련해 당신이 애도하는 사람을 떠올리게 하는 물건들을 넣어둔다. 먼저 사진이나 영상 등이 있겠지만 보석, 모자, 향수 같은 작고 개인적인 물건들도 좋다. 이 의식의 목적은 애도를 위한 **분명히 구분된 유일무이한 공간**을 하나 지정해 떠나버린 사람을 모든 곳에서 끊임없이 떠올리지 않게 하는 것이다. 이 추억 상자에 유품들을 하나씩 넣을 때마다 그 물건과 관련해 떠나간 사람과 함께 했던 아름다운 순간들을 의식적으로 충분히 추억한다. 그러는 동안 당연히 감정의 극단을 오갈 것이다. 어떤 때는 고맙기 그지없다고 느끼다가도 하필이면 '내가' 사랑하는 그 사람이 이제 더 이상 이 세상에 없다는 것에 화가 날 수도 있다. 어쩌면 가끔 입 주위로 미소가 스치고 지나갈 수도 있고, 추측하건대 아주 많이 울어야 할 것이다. 중요한 과정이고 필요한 과정이며 그래야 뇌 신경들도 슬픔을 제대로 극복할 수 있으니 감정이 시키는 대로 하기 바란다.

옷가지나 가구 같은 큰 유품들은 가능하면 기부하거나 선물

하거나 판다. 자꾸 추억이 밀려오는 방이 있다면 조금씩 다른 색으로 칠을 하거나, 가능하다면 가구를 바꾸거나 최소한 재배치한다. 이 모든 과정이 고통스러울 수 있지만 직접 몸을 움직여 떠나보내는 과정도 꼭 필요하다. 슬픔을 떠나보내는 과정에서 근육을 많이 쓸수록 우리 뇌의 더 많은 부분이 애도 노력에 동참하게 되고 그럼 적절한 작별을 고하는 데 더 빨리 성공하게 될 것이다.

추억 상자 완성에 얼마나 걸리는가는 개인에 따라 다르다. 몇 주 안에 끝내는 사람도 많지만, 반년이 걸리는 사람도 있다. 하지만 내 경험에 따르면 6주에서 12주 정도 기간을 정해놓고 완수하겠다고 결심하고 그 결심대로 하는 것이 가장 바람직하다. 그러는 동안 당연히 어떤 날은 한두 개 유품만 골라 넣는 것으로도 힘이 다 빠지기도 하고 또 어떤 날은 많이 찾아넣는 데 성공하기도 할 것이다. 다만 상자 하나로 제한하는 것이 중요하다. 그렇게 충분히 애도하는 기간을 보내고 나면 그 추억 상자가 필요할 때마다 다시 꺼내 볼 수 있는 하나의 매우 개인적이고 성스러운 상자가 될 것이다. 이 상자를 잃어버릴 염려가 없고 언제나 찾아볼 수 있는 건조한 곳에 보관한다. 다만 매일 보이지는 않는 곳으로 정한다. 매주 뭔가를 꺼내려고 들어가는 방보다는 1년에 두세 번 올라가는 다락방이 낫다.

지금 당장은 상상하기 어려울 수도 있겠지만 이 의식을 마치고 나면 죽은 사람에게 '미안한' 마음 없이 다시 삶에 활력과 기뿜을 느끼게 될 것이다.

▶ 당신에게 위로가 될, 죽음에 대한 세 가지 단상
당신이 어떤 종교를 갖고 있든, 사후를 믿든 안 믿든, 사실 죽음
후의 상황에 대해서는 세 가지 가능성밖에 없는 것 같다.

첫 번째 가능성
영혼은 영원하지 않고 죽으면 모든 것이 끝이다. 이 경우 지금
우리가 사는 이 인생만 중요하다. 이 인생을 살면서 잃어버린
누군가에 대해 필요 이상으로 오래 슬퍼한다면 살아있는 다른
누군가와 나누면 좋을 날들을 낭비하는 것이다. 우리에게 무
언가를 요구하고 무언가를 주는 아이들, 형제, 손주, 혹은 친
구들과 함께 할 시간 말이다. 왜냐하면 이 첫 번째 가능성에서
의 우리의 삶이란 사는 동안 만들고 경험한 것들의 합 그 이상
도 그 이하도 아닐 것이기 때문이다.

두 번째 가능성
영혼은 영원하다. 이 경우 지금 이 삶은 사후에 우리를 기다리
고 있을 영원과 비교하면 찰나에 지나지 않는다. 지금 당신이
더할 수 없이 그리워하는 그 사람도 당신을 기다리고 있을 테
고 추측하건대, 당신의 지금 이 땅에서의 모습을 보고 있을 수
도 있다. 그렇다면 그 죽지 않은 영혼이 당신이 지금 슬퍼하는

모습을 좋아할 리 없지 않겠는가? 그 사람이 당신에게 소리쳐 말을 걸 수 있다면 이렇게 말할 거라고 나는 확신한다. "너의 인생을 즐기고 좋은 일에 쓰고 사랑을 주고받아! 너도 인생이라는 시험을 통과하면 바로 다시 나를 만나게 될 테니 그때를 고대하며 잘 살아!"라고 말이다. 한 가지는 확실하다. 영원한 영혼이 있다면 그 영혼은 당신이 자신을 기억하며 슬퍼하고 괴로워하는 것을 결코 원치 않을 것이다.

### 세 번째 가능성

우리는 환생한다. 그러니까 다시 태어나 새로운 생을 산다. 지난 삶에서 어떻게 살았느냐에 따라 지렁이로 태어나 죽도록 일해야 할 수도 있고 따뜻하고 사랑 가득한 가정에서 태어나 최고의 조건에서 인생을 시작하게 될 수도 있다. 그러나 이 경우에도 오래 애도하는 것은 아무 의미가 없다. 죽은 자의 영혼은 이미 새로운 삶을 시작했을 테고 우리도 지금 우리에게 주어진 삶을 살아가야 하기 때문이다.

　개인적으로 나는 내 어머니가 돌아가신 후 이 세 가능성을 생각하게 되었는데 슬픔을 극복하는 데 많은 도움이 됐다. 아무리 생각해봐도 필요 이상으로 오래 슬퍼하는 것은 이 세 가능성 모두에서 전혀 합당하지 않으며 내 사랑하는 어머니가 남겨준 좋은 추억에 대한 예의가 아니었다.

애도는 아픈 상실감을 극복하고 다시 가벼운 마음으로 기쁘게 살아가도록 우리 뇌를 바꾸는 데 매우 중요한 과정이므로, 꼭 애도하기 바란다. 하지만 의식적으로 그 기간을 정해놓고 당신의 세계관에 맞는 의례나 의식을 통해 그 끝을 맺기 바란다. 애도를 위해 추억 상자를 이용하든 아니면 인터넷에 있는 다른 많은 애도 의례 중 하나를 선택하든 당신 마음 가는 대로 하기 바란다. 다만 애도하고 슬픔을 극복하려는 노력을 억압하지는 말아야한다. 그림자가 있다는 것은 빛도 있다는 뜻이다. 슬프고 괴롭다면 언젠가는 그 반대도 느끼게 될 것이다. 무엇보다 사랑과 삶에 대한 심오한 기쁨을 다시 느끼게 될 것이다.

## ▶ 트라우마에 적절히 대처하기

2013년 《외상 스트레스 저널Journal of Traumatic Stress》에 따르면 트라우마를 경험했던 사람 100명 중 평균 8명만이 오랫동안 고통에 시달린다고 한다.[57] 100명 중 92퍼센트는 몇 달 안에 트라우마를 극복하고 큰 문제없이 삶을 계속 살아간다.

2011년 《호주 심리학자Australian Psychologist》[58]에 발표된 그랜트 데빌리Grant J. Devilly와 피터 코튼Peter Cotton교수의 뒤이은 연구는 덧붙여 당시 세계 곳곳에서 흔히 일어나던 치료 형태인, 트라우마에 대한 환자와 의사 간의 대화가 심지어 역효과를 내며 해로운 경우가 더 많다는 결론을 내렸다.

이것은 우리 클리닉에서 우리가 수년 동안 경험했던 것과도 일치한다. 트라우마 경험을 한 사람이라도 그 일로 우울증에 걸리는 경우는 아주 드물다. 그보다는 먼저 불안증을 앓게 되고 그 불안증을 잘못 치료해서 우울증으로 나빠지는 경우가 훨씬 더 많다. 그러나 불안증을 극복하면 일반적으로 우울증도 몇 주 안에 사라진다. 내 웹사이트로 가서 '도움이 되는 추가 정보'란을 클릭해보기 바란다.

3장

잘못된 '믿음 문장'의 힘

**나 자신과 좋은 대화를 나눠라**
신속한 치료가 어려울 때 할 수 있는 일들

우리가 생각하는 방식도 우리 심신의 건강에 직접적인 영향을 준다는 건 이미 2장에서 충분히 설명했다. '잘못된' 생각은 심신에 위험한데 그중에서도 이른바 '믿음 문장'을 통한 생각이 가장 위험하다.

믿음 문장이란 그 말이 정말 맞는지 아닌지 확인하지도 않은 채 자신에게 들려주는 확신 같은 것이다. 다른 사람에게 들려줄 수도 있지만 여기서는 특히 우리 자신에게 들려주는 믿음 문장에 대해 살펴볼 것이다. 심리학자들에 따르면 우리가 이런 확신을 통해 자신에게 하루에 최소한 70번 이상 거짓말을 한다고 한다. 다른 사람과 대화할 때는 최소한 자신이 거짓말을 하고 있음을 어느 정도 알아차리지만 머릿속에서 자신과 대화할 때는 그런 '통제 권력'이 대체로 사라진다. 그러므로 믿음 문장으로 자신에게 들려주는 거짓말은 특히 더 큰 화를 부를 수 있다. 다음은 우울증 초기 단계 환자에게 흔히 나타나는 믿음 문장 중에 하나다.

다른 사람에게 짐이 돼서는 안 돼.

바로 이런 생각 때문에 누군가가 우울증에 빠지고 있을 때 제 때 알아차리기가 정말 어렵다. 사람들을 불편하게 만들까 봐, 혹은 부담을 줄까 봐 이들은 짐짓 기쁜 척하고 친절한 척한다. 하지만 그것은 겉모습일 뿐 실제로 이들은 혼자 외롭게 고투하고 있다. 하지만 소통하지 않으므로 그렇다는 사실을 아무도 모른다. 혼자서라도 치료를 하고 있으면 그나마 다행이지만 그렇지 않으면 문제는 심각해진다. 금방 치료될 수도 있을 가벼운 우울증이 계속 나빠지다가 결국에는 중증 우울증으로 악화되기도 한다. 그러므로 우울증 환자는 "다른 사람에게 짐이 돼서는 안 돼"라는 생각이 자신만이 아니라 자신이 보호하고 싶은 다른 사람들까지 더 힘들게 할 것임을 꼭 알아야 한다.

다른 사람이 아파하고 슬퍼할 것이 싫어서 정신적 문제를 숨긴다면 정확하게 그 반대의 상황에 빠질 것이다. 다른 사람이 당신에 대해 걱정하기 시작하는 시간은 조금 미룰 수 있을지 몰라도 그 대가가 너무 클 것이다. 우울증은 숨길수록 가족도 의사도 고칠 수 없을 정도로 심해질 수 있으니 매우 위험하다. 반면 초기 단계의 우울증은 약물 복용 없이도 대부분 빠르게 치료

된다. 그러므로 나는 당신에게 간절히 부탁한다.

## ▶ 우울증을 숨기지 말고
## 빨리 주변 사람들의 도움을 받아라!

특히 자살 충동이 자꾸 들 때는 반드시 도움을 요청해야 한다. 자살하고 나면 당사자야 (종교가 없을 경우) 고통이 끝나버릴 수도 있겠지만 남은 사람들에게는 그때부터 고통의 시작이다. 사랑하는 사람이 절실하게 도움이 필요한 상황에 있었는데도 알아차리지 못했다는 죄책감이 엄습할 테고, 때로는 가슴을 파고드는 아픔이 평생 이어질 것이다. 그렇게까지는 되지 않게 하자! 다른 사람의 짐이 되어서는 안 된다는 이 위험한 믿음 문장을 정말 도움이 되는 다른 문장으로 바꾸자.

나는 내 감정을 솔직하고 정직하게 털어놓아야 한다. 그래야만 정말 나를 슬프게 하는 것이 무엇인지 함께 찾아낼 수 있다. 그걸 빨리 알수록 더 일찍 삶의 기쁨을 다시 느낄 수 있을 것이다. 그리고 이것은 나만이 아니라 내가 소중하게 생각하는 모든 사람에게 좋은 것이다.

## ▶ '믿음 문장'이 틀렸다는 것을 인지하라!

아이들 인물 사진 덕분에 사진작가로의 이직에 성공한 전직 유치원 선생의 이야기 기억하는가? 그녀의 인생도 틀린 믿음 문장들 탓에 그럴 필요가 없는데도 어려운 상황에 처해 있었다. 하지만 그런 믿음 문장들을 의식하게 되자 그녀는 자신이 그렇게나 소망했던 가볍고 충만한 삶을 살 수 있었다.

믿음 문장이 우울증으로 가고 있는 사람에게만 문제가 되는 것은 당연히 아니다. 이 이로울 것 없는 머릿속 독백은 정신적으로 건강한 사람에게도 자신의 잠재성을 마음껏 펼칠 수 없게 방해한다. 그 전직 유치원 선생도 나를 찾아왔던 그때까지는 '오직' 번아웃 문제만 갖고 있었다. 그리고 다행히 그녀는 다음의 믿음 문장들이 단순히 틀렸음을 늦지 않게 알아차렸다.

- 나는 내 직장을 포기할 수 없다. 그래도 안정적인 직장이고 내 아이들도 먹여 살려야 하니까.
- 나는 그다지 능력 있는 사람이 못 된다.
- 다른 직업은 상상하기 힘들다.
- 나를 위한 시간을 낼 수가 없다.
- 사진을 찍으면서는 밥 먹고살 수 없다.
- 프리랜서 일은 나한테는 너무 불안하다.
- 그냥 참아야 한다. 어디든 다 똑같다.

두 아이를 혼자 키웠던 이 어머니는 2년 동안이나 이 믿음 문장들을 믿고 참으면서 살았었다. 이제 당신은 어쩌면 이런 생각을 할지도 모르겠다.

그 유치원 선생은 잘 된 경우잖아. 내 문제는 그렇게 간단하지가 않다고.

어쩌면 그럴지도 모르지만 여기서 방점은 '어쩌면'에 있다. 확실한 것은 이 생각도 당신을 제한하는 믿음 문장이라는 것이다. '제한하는'이라고 한 것은 이런 생각이 그 즉시 문제 해결을 지향하는 모든 생각들을 차단시켜 버리기 때문이다. 그렇게 '차단되어 있기' 때문에 당연히 지금의 당신 인생에서 어떤 변화를 줘야 더 가볍고 더 나은 삶으로 진로를 변경하게 될지 알기가 결코 쉽지 않다. 하지만 그렇다고 머릿속에 즉각적으로 떠오르는 생각에 '빠져서' 삶이 주는 기회들을 매번 놓치고만 있겠는가?

# 나 자신과
# 좋은 대화를 나눠라

자신과 '잘못' 대화할 때 정신적으로 아프게 될 수도 있음은 이미 60년 이상 잘 알려진 사실이다. 지난 세기인 1950~1960년대 이미 인지 행동 치료 창시자 도널드 마이켄바움Donald Meichenbaum, 아론 벡Aaron T. Beck, 알베르트 엘리스Albert Ellis도 부정적인 내면의 대화가 얼마나 파괴적일 수 있는지 잘 알고 있었다. 이때부터 인지 행동 치료 분야에서는 그런 해로운 자기와의 대화를 일찍 알아채고 더 나은 생각으로 대체하는 새로운 방법들을 계속 내놓았다. 2004년 《미국 정신 의학 저널American Journal of Psychiatry》에 발표된 한 연구는 이런 치료 형태의 효과가 얼마나 큰지도 증명했다.[59] 인지 행동 치료를 받을 수 있었던 사람들은 우울증에 대한 다른 임상 치료를 받았던 사람들보다 또다시 우울증이 몰려오는 시기를 겪지 않아도 될 확률이 두 배 이상 높았다.

# 신속한 치료가 어려울 때
# 할 수 있는 일

안타깝게도 우울증 환자가 자꾸 많아지는 상황에 부응하기에는 현재 치료 기관이 턱없이 부족한 게 사실이다. 클리닉에 지금 당장 자리가 있다고 해도 인지 행동 치료는 주로 일주일에 한두 시간 정도로 책정되어 있다.

그러므로 잘못된, 혹은 제한적인 믿음 문장들을 스스로 통제할 다른 방법을 모색해봐야 할 것 같다.

미국의 베스트셀러 작가 바이런 케이티Byron Katie는 자신의 책《네 가지 질문The Work》에서 인지 행동 치료의 요소가 다분한 자가 치료 방법을 하나 제시했다. 많이 요약된 감이 없지 않지만 오히려 그래서 우울증 환자들에게는 더 좋을 수 있다.

바이런 케이티 자신도 우울증, 난폭한 돌발 행동, 틈만 나면 떠오르는 자살 충동으로 몇 년 동안 괴로운 삶을 살았다. 게다가 알코올·니코틴 중독이었고 약물 남용도 심했다. 케이티는 자신의 웹사이트에 그렇게 아팠던 마지막 2년 동안에는 침실에서 나올 수조차 없던 날도 많았다고 했다.[60] 그러던 1986년 2월 어느 날 아침, 케이티는 인생을 바꾸는 깨달음을 하나 하게 되고 그 일을 나중에 《네 가지 질문》이라는 책으로 기술했다. 그 깨달음에 대해 그녀는 이렇게 요약했다.

> 내 생각을 믿을 때 아프고 내 생각을 믿지 않을 때 아프지 않음을 알게 되었다. 그리고 그것이 모든 사람에게 그러함도 알게 되었다. 진리란 이렇게나 간단하다. 나는 고통이 자유의지임을 깨달았다. 그리고 내 안에서 환희가 일어났고 다시는 사라지지 않았다. 한 순간도. 이 환희는 우리 모두 안에 늘 있다.

언뜻 '밀교密敎적'이라 느낄 수도 있겠지만 바이런 케이티는 네 가지 질문으로 자신의 모든 정신적 문제들을 영원히 극복하는 데 성공했다. 그리고 지금은 네 가지 질문으로 믿음 문장에 더 이상 제물이 되지 않는 데 똑같이 성공한, 수백만 다른 사람의 우상이 되었다. 우리 클리닉의 환자들도 이 방법으로 늘 좋은 효과를 보고 있다. 약물이나 음식 불내증에 의한 우울증이 아닐 경우 특히 결과가 좋다.

## ▶ '네 가지 질문' 사용법

'네 가지 질문'은 기본적으로 네 가지 간단한 질문을 통해 우리의 믿음 문장들이 사실인지, 그리고 최소한 도움은 되는지 확인하게 한다. 그리고 이어서 바이런 케이티가 '뒤집음'이라고 부르는 작업을 하게 한다. 다름 아니라 처음의 믿음 문장에 다소 반대되는 한두 개 문장을 분명히 언명하고 그것들의 진실성을 검사해보는 것이다. 어렵게 들리나? 그다지 어렵지 않다. 왜 어렵지 않은지 간단한 예로 증명해 보이겠다. 다음 믿음 문장을 한번 보자.

어차피 다 소용없어.

이제 먼저 이렇게 질문해본다.

그것이 진실인가?

우울증과 번아웃을 극복하기 위해 할 수 있는 일을 다 해봤지만 아무 소용이 없었다면 이 첫 번째 질문에 즉각적으로 '그렇다'라고 대답할 수 있고 충분히 그럴 수 있다. 그런데 그렇게 대답하고 싶은 충동이 특히 정신적 문제를 갖는 사람에게는 아주 강하므로 이제 두 번째 질문에 특히 더 정직하게 대답해야 한다. 이 첫 번째 질문에 '아니다'라고 대답한다면 곧바로 세 번째 질문으로 넘어간다. 두 번째 질문은 다음과 같다.

그것이 진실이라고 정말 확신할 수 있는가?

적어도 여기서만큼은 '그렇다'라고 대답할 수 없을 것 같다. 왜냐하면 당신은 분명 세상의 모든 방법을 다 시도해본 것은 아니므로 정말 모든 것이 소용없는 짓인지는 알 수 없을 테니까 말이다. 이제 당신은 건강한 의심이 생겼으므로 그 의심을 갖고 세 번째 질문으로 넘어갈 수 있다.

그 생각을 믿을 때 당신은 어떻게 반응하는가?

이 질문에 대한 답은 그리 어렵지 않을 것이다. "어차피 다 소용없어"라고 믿는다면 당신은 아무것도 실행하지 않을 것이고 그럼 다른 많은 사람을 도운 방법이 당신에게도 도움이 될 수 있는지 없는지 알아보지도 못할 것이다. 새 희망을 갖는 대신 절망을 선택할 것이고 이것은 단지 진실인지 아닌지 알지도 못하는 한 가지 생각 때문에 그렇다. 이제 네 번째 질문으로 넘어갈 수 있다.

그 생각이 없다면 당신은 누구일까?

정신적으로 건강하게 될 기회를 "어차피 다 소용없어"라는 생각으로 날려버리지 않았다면 당신은 다른 생각들도 진실인지

아닌지 조사하기 시작할 것이다. 앞에서 말했듯이 많은 심리학자들이 우리가 매일 최소한 70번씩 자신에게 거짓말을 하고 있다고 가정하고 있으니까 말이다. 그 모든 거짓말이 하루에 우리 기분을 각각 5분씩만 망친다고 해도 매일 거의 여섯 시간씩 기분이 나빠야한다. 이제 왜 이렇게 많은 사람이 우울한지 잘 알겠다. '그 생각이 없다면' 당신은 이 거짓말들 중 많은 수를 폭로했을 것이다. 이것이 당신의 정신적 건강에 당연히 긍정적으로 작용할 것이다.

### ▶ '네 가지 질문'의 긍정적 효과

그런데 정말 흥미로운 것은 지금부터다. "어차피 다 소용없어"의 반대는 무엇일까? 이렇게 물으면 대개 금방 대답하지 못한다. 당신은 대답할 수 있는가? 바이런 케이티는 상대가 대답하지 못하면 재빠르게 가능한 반대 문장 세 가지를 말해준다. 나는 한 문장 정도로 줄이고 있다. 환자들에게 처음부터 부담을 주고 싶지는 않기 때문이다. 그러므로 여기서도 가능한 반대 믿음 하나만 제시해 보겠다.

"와우, 우울증을 떨쳐버릴 방법이 너무 많은 걸? 그중에 하나만 효과가 있어도 더 이상 내 감정에 대책 없이 휘둘리지 않아도 되잖아."

처음의 믿음 문장을 이렇게 뒤집어 놓으니까 어떤가? 아주 다르지 않은가? 심지어 더 좋지 않은가? 이제 이 두 생각 중에 어떤 생각이 훨씬 더 '진리에' 가까운지 자문해본다. 뒤집은 문장? 아니면 "어차피 다 소용없어"?

차분히 두 생각을 다시 한번 읽어보고 몇 분 음미해 보면 좋겠다. 그다음 둘 중에 무엇이 진리 쪽에 더 가까운지, 무엇보다 어느 쪽이 기분을 더 좋게 하는지 스스로 결론 내려본다. 나는 당신이 어떤 결론을 내릴지는 알 수 없지만 우리 클리닉에서도 자주 하는 테스트이므로 내 환자들이 어떤 결론을 내리는지는 잘 알고 있다. 하지만 잠깐만 생각해봐도 뒤집은 믿음 문장이 어쩐지 더 진리에 가까워 보이게 되어있다. 게다가 어쩐지 그쪽이 기분도 훨씬 더 좋게 해준다. 당신에게도 그렇다면 파괴적인 확신을 고수할 이유가 무엇이겠는가?

네 가지 질문은 참고로 www.thework.com/de에서 내려받을 수 있다. 바이런 케이티는 자신의 방식을 무료로 제공할 뿐만 아니라 추가 조언들도 아낌없이 많이 베풀고 있다. 더는 믿음 문장의 제물이 되지 않는 데 도움이 될 조언들 말이다.

## ▶ 자신의 감정을 차분하게 들여다보기

우리는 최근에 그룹 치료를 시작했는데 이 시간에 나는 항상 참가자들에게 적색 경고등을 하나 설치하고 싶으신 분은 손을 들어보라고 한다. 부정적인 믿음 문장이 자신도 모르게 또 입 밖으로 튀어나오려 할 때 경고음과 함께 빨간불이 켜지는 등 말이다. 물론 모든 참가자가 손을 든다. 잘못된 혹은 제한적인 믿음 문장들이 우리 삶에 얼마나 큰 영향을 주는지 한번 깨달은 사람이라면 당연히 그때까지 자신도 모르게 자신을 조종했던 그 모든 것들을 어떻게든 통제하고 싶을 테니까 말이다. 그럼 나는 우리 모두 이미 그 빨간불을 어디든 갖고 다니고 있다고 말한다. 나쁜 기분이 바로 그 경고의 적색등이기 때문이다.

우울하고 무력하고 불안하고 슬프고 화나고 '나'만 뒤떨어진 것 같고 절망스러운가? 심지어 무언가 혹은 누군가를 공격하고 싶은가? 그렇다면 바로 그것이 우리 몸속에 단단히 장착되어있는 경고의 적색등이 울리고 있다는 표시다. 당신이 믿든 안 믿든 그 모든 감정들이 바로 그 전에 우리 머릿속을 지나갔던 믿음 문장들에 의해 생겨나기 때문이다. 다음에 기분이 나쁠 때에도 기간이 아니라면 그 감정에 너무 많은 주의를 기울이는 대신, 당신이 그런 감정을 어떻게 스스로 만들어 냈을지 질문해보자. 애초에 당신 머릿속을 지나간 어떤 생각이 그런 감정을 들게 했는가? 이런 질문들로 당신은 기분이 언제, 왜, 무엇 때문에 나빠지는지 알게 될 테고, 그럼 그런 상태를 점점 더 많이 통제할 수 있게 되고, 점점 더 빨리 기분 전환에 성공하게 될 것이다. 독일의 언론인이자 출판인인 페터 홀Peter Hohl이 이런 말을 했다.

종일 화를 낼 수도 있다. 하지만 꼭 그래야 하는 것은 아니다.

## 4장

# 번아웃 원인 10가지

나 몰래 내 시간과 에너지를 빼앗는 것들
모든 일을 혼자 해야 한다는 강박
완벽주의자는 자기착취자다
다른 것으로 그냥 만족해버리지 마라
헬프 증후군
끊임없는 비교
적성에 맞지 않는 직업
목이 망가지면 정신도 망가진다
항정신성 약물
알코올

## 나 몰래 내 시간과 에너지를
## 빼앗는 것들

💧

앞 장에서 이미 잘못된 혹은 제한적인 믿음 문장의 영향력에 대해 자세히 살펴보았다. 이런 문장들은 에너지만 빼앗는 것이 아니라 번아웃 증후군 환자들에게 가장 부족한 것, 즉 시간까지 빼앗아간다. 특히 믿음 문장이 이른바 '일반화'를 포함할 때 문제는 더 심각해진다. 언뜻 들으면 전혀 해로울 것 같지 않은 단어들이 우리의 안녕에 얼마나 위협적인 권력을 휘두르는지는 그동안 한결같이 과소평가 되어왔다. 어떤 단어들이 그런지는 뒤에 자세히 살펴보겠다. 일단 여기서는 우리 모두에게 익숙한 생각 중 하나인 일반화의 문제에 대해서만 좀 더 알아보자.

오늘 나 다 너무 힘들어!

이 생각에는 '다'라는 말로 일반화가 이루어지고 있다. 일반화를 보여주는 다른 전형적인 단어로 '절대, 항상, 꼭' 등이 있다.

이 단어들 중 하나가 튀어나오면 그 즉시 당신은 또 한 번 자신을 기만하려 든다고 보면 된다. 믿기 힘든가? 그렇다면 왜 그런지 같이 조사해보자. 당신이 낮 12시에 "오늘 나 다 너무 힘들어!"라고 생각했다고 치자. 하지만 조금만 따져봐도 이 생각은 틀렸음을 알 수 있다. 왜냐하면 그날 그때까지 당신은 최소한 몇 가지는 그다지 힘들지 않게 해냈을 테니까 말이다. 예를 들어 샤워하기, 아침 먹기, 아이나 반려동물 돌보기, 출근길에 라디오 듣기 같은 것들은 그리 힘들지 않았을 것이다. 나아가 당신은 그날 저녁을 위해 예를 들어 소파에 앉아 텔레비전을 보는 것 같은 아무 신경 쓸 필요 없고 심지어 편안하기까지 한 일을 계획하고 있을지도 모른다.

당신이 어떻게 생각하든 "오늘 나 다 너무 힘들어!" 라는 말은 물론 당신이 의식적으로 자기 자신을 속이려고 한 말은 아니겠지만 맞는 생각은 분명 아니다. 하지만 당신은 이 거짓말 같지 않은 '거짓말'이 불러올 여파만큼은 분명히 의식할 수 있을 것이다. 이 생각을 채 다 끝내기도 전에 온몸에 힘이 빠지고 모든 것이 갑자기 너무 힘들게 느껴질 테니까 말이다.

단 하나의 생각, 더 정확히 말하면 단 하나의 단어 때문에 그날의 과제를 해치우는 데 필요 이상으로 더 많은 시간이 필요해진다. 심지어 커피를 마시고 담배를 피우고 잠깐 인터넷을 보는 등 딴짓을 하며 무의식적으로 과제들로부터 도망치려 할 수도 있다. 아니면 괜히 중요하지도 급하지도 않은 가벼운 일들을 처리하며 바쁜 척할 수도 있다. 하지만 시간적 압박을 받게 되면 죄책감을 느끼게 되고 그럼 또 기분이 더 나빠진다.

## ▌일반화의 함정에서 벗어나기

지금 당장은 "잘 모르겠다" 싶을 수도 있지만 일반화 대신 당신의 신경을 **진짜로** 거슬리는 것을 구체적으로 언명할 수 있다면 그 즉시 상당한 에너지와 시간을 아끼게 될 것이다. 다시 앞의 믿음 문장, "오늘 나 **다** 너무 힘들어!"로 어떻게 그 '구체적인 언명'을 할 수 있는지 한번 보자. 그런 일반화보다 '사실에 더 가까운' 네 가지 가능한 대안 문장을 만들어 보겠다. 이 '구체화 된' 문장들이 당연히 모두에게 맞는 것은 아닐 테지만 잘 읽어보면 당신의 일상에도 적용할 수 있는 다른 문장들이 떠오를 것이다.

- 오늘 그 회의는 하기 싫다.
- 그 전화는 정말 받고 싶지 않다.
- 오늘 학부모 모임도 분명 쓸데없이 오래 걸리겠지.
- 아! 집에 먹을 게 없잖아. 종일 일하고 또 장까지 봐야 하네.

어쩌면 당신도 지금쯤 생각 없이 일반화를 하며 모든 것이 힘들다고 확정하는 대신, 바로 지금 신경을 거슬리는 것을 언급하는 것이 얼마나 더 가벼운 느낌인지 알아챘을지도 모르겠다. 왜냐하면 이제 당신은 (어쩌면 처음으로) 그 싫어하는 일들이 실제로 얼마만큼의 시간을 잡아먹을지 분명히 보게 되었을 테니까 말이다. 받기 싫은 전화는 사실 10분 이상 끌지 않을 테고, 회의나 장보기도 기껏해야 45분 정도면 끝날 것이고, 학부모 모임 역시 최악의 경우라도 한 시간 반이나 두 시간이면 끝날 것이다.

모두 실제로는 10분에서 두 시간 정도면 끝날 일들이고 어떻게든 견뎌내야 할 시간이기는 하지만, 최소한 하루에 절반을 그렇게 힘들어하며 망쳐버릴 정도는 아니다. 하고 싶지는 않지만 해야 하는 일이 짧을수록 그 일에 적당한 힘을 끌어 모으기가 그만큼 수월해진다. "다 너무 힘들다"와 "이제 **단지** 십 분만 그 불편한 통화를 해야 한다" 사이에는 엄청난 차이가 있다. 후자의 경우 통화를 끝내고 나면 그 즉시 굉장한 안도감이 들 것이고 그만큼 힘도 날 것이다. 그리고 이제는 기분이 한결 좋으므로 딴짓으로 시간낭비를 하지도 않을 것이다. 딴짓은 하기 싫은 일을 자꾸 미루는 마음에 약간의 위로는 될지 모르겠으나 효율적이지는 않다.

## ▶ 번아웃에서 홀가분해지는 몇 가지 해결책

번아웃에 걸릴 때까지 사람들이 그렇게 오랫동안 과로하는 이유는 절대적으로 이해할 만한 경우가 대부분이다. 가족, 동료, 혹은 직원들에 대한 강한 책임감이 큰 이유일 테니까 말이다. 그리고 빚 혹은 꼬박꼬박 다가오는 지급일 같은 금전적인 문제, 직업에 대한 전통적이고 케케묵은 신념이 과로를 부르기도 한다.

나 역시 마흔한 살 때 그때까지 이루어놓은 모든 것을 버리겠다고 작정할 만큼 심한 번아웃에 시달린 적이 있다. 그러므로 그 누구보다도 번아웃에 대해 잘 알고 있다. 당시 나는 그러다 젊을 때 이미 한 번 겪었던 우울증을 또다시 겪게 될까 봐 몹시 두려웠다. 번아웃에서 벗어나 부담 없이 홀가분해질 수만 있다면 뭐든 다 할 태세였다.

다행히 나는 운이 좋았다! 그런 상황에서 벗어날 길이 분명히 있음을 믿게 해준 사람들이 있었다. 물론 나는 그때까지 내가 보편타당하고 절대적이라고 믿었던 모든 것을 처음부터 의심할 준비를 해야 했다. 어쨌든 이미 모든 것을 버릴 생각까지 했었으므로 다행히 그것이 그렇게 어렵지는 않았다. 그러자 내 문제의 해결책들이 내가 찾겠지 하는 곳에서 찾게 되는 경우가 거의 없음을 거듭 확인하게 되는, 많이 배우고 많이 놀라게 되는 시간들이 이어졌다.

그런 의미에서 내가 이제 소개할 몇 가지 전략들이 당신이 언뜻 보기에 말도 안 되고, 과장되고, 비현실적이고, 심지어 부조리하게 느껴진다고 해도 나는 놀라지 않을 것이다. 나도 처음에는 그랬으니까. 하지만 나는 시도했고 그것은 많은 점에서 참 잘한 일이었다. 내 동료들과 나는 이 방식들을 써서 정말 많은 사람을 번아웃의 함정에서 구해냈기 때문에 이제는 이 방식을 최소한 몇 주 정도라도 시도해 보라고 조언하지 않을 수 없게 되었다. 일찍이 아인슈타인도 이런 말을 남기지 않았던가.

문제를 만든 바로 그 생각으로는 절대 문제를 풀 수 없다.


## ▶ 에너지-시간-도둑

번아웃 치료에는 일단 에너지와 시간을 빼앗는 일들을 최대한 찾아내 차단하는 것이 가장 좋은 방법이다. 그러려면 대개 지금까지 일하던 방식을 크고 작게 바꿔야 한다. 많은 번아웃 환자들이 내가 그렇게 말하면 일단 움찔한다. 그리고 어떻게 변경하면 되는지 듣기도 전에 다음과 같은 믿음 문장으로 반응한다.

저의 경우는 어쩔 수 없는 걸요. 지금으로선 뭔가를 크게 바꿀 수 없어요.

하지만 일단 몇 가지 에너지-시간-도둑들을 성공적으로 쫓아내고 나면 대개 굉장히 다른 말을 한다.

그게 이렇게 큰 변화를 부를 줄은 꿈에도 몰랐어요. 그렇게 오랫동안 이렇다 할 성과도 없이 왜 그렇게 안간힘을 쓰고 살아야 했는지 이제 이해했어요.

안타깝게도 자기만의 쳇바퀴를 돌리느라 바빠 간단한 해결책조차 보지 못하는 사람이 많다. 무딘 톱으로 하루하루를 자르며 살아가느라 힘만 들고 효율성이라곤 없다. 잠시만 조용히 생각해봐도 지금부터 시간과 에너지를 저축하려면 톱부터 갈아두는 것이 현명함을 알게 될 것이다.

물론 '톱 가는 것'도 시간이 든다. 그리고 스트레스가 많을수록 시간이라는 이 비싼 재산은 늘 더 부족해 보인다. 하지만 약간의 시간만 투자해도 금방 부족하기는커녕, 남아도는 시간으로 돌아올 것이 최소한 제삼자의 눈에는 명확해 보인다. 당신도 그렇게 보게 될 것이다. 당신만의 에너지-시간-도둑을 잡아내는 일에 착수하기만 한다면 말이다. 물론 지금까지 어떤 믿음 문장, 일반화, 사고의 오류가 아름답고 편안한 삶을 살지 못하게 방해해 왔는지 찾는 데 처음에는 정말 시간이 걸릴 것이다. 이 점은 각오하기 바란다. 하지만 그 정도는 투자할 가치가 충분하다. 당신의 번아웃이 가정의 문제든, 직장의 문제든, 그리고 당신이 직장인이든, 프리랜서든, 개인 사업가든 마찬가지다. 그런데 결심하고 톱 가는 일에 착수하기 전에 먼저 정직한 평가의 시간부터 가져야 한다.

### ▶ 솔직해져라

옛날이나 지금이나 번아웃의 첫 번째 원인으로 직업적 불만족이 손꼽히고 있고 이것은 논란의 여지없는 사실이다. 하지만 이 문제를 해결하려면 먼저 자신에게 절대적으로 솔직해져야 한다. 어쩌면 당신은 애초에 큰 이상을 품고 그 일을 시작했을지도 모른다. 하지만 이제는 그 일이 당신을 하루하루 조금씩 갉

아먹고 있을 뿐이고 월급이 그야말로 고통에 대한 보상금일 뿐이라면 이제 그 황금 감옥을 떠날 때가 된 것이다.

당신이 어떤 실수를 했을 때 혹은 야근을 해야 할 때만 상사가 당신에게 말을 건다면 이때도 떠날 때가 된 것이다. 어차피 칭찬도 받지 못할 야근이니 그 시간에 다른 회사들에 이력서나 보내는 게 더 낫다.

반대로 당신이 고용주인데 자꾸 노심초사하게 만드는 직원이 있다면 이제는 떠나보내라. 좋은 직원 찾기가 어렵다는 것은 잘 안다. 하지만 시간과 돈을 투자해 그만한 가치가 있는 사람을 뽑아라. 무능한 직원은 당신의 시간을 낭비하게 하고 짜증을 부를 뿐만 아니라, 회사 전체의 풍토를 해치고 최악의 경우 좋은 직원조차 그만두게 할 수도 있다.

서류에서만 부부지 불행한 결혼 생활 중이라면 삶의 에너지가 고갈되는 것이 당연하다. 그렇다면 당신은 이미 이렇게 자문한 적이 많을 것이다. "내가 과연 이 상황을 얼마나 더 견딜 수 있을까?"라고. 그리고 어쩌면 "집 대출금을 다 갚을 때까지……", 혹은 "아이들이 어른이 될 때까지……"라고 대답했을지도 모르겠다. 그게 몇 년이 될지 계산해 보았는가? 나는 불행한 결혼을 유지하기에는 이 삶이 너무 소중하다고 생각한다. 게다가 아이들은 당신을 보고 배울 것이다. 아이들 때문에 헤어지지 못한다면 아이들은 무의식 중에 다음과 같은 믿음 문장을 접종받게 된다.

사랑하는 아들 혹은 딸아. 네 결혼 생활이 더 이상 행복하지 않더라도 이미 아이가 있다면 헤어져서는 안 된다. 상황이 너에게 아무리 나빠도 행복한 가정이라는 환상을 지키는 것이 더 중요하단다!

당신은 아이들에게 이런 선물을 주고 싶은가? 오랫동안 이혼을 생각했지만 용기가 없거나 방법을 모르겠다면 전문가의 도움을 받자. 부부 관계 전문 상담사, 심리학자, 심리 코치 등등 다 좋다. 관계에 위기가 찾아올 때 꼭 혼자 해결해야 하는 것은 아니다!

## ▶ 당신만의 '가치'를 알아내고 그 가치를 누릴 자격이 있는 사람을 찾아내라

하필이면 인간이 갖는 가장 멋진 능력이 최고의 저주가 될 수도 있다. 바로 공감 능력 말이다. 남이 필요로 하는 것은 한 치의 틀림도 없이 예측할 수 있으면서 정작 자신이 필요한 것에는 거의 무관심한 사람들이 있다. 이상하게 들릴 수도 있지만 '선한 행동'이 말 그대로 '스스로 다 타버리는' 주요 원인이 되기도 한다.

배려, 겸손, 존중, 친절, 혹은 책임감 같은 가치들이 모든 문명사회의 기초가 됨은 이론의 여지가 없고 나도 이런 가치들을 당연히 마음껏 누리고 싶다. 하지만 자신을 희생하고 이용당하게 두는 것이 선하고 사려 깊은 행동은 아니다. 예를 들어 다른 사람에게 피해를 주면서까지 계속 자기 일을 미루는 동료라면, 혹은 당신을 철저하게 착취하는 상사라면 이들은 당신의 충성도 책임감도 받을 자격이 없다. 친구나 친척이라도 때로는 '안 된다'고 말해도 괜찮다. 당신은 당신이 멋진 사람임을 그 누구에게도 증명할 필요가 없다. 당신의 선물에 정말로 감사할 줄 알고 당신에게 존중과 관심을 표할 줄 아는 사람에게 당신의 시간과 에너지를 할애하는 것이 가장 좋다. 당신은 그런 존중과 관심을 받을 자격이 있다.

참고로 이 경우도 대부분 믿음 문장이 그런 불만스러운 상황을 당장 바꾸지 못하게 방해한다. 예를 들어 적절한 대가와 평가를 받지 못하는데도 회사를 위해 야근을 계속하는 사람이라면 이런 믿음 문장을 갖고 있기 쉽다.

나는 더 나은 직장을 구하지 못할 거야!

이 믿음 문장은 자기실현적 예언이기도 하므로 심지어 더 위험하다. 일도 만족스럽고 보수도 좋은 일을 찾지 못할 거라고 확신하는 사람은 당연히 그런 일을 제대로 찾아보려고도 하지 않을 것이고, 그럼 당연히 더 나은 직장을 구하지 못할 것이다. 그것보다는 이런 믿음 문장이 더 건설적이고 도움도 된다.

직업Beruf이란 원래 천직Berufung이란 말에서 나왔다. 찾아

보면 나에게도 꼭 맞는 일이 분명 있을 것이다.

아무 일이 아니라 천직에 종사하고 있다면 에너지 부족을 토로할 일도 거의 없다. 그리고 취미 활동조차 몰두할 수 있고 창조성이 가미된다면 우리 클리닉의 다음 환자의 이야기가 증명하듯이 천직이 되기도 한다.

43세의 이 남성은 심한 번아웃 증후군으로 우리 클리닉을 찾아왔다. 남성은 광고 회사에서 일하고 있었는데 그가 담당하는 고객들과 상사로부터 받는 압박이 점점 커져서 힘들어하고 있었다. 그에게는 한때 유일한 꿈의 직업이었던 일이 이제 악몽으로 변해버렸다. 동시에 그의 연봉의 절반만 받고도 기꺼이 그의 자리를 낚아채고 싶어 하는 야심 찬 젊은이들이 자꾸 나타났다.

첫 번째 상담에서 나는 그에게 정말로 좋아하는 일이 있느냐고 물었다. 그는 평생 여행하며 살고 싶다고 했다. 새로운 나라와 문화를 알아갈 때면 기뻐서 가슴이 벅차오른다고 했다. 그렇게 말하는 그의 눈이 반짝였다. 하지만 내가 그럼 여행으로 돈을 벌어보는 건 어떠냐고 하자 그 즉시 눈빛이 다시 희미해졌고 이런 제한적인 믿음 문장으로 답해왔다.

그걸론 밥 먹고살 수가 없잖아요.

이 믿음 문장이 어찌나 강력했던지 그는 구글에 '여행으로 먹고사는 법vom Reisen leben'이라 치고 검색조차 해보지 않았다. 매일같이 컴퓨터, 소셜 미디어, 온라인 마케팅을 하며 사는 사람임에도 말이다. 그래서 나는 검색을 한번 해볼 것을 권했고 그는 곧 여행기를 올리는 것으로 꽤 잘 살아가는 블로거들이 있음을 알게 되었다. 세계 여행을 직업적으로 하는 사람들의 수입은 대부분 얼마나 열심히 블로깅을 하느냐에 따라 2,500~5,000유로 사이를 왔다 갔다 했다. 독일보다 물가가 싼 국가도 많으므로 이 돈이면 천직에 종사하기 위해 굳이 여유로운 삶을 포기해야 할 필요는 없어 보인다.

새로운 가능성에 고무된 이 남성은 그날 밤 곧장 블로그를 열고 지금까지 찍어둔 여행 사진과 영상들 중에 좋은 것들을 골라 내 짧은 여행 에세이와 함께 올리기 시작했다. 밤마다 맥주와 텔레비전으로 불만을 달래던 그가 이제 매일 밤 한 시간씩 글을 써서 블로그에 올린다. 그 약 아홉 달 후 그의 블로그는 이미 3만 여 팔로워를 두고 매달 800~1,300유로 수입을 올리게 되었다. 그 여섯 달 뒤 처음으로 2,000유로 이상의 수입을 올리게 되자 남성은 광고 회사에 당당히 사직서를 냈다. 그 후 지금까지 자신의 천직에 열심히 종사하고 있다. 참고로 번아웃 증후군은 이미 그 훨씬 전부터 사라졌다. 하고 싶은 일로 미래를 계획해 보겠다 결심한 지 몇 주 만에 공중분해 된 듯 온데간데없이 사라졌다. 때로는 한줄기 가능성을 발견하기만 해도 생각지도 못한 힘들이 동원되면서 모든 일이 술술 풀리기도 한다.

좋아하는 일로 블로그를 운영하며 돈도 버는 사람이 이미 많이 있다. 이들은 결정적인 결심을 했기 때문에 불만족스러운 일에서 조금씩 벗어났고 정말 좋아하는 일로 돈까지 벌게 되었다. 자신만의 블로그를 운영하는 데 필요한 노하우는 예를 들어 Udemy.com같은 각종 온라인 수업에서 20유로 남짓의 적은 돈으로 쉽게 배울 수 있다. Udemy.com에서는 참고로 구글 광고 프로그램AdSense과 제휴 마케팅 프로그램Affiliate-Programmen으로 수입을 올리는 법도 배울 수 있다. 대체로 15~20시간 정도만 수강하면 시작할 수 있고 첫 수입도 올릴 수 있다. 블로그는 전적으로 당신 자신이 좋아하는 것으로 채우면 된다. 반려견 이야기도 좋고 정원 가꾸기도 좋고 글루텐 프리 식이법 등등 뭐든 좋다.

작은 조언 하나가 있다. 구글에 '여행으로 먹고 사는 법'이라 치고 검색하면 여행 블로거 카리나 헤어만Carina Herrmann의 유명한 포스팅 하나를 보게 될 것이다. 포스팅 제목은 "여행이 내 인생을 어떻게 파괴했는가?"다. 헤어만은 이 포스팅에서 여행에 대한 세상의 모든 믿음 문장들을 참으로 수려하고 재미있는 문장으로 폭로했다. 그녀의 블로그 www.pinkcompass.de에서 찾아 한번 읽어볼 것을 열렬히 추천한다.

## ▶ 수천 번 들었어도 여전히 틀린 말

당신도 어릴 때부터 다음과 같은 '격언'들을 귀가 따갑게 들었을 것이다.

- 인생은 장난이 아니다.
- 놀기만 하고 살 수는 없다.
- 뭔가를 얻으려면 노력해야 한다.
- 인생은 장밋빛이 아니다.
- 최후에 웃는 사람이 이기는 거다.

가벼운 마음으로 삶의 기쁨을 만끽하게 하는 확언들은 분명 아닌 것 같다. 심한 말처럼 들릴 수도 있지만 이런 말들이 착한 노예들을 길러낸다. 이런 말들을 듣고 자란 사람은 어릴 때부터 자신을 하위에 두고 더러운 타협을 하고 끽소리 없이 일만 하는 법을 배운다.

하지만 다행히 지금은 다른 가능성이 많고 죽도록 일하는 대신 재미있게 살아도 성공하고 훌륭한 삶을 사는 사람이 많다. 당신이 그런 사람에게 물어야 할 가장 중요한 질문은 "어떻게 그럴 수 있었나요?"다. 그리고 자신에게도 질문해야 한다. "내 인생을 위해 나는 이 사람으로부터 무엇을 배울 수 있나?"

## ▶ 좋은 조언자, 나쁜 조언자

충고를 들어야 한다면 잘 사는 방법을 알고 있음을 자신의 인생으로 **증명한** 사람의 충고를 듣는 것이 가장 좋다. 그러므로 친구들 중 유일하게 싱글로 살아가는 사람에게 부부 문제에 대한 조언을 구하지는 말자. 그리고 새로운 일을 찾아야 한다면 나라면 수십 년 동안 같은 직장에서 죽도록 일하며 은퇴할 날만 기다리는 사람에게는 조언을 구하지 않겠다.

안타깝게도 평생 자신에게 요구된 일을 얌전히 수행하며 저축만 하며 사는 사람이 너무도 많다. 이들의 목표는 은퇴할 때까지 잘 버티고 마침내 은퇴하고 나면 그때 인생을 만끽하며 사는 것이다. 문제는 그때까지 살아남기도 힘들다는 것이다. 많은 사람이 그 전에 이런저런 병에 걸리므로 결국 도저히 삶을 '만끽할 수' 없게 된다. 아름다운 황혼기는 동화일 뿐이니 꿈도 꾸지 말기 바란다. 연금이 보장된다는 말만큼이나 위험한 거짓말이다. 세미나에서 나는 그래서 이렇게 말하곤 한다.

저는 죽기 **전에** 살아야 한다고 굳게 믿고 있습니다!

참가자들은 잠깐 생각한 다음에야 씩 웃기 시작한다. 죽기 전에 살아야 한다는 것은 **바로 지금** 살아야 한다는 뜻이다. 이런저런 프로젝트가 모두 끝날 때, 아이들이 성인이 되어 집을 떠날 때, 은퇴할 때가 아니라 바로 지금 말이다.

매일 오늘 하루 좋았다는 기분이 들게 하는 일을 하려고 애써라. 의식적으로 좋은 음식을 즐겨 먹고 산책을 하고 정말 좋은 책을 읽고 무엇보다 웃어라! 우리 부부는 심지어 결혼 계약서까지 썼다. 이 계약서에는 조항이 하나밖에 없는데 삶이 다할 때까지 하루에 최소 한 번은 서로를 웃게 할 의무가 있다고 쓰여 있다.

## ▶ 어떤 롤모델이 되고 싶은가?

"행복한 아이에게는 행복한 부모가 있다." 이것은 아주 현명하고 매우 유익한 믿음 문장이다. 아이들을 위해 무언가를 이뤄놓고 저축도 많이 해놓아야 한다는 생각 때문에 아이들이 자라는 모습을 거의 봐주지 못하는 사람이 너무 많다.

아이들이 엄마, 아빠로부터 인생의 의미를 배우고 싶어 하고 호기심이 많을 때 아이들과 시간을 많이 보내라.

악착같이 일만 하다가 아이들에게 미안해서 스마트폰을 사주는 것으로 아이들의 미래를 보장해줄 수는 없다. 부모가 아이와 시간을 보내며 현명한 질문과 가르침으로 아이가 자신만의 믿음 문장의 희생자가 되지 않게 보호해줄 때 비로소 아이는 용기 있고, 쾌활하고, 단단하고, 긍정적인 성격으로 자랄 수 있다.

그리고 부모가 먼저 그런 어른이 되어야 한다. 그러므로 당신만이 아니라 아이를 위해서도 노력할 필요가 있다. 그렇게 잘 자란 아이는 혼자서도 자신의 행복을 잘 추구할 수 있고 또 추구하고 싶어 한다. 그리고 그것은 당신이 부모로서 당신만의 천직에 종사하며 그것을 통해 처음부터 모범을 보였기 때문이다. 천직에 종사하였음에도 불구하고가 아니라.

## ▶ 건강한 중간을 가져라

중간이 좋다고 해서 뭐든 중간만 하는 당신 아이에게 "네가 최고고 세상에서 제일 멋지고 제일 똑똑하다"라고 칭찬만 하라는 뜻은 절대 아니다. 아이들에게는 칭찬과 도전이 똑같이 필요하다. 그림을 그려 보여줄 때마다 엉망인 그림이라도 폭풍 찬사를 듣는 아이라면 나중에 대학이나 직장에서 제 몫을 해낼 만큼의 야망을 계발할 수 없을 것이다.

'헬리콥터 부모'라는 말을 들어 보았는가? 항상 아이 주변만 맴돌며 위험할지도 모르는, 혹은 부담이 될 것 같은 일로부터 아이를 보호하려 드는 부모를 뜻한다. 이런 부모를 둔 아이라면 어떻게 스스로 인생을 잘 살아가는 법을 배울 수 있겠는가? 그것을 위한 훈련 자체가 허용되지 않는데 말이다. 게다가 이런 부모들은 자기 자신은 잘 보살피지 않는 경우가 많다. 엄마 혹은 아빠로서 "완벽해야 한다"는 압박 때문에 자신의 에너지를 제때제때 충전하지 못한다. 따라서 헬리콥터 부모는 특히 번아웃에 걸리기 쉽고 그것이 나중에 우울증으로 이어지기도 쉽다. 참고로 대개 번아웃에 걸리고 나서야 보살펴주지 않아도 아이가 모든 면에서 혼자서 멋지게 잘 살아갈 수 있음을 깨닫게 된다. 그렇다면 처음부터 그 쓸데없는 완벽주의는 잊고 아이와 함께 성장해가는 편이 훨씬 낫지 않을까?

## ▶ 번아웃 증후군 환자의 특징

몇 년 전 29세 여성 한 명이 우리 클리닉을 찾아왔다. 번아웃이 심각했고 다른 작은 문제들도 많았다. 그녀는 프리랜서 물리치료사였는데, 그 일도 힘든데 싱글 맘으로서 네 살 난 아들까지 키우느라 매일 지쳐 있었다. 그녀의 삶은 무조건 일과 아들 중심으로 흘러갔다. 아들이 마침내 잠이 든 밤이면 너무 피곤해서 잠시 텔레비전을 멍하니 응시하다가 잠들었다. 아이 아빠는 임신 기간에 이미 몇 번이나 외도를 저질렀으므로 연락을 끊은 상태였다. 다시 연애를 시작하기에는 시간도 없었고 마음의 준비도 되어있지 않았다.

　내가 그녀에게 자신을 위해 무언가를 한 때가 마지막으로 언제였냐고 묻자 그녀는 그 즉시 고개를 저었다. 당시의 상황으로는 자신을 위해 무언가를 한다는 것은 가당치도 않은 일이라고 했다. 부모님이 너무 멀리 살고 계시고 가끔 아이를 몇 시간씩 봐주곤 하던 여자 친구도 얼마 전에 멀리 이사를 가버렸다고 했다. 내가 베이비시터를 찾아보는 게 어떠냐고 하자 그녀는 단박에 말을 잘랐다. 첫째, 그럴 돈이 없고 둘째, 믿을만한 사람을 찾기가 극도로 어렵고 셋째, 절대 자신의 아이를 전혀 모르는 사람의 손에 맡기고 싶지 않다고 했다. "와우!" 나는 일부러 도발적으로 말했다. "한 번에 거짓말을 세 개나 하시네요. 아주 인상적입니다!"

젊은 여성은 화가 난 듯 나에게 무슨 뜻이냐고 물었다. 당연히 그녀는 자신이 '거짓말'을 한다고는 꿈에도 생각하지 않았다. 그래서 나는 그녀의 말이 왜 믿음 문장인지 설명해 주었다.

잘못된 믿음 문장 No.1: "그럴 돈이 없어요!"

이 여성은 물리치료사로서 한 시간에, 어떤 치료를 하느냐에 따라, 32~48유로를 받는다. 즉 베이비시터보다 시간당 서너 배를 더 번다. 유치원에서 아이 데려오는 걸 맡기고 왕복 차비까지 추가 지불해도 그 시간에 두 시간을 추가로 일할 수 있으므로 베이비시터를 저녁 내내 고용해도 되는 돈을 버는 것이다.

참고로 여기서 당신이 무슨 일을 하는지는 중요하지 않다. 당신이 물리치료사든 일반 회사의 직원이든 아니면 자동차 운전사이든 기본적으로 당신은 아이를 돌봐줄 좋은 사람에게 보수를 지불하고도 남을 만큼은 벌 것이다. 혹시라도 그렇지 않다면 재빨리 다른 곳에 이력서를 보내보기 바란다. 전문 인력이 많이 부족한 현재 시점에서는 당신의 시간당 보수는 현재 받는 것보다 훨씬 더 높아야만 할 것이다. "그럴 돈이 없어요"란 사실 "그런 곳에 돈을 쓰고 싶지 않아요"라고 말하는 것이다.

잘못된 믿음 문장 No.2: "믿을 만한 사람 찾기가 극도로 어렵다!"

수백만 가정과 싱글 맘과 싱글 대디들이 최소한 가끔은 베이비시터를 고용한다. 믿을 만한 사람 찾기가 그렇게 어렵다면 이들은 어떻게 그렇게 베이비시터의 도움을 받고 있겠는가? 그 모든 부모가 자신의 아이들을 의심스럽기 짝이 없는 사람들에게 맡기고 있을까? 그건 아닐 것 같다. 고등학생이든, 대학생이든, 아니면 은퇴한 교육자든, 혹은 가계에 도움이 되고자 베이비시터가 되고픈 젊은 엄마든, 믿을 만한 베이비시터는 찾아보면 어디든 있다. 방법은 많다. 유치원이나 이웃에게 알아볼 수도 있고, 슈퍼마켓 같은 곳에 걸려있는 구직 광고를 찾아볼 수도 있고, 인터넷에 광고를 올릴 수도 있고, 발이 넓은 지인에게 부탁할 수도 있다. 그럼 이제 세 번째 가장 큰 거짓말로 넘어가 보자.

잘못된 믿음 문장 No.3: "전혀 모르는 사람의 손에 제 아이를 절대 맡기고 싶지 않아요!"

누구든 자신의 아이를 유치원에 보내는 날부터 전혀 모르는 사람의 손에 아이를 맡긴다. 그리고 이것은 나쁜 것이 아니다. 그래야만 아이가 사회적 역량을 기를 수 있고 앞으로의 인생을 사람들과 어울리며 잘 살아갈 수 있다. 다른 사람들에게 애착을 가질 수 있고 또 가져도 됨을 일찍부터 가르쳐주는 것도 양쪽 부모와 가능한 한 건강한 관계를 갖는 것만큼이나 중요하다. 그렇지 않으면 상황에 따라 아주 어릴 때부터 불안증, 혹은 다른 정신적 문제의 소지를 갖게 될 수도 있다. 어릴 때부터 엄마 혹은 아빠만 신뢰할 수 있다고 배운 아이는 거의 강제적으로 불안증을 갖게 될 수밖에 없고, 취학 전부터 벌써 복잡한 양상의 회피 행동들을 보일 수 있다.

아이를 전혀 모르는 사람의 손에 '절대(일반화!)' 맡기고 싶지 않다고 자신에게, 그리고 다른 사람에게 자꾸 말하는 것은 덧붙여 또 다른 문제들도 일으킨다. 그렇게 생각하는 부모는 시간이 지날수록 점점 번아웃 될 수밖에 없다. 그럼 신경 조직이 점점 약해지므로 언젠가는 더 이상 원하는 만큼 아이를 사랑하지도, 여유롭게 보아주지도 못하게 된다. 그러므로 부모의 역할과 함께 자신만의 삶도 늦지 않게 보살피는 게 좋다. 그래야 아이들에게도 좋다. 그래야 좋은 부모가 될 수 있고 그래야 아이들도 자신을 사랑하는 법을 보고 배울 수 있다. 당신의 아이가 나중에 지금의, 혹은 과거의 당신처럼 가정과 직장 사이에서 허덕이기 바라는가? 그렇지 않다면 바로 지금이 몇 가지 믿음 문장과 이별해야 할 때다.

참고로 당신이 아이가 없다고 해도 마찬가지다. 정신적 문제가 있는 사람은 자신만의 문제에 착수하기보다 다른 사람을 보살피려 드는 경향이 있다. 그 대상이 자신의 아이가 아니라면 조카가 될 수도 있고 부모, 친구, 지인, 반려동물, 혹은 다른 도움이 필요한 존재가 되기도 한다. 무엇이 자신의 에너지와 시간을 훔치고 있는지 알아내고 고쳐서 에너지가 넘치게 될 때만이, 장기적으로 볼 때 자신을 해치지 않고 다른 사람도 도울 수 있음은 아이가 있으나 없으나 마찬가지다.

# 모든 일을
# 혼자 해야 한다는 강박

자영업자 혹은 개인 사업자들은 번아웃에 시달릴 확률이 평균 이상으로 높은데 그 이유는 많이 간과되고 있다. 이들은 경영자 코치, 스테판 메라트Stefan Merath가 '기술자-경영자-함정'이라고 부르는 곳에 많이 빠져있다. 메라트는 내가 강력 추천하고 싶은 책《성공적인 경영자의 길Der Weg zum erfolgreichen Unternehmer》[61]에서 자영업자나 개인 사업자들이 번아웃이 심해질 수 있는 상황들을 분명히 여럿 짚어주었다. 경영자 기능에 덧붙여 이들은 본인 회사의 최고 기술자인 경우가 많다. 하지만 이둘은 전혀 다른 사고와 일을 요구하는, 서로 완전히 다른 분야이므로 끊임없이 방향성을 바꿔야 하고 그만큼 부담도 두 배가 될 수밖에 없다. 그리고 한 가지 일을 하다가 자꾸 다른 일도 해야하므로 시간과 돈도 더 많이 든다.

메라트에 따르면 기술자는 회사 안에서 일하지만 경영자는 성공하려면 결국은 회사 주변에서 일해야 한다. 경영자는 회사 입장에서 가능한 한 불필요한 사람으로 남는 것이 가장 좋다. 덧붙여 메라트에 따르면 경영자가 여기저기서 다 참견해야만 움직이는 회사는 사실상 잠재적 인수자나 투자자가 볼 때 가치가 없다. 이들은 저절로 잘 굴러가는 회사, 창업주 없이도 잘 기능하는 회사에만 관심이 있다. 창업주를 회사와 함께 '사들이기가' 어렵기 때문이고, 그런 창업주라면 어차피 금방 번아웃에 걸릴 테고, 번아웃에 걸리는 창업주는 믿을 수가 없기 때문이다.

## ▶ 일로 인한 번아웃은 '사고의 오류' 때문이다

놀랄지 모르겠지만 종종 성공한 사업가라도 주기적으로 사고의 오류에 빠져들고 이것이 결국에는 번아웃을 부른다. 하지만 이것은 꼭 죽도록 노력하지 않아도 원하는 결과를 이룰 수 있음을 믿지 못해서인 경우가 많다. 다음은 이와 관련해서 흔한 몇 가지 잘못된 생각들이다.

- 우리는 경쟁자들보다 나아야 한다.
- 좋은 직원은 구하기 힘들다.
- 고객은 돈을 더 낼 준비가 되어있지 않다.
- '자영업자'란 자기 스스로 모든 것을 한다는 뜻이다.

당신도 이제 이 생각들이 다 믿음 문장임을 잘 알 것이다. 이런 생각들을 맹신하게 되는 것은 단지 몇 가지 사고의 오류 때문이다. 우리 클리닉을 찾아온 한 환자의 예를 들어보겠다.

네일숍을 운영하고 있던 그녀는 심한 번아웃 위험을 감지하고 우리를 찾아왔다. 그녀의 숍은 어느 소도시의 중심가에 소재했는데 안타깝게도 직원들이 아프거나 임신 등으로 일을 할 수 없는 일이 잦았다. 그때마다 단골들을 그냥 돌려보낼 수 없었던 그녀는 사장임에도 불구하고 직접 손님을 맞았다. 이 환자도 경영자-기술자 함정에 빠져있었던 것이다.

첫 상담에서 이 젊은 여성은 좋은 직원을 뽑는 것이 거의 불가능하다고 토로했다. 독일 내에서만도 5만 개가 넘는 네일숍이 서로 죽도록 경쟁하고 있어서 그렇다고 했다. 그래서 늘 더 착한 가격을 제시하며 어떻게든 자신의 몫을 챙기려 드는 사장들이 적지 않은 것 같았다. 그리고 그런 가격 경쟁 때문에 직원들의 월급을 올려줄 수도 없다고 했다.

그녀는 5분도 채 말하지 않았지만 나는 이미 번아웃으로의 직행을 부를 중대한 사고의 오류를 여러 개 감지했다. 그래서 나는 그녀에게 최소한 작은 사고 실험을 하나 해보자고 했다. 그것을 위해 나는 먼저 그녀가 어떤 고객을 '가장 좋아하는지' 물었고 그런 고객이 전체 고객의 몇 퍼센트나 되는지 물었다. 그런 나의 질문에 대답하기도 전에 그녀는 금방 이미 언급했던 그런 부담스러운 경쟁 상황 때문에 '고객을 고를 처지가 아니라고' 단정하듯 말했다. 명백하게도 이것 또한 잘못된 생각이었다. 조금 안정을 찾은 후 그녀는 다음과 같은 고객이 좋다고 했다.

- 40~60세 사이.
- 친절하고 팁을 많이 주는 사람.
- 최소한 3주에 한 번은 오는 사람.
- 시간적 여유가 있는 사람.

그녀의 경험에 따르면 앞의 세 가지에 해당하는 사람들은 대체로 법조계나 의료계 사람, 개인 사업자나 개인 점포 소유자, 중간 매니저급 이상의 고위 직급에서 일하는 여성들이었다. 하지만 이 고객들은 전체 단골의 약 25퍼센트밖에 되지 않았고 대부분 시간적 여유가 없어서 이들의 손톱을 봐주는 일이 늘 그렇게 간단하지만은 않았다.

그다음 나는 그녀에게 자신이 원하는 것이 다 이루어진다면 어떨지 생각해 보라고 했다. 그렇다면 그녀의 사업체는 어떤 모습일까? 잠시 망설이다가 그녀는 다음 일곱 가지를 말했다.

- 고객 대부분이 내가 좋아하는 고객이다.
- 이 고객들은 시간적·정신적 여유가 있다.
- 이들은 돈을 많이 지불할 준비가 되어 있다.
- 이들은 매우 만족해서 늘 다시 온다.
- 그렇게 만족하기 때문에 우리 숍을 다른 사람에게 추천한다.
- 나는 더 이상 직원을 대신해서 손님을 받을 필요가 없다.
- 좋은 직원이 충분해서 고객들은 대개 자신이 선호하는 직원

에게 서비스를 받을 수 있다.

내 환자는 그 모든 것이 그냥 유토피아일 뿐이라고 했지만 나에게는 이미 그 모든 것들을 진짜로 이룰 수도 있는 아이디어가 하나 언뜻 떠올랐다. 나의 계책에는 무엇보다 내 환자가 이제부터 더 적게 일할 수 있어야 한다는 게 가장 중요했다. 그러므로 **지금까지와는 확실히 다른** 무언가가 필요했다. 나는 '블루 오션 전략'이라는 비즈니스 코칭법에 기반해 그녀의 직업적 일상을 바꾸는 데 기본이 될 세 가지 원칙을 먼저 말해주었다.

1. 이미 존재하는 시장에서 다른 경쟁자들과 싸우지 말고 새로운 시장을 만들어낸다.
2. 경쟁에서 이기려 하지 않고 경쟁을 피한다.
3. 기존의 수요에 부응하려 하지 말고 완전히 새로운 수요를 창출한다.

이런 나의 제안에 이 젊은 여성은 처음에는 당연히 아주 회의적으로 반응했다. 그녀는 어쨌든 지금까지 최선을 다해 안정적인 사업체를 일군 사람이고 그것으로 먹고 살 정도로 성공한 사람이니까 말이다. 대기업에나 적합한 비즈니스 코칭법이 작은 네일숍의 경영 문제에 도움이 될 것 같지도 않았다. 하지만 그랬기 때문에 그 후 6개월 안에 말 그대로 그 모든 바람이 다 이루어졌을 때 그녀는 정말 놀라지 않을 수 없었다. 그때 즈음 직원이 두 명이었던 것이 다섯 명으로 늘었고 그녀는 고객을 전혀 상대하지 않아도 되었다. 그리고 일주일에 50시간씩 일하던 것이 30시간 이하로 줄었다. 하지만 정말 대단했던 것은 광고비나 가게 임대료를 조금도 추가하지 않고도 매달 매출이 거의 두 배나 뛰었다는 것이다. 어떻게 그럴 수 있었을까?

우리 계책의 요지는 고객이 '진짜로' 원하는 것을 알아내고 그에 맞는 서비스를 제공해주는 것이었다. 내 환자가 선호하는 고객들은 모두 높은 지위에서 시간당 80~300유로를 버는 여성들이었다. 하지만 유감스럽게도 네일숍이 문을 여는 시간은 보통 이 여성들이 일하는 시간과 일치한다. 따라서 이 여성들은 말끔한 손톱을 위해 들이는 한 시간을 위해 너무 많은 돈을 포기해야 했다. 매니큐어 서비스가 비싸서가 아니라 서비스를 받는 동안 일을 할 수 없어서 포기해야 하는 돈이 너무 크기 때문이다.

그래서 내 환자는 자신이 '선호하는 그 고객들'을 위해, 다른 숍들과의 경쟁도 멋지게 피하고 심지어 새 시장도 개척하는, 새로운 서비스를 하나 제공했다. 그렇다고 대단한 서비스를 제공한 건 아니고 네일숍으로서는 흔하지 않은 오픈 시간을 제공했던 것뿐이다.

아침 10시에서 저녁 6시까지가 아닌 아침 9시부터 밤 12시까지 문을 열었다. 처음에는 주 중 이틀만 그랬다가 사흘로 늘렸고 지금은 주 5일을 그렇게 연다. 이것만으로도 가게 임대 손실을 거의 절반으로 줄였다. 가게 사용 시간이 주 40시간에서 75시간으로 늘었기 때문이다.

늘어난 오픈 시간 덕분에 이전에 일하다 임신과 육아로 그만두어야 했던 직원 두 명이 다시 일을 하게 된 것도 좋았다. 이 직원들은 남편들이 퇴근해 아이들을 돌봐주는 밤 시간에 다시 일하기 시작했다. 그 시간까지 문을 열겠다고 생각한 네일숍은 없었으므로 내 환자는 아주 짧은 시간 안에 자신이 '선호했던 고객'들을 대거 획득했다. 일하기 전과 후에 여유롭게 서비스를 받는 호사를 누리기 위해 점점 더 많은 여성들이 긴 운전 시간도 마다하지 않고 이 숍을 찾아오게 되었다.

이 고객들은 그런 서비스를 고맙게 생각하는 데 그치지 않고 오픈 연장 시간에는 훨씬 더 많은 돈을 기꺼이 지불했고 이것이 내 환자를 더욱더 놀라게 했다. 매출이 늘고 비용은 줄었으므로 내 환자는 당연히 직원들의 월급도 올려주었다. 이것이 유동적인 근무 시간과 함께 이 네일숍의 장점이 되어 더 능력 있는 직원들이 찾아왔다. 이 능력 있는 직원들이 그때부터 사장의 업무까지 거의 모두 알아서 해줬기 때문에 내 환자의 업무 시간은 상당히 줄어들었고 그와 함께 번아웃도 완전히 사라졌다.

당신도 최소한 이 환자의 경우에는 앞에 밝혔던 믿음 문장들이 진짜로 사고의 오류 때문이었으며 제대로 된 전략을 통해 모두 정정할 수 있는 오류들이었음을 보았을 것이다.

## ▶ 저의 경우는 그렇게 간단하지가 않습니다

이 네일숍 사장의 경우와 같은 예를 번아웃 세미나에서 말하면 금방 "다 좋습니다. 하지만 저의 경우는 그렇게 간단하지가 않습니다"라며 이의를 제기하는 사람들이 있다. 물론 지금 당신이 정말 힘겨운 상황에 놓여있다면 상상도 할 수 없겠지만 지금까지 우리를 찾아온 환자들 거의 모두, 번아웃 증상을 눈에 띄게 줄여줄 해결책들을 최소한 한두 개는 금방 찾아냈다. 앞에서 언급한 블루 오션 전략은 이제 많은 사람이 이용하는 수많은 비즈니스 도구의 한 예일 뿐이다. 게다가 그 모든 멋진 도구들이 생겨났다는 것은 그만큼 오늘날 비즈니스 분야에서 사고의 오류가 많다는 뜻이기도 하다. 그러므로 당신의 번아웃이 일 때문이라면 여기 좋은 소식이 있다. 고전적인 의미의 치료는 이제 필요 없다. 지금까지 일해왔던 방식을 단지 다른 시각으로 보기만 해도 충분히 문제를 해결할 수 있다.

## ▶ 문제의 원인을 찾아라

아내와 나는 직업적인 번아웃의 경우 정신적 측면과 함께 각각의 직업이 야기하는 다른 문제적 상황들도 함께 해결되어야 효과적인 치료가 가능하다고 굳게 믿고 있다. 그리고 논리적으로 "모든 문제는 원래 생겼던 곳에서 가장 잘 해결된다"라고 하면 당연히 비즈니스 코칭, 마케팅, 인적 자원 관리 전문가들의 도움이 필요할 수밖에 없다.

그런 이유에서 우리는 2018년 현대정신치료연구소를 설립했다. 우리는 모든 전공 분야를 포괄적으로 이용하며, 그러지 못할 때보다 훨씬 빨리, 그리고 전방위적으로 정신적 문제를 해결할 수 있는 장소가 필요하다고 생각했다.

정신 치료에 대한 우리의 이런 새로운 접근법에 대해 더 알고 싶거나 현재 우리가 환자와 치료자 모두에게 제공하고 있는 세미나에 참석하고 싶다면 우리 웹사이트(www.instutut-moderne-Psychotherapie.de)를 방문하기 바란다.

# 완벽주의자는
# 자기착취자다

자녀를 보고 노심초사하는 부모든 구제 기관의 자원봉사자든, 아니면 자영업자 혹은 사업가든, 자타가 처한 상황을 끊임없이 개선하고자 애쓰는 사람은 강박증적인 완벽주의에 가깝다고 볼 수 있다. 그런데 자기 자신에게 좀 과하게 요구한다고 그게 그렇게 나쁠까? 어차피 우리 사회는 완벽주의를 추구하지 않는가?

그렇게 생각하는 사람은 완벽주의와 몰두를 혼동하는 것이다. 과학, 의학, 문화 방면에서 놀라운 일을 해낸 사람들은 완벽주의자가 아니라, 어떤 하나의 목표만 보고 그것을 이루기 위해 몰두하는 사람 쪽에 훨씬 가깝다. 그래서 이들은 완벽주의자와 다르게 실수를 반복하는 데 전혀 주저하지 않았다. 그래야 성장하고 발전할 수 있으니까. 진화의 새로운 단계는 간단히 이루어지지 않는다. 실수를 통해 배울 때 이루어진다. 진화는 끝을 모르므로 따라서 그 누구도 완벽할 수 없다. 지구가 돌고 있는 한 유명한 발명가이자 사업가이기도 한 토머스 엘바 에디슨Thomas Alva Edison의 다음 말은 곧 진리다.

성공한 게 별로 없다면 실패하는 속도를 높여라

▶ **완벽주의는 자기착취다**

인간이면서 완벽을 추구한다는 것은 그 자체로 모순이다. '인간'과 '완벽'은 서로 절대 공존할 수 없기 때문이다. 인간의 특성은 그 생명력과 변화 능력으로 다양하게 성장할 수 있다는 데 있다. 하지만 완벽주의는 **정확하게** 그 모든 것의 반대 개념이다. 완벽한 게 있다면 그 상태를 망가뜨리지 않고 무언가를 가감할 수 없다. 게다가 무엇이든 주변 환경과 문맥 사이에 존재하므로 그 자체로 완벽하게 존재하는 것은 없다. 예를 들어 돌고래는 물속 삶에 완벽하게 태어났으므로 사막에서의 삶에는 절대적으로 부적합하고 불완전하다.

**모든 것**이 계속 변하고 있고 이 우주에서 변하지 않는 것은 모든 것이 변한다는 사실 뿐이다. 완벽해 보이는 것이 있다고 해도 순간일 뿐이다. 완벽이란 늘 그 환경의 지배 아래 있고 그마저도 계속 변하기 때문이다. 자신이 완벽해야 한다고 주장하는 사람이 있다면 사실은 자신도 모르게 다음과 같이 생각하는 것이다.

가족과 일을 위해서 나는 모든 것을 바친다. 매사가 잘 돌아가게 한다. 그래서 나만 조금도 쉴 수 없다고 해도 다른 사람이 행복하다면 나는 괜찮다.

강박증적인 완벽주의는 그러므로 곧장 자기 착취를 부를 수밖에 없다. 많은 번아웃 책들이 번아웃에 걸리고 나중에 우울증에도 걸리는 것이 그런 자기희생적인 행동에 대해 제대로 인정받지 못하기 때문인 경우가 많다고 말한다. 그렇다면 인정을 제대로 받으면 원칙적으로 번아웃에 걸리지 않아야 하는 것 아닌가? 하지만 이상하게도 인정을 지나치다시피 많이 받는 사람도 번아웃에 걸린다. 최고 역량의 운동선수들, 유명한 배우들, 스타급 요리사들도 인정을 못 받은 회사 직원이나 스트레스가 끊이지 않는 자영업자들만큼이나 번아웃과 싸운다. 그렇다면 번아웃에 정말 도움이 되는 것은 무엇일까?

▶ 번아웃의 최고 약은 급진적 자기애다
빠르고 효과적이면서 유머도 있는 치료에 내 아내를 따라갈 사람은 없는 것 같다. 아내는 치료 시간에 '급진적 자기애' 개념을 자주 이용한다. 자신을 사랑으로 대하는 것만이 자신의 배터리를 가장 빠르게 충전하는 법임을 이해하는 사람은 다른 사람의 인정을 받으려고 길게 노력하지 않는다. 자신을 가장 친한 친구처럼 대하는 사람만이 마음의 평화와 에너지를 얻고 그래야 다른 사람에게도 유쾌하게 다가갈 수 있다. 그리고 긍정의 빛을 발산하는 아름다운 부수적 효과도 얻는다. 한번 시도해보기 바란다! 자신을 조건 없이 사랑하는 사람은 다른 사람들을 위해 자신을 희생했던 그 모든 시간에 비해 아주 짧은 시간 안에, 주변으로부터 더 많은 인정을 받게 될 것이다. 그렇다고 물론 이제부터 자기만 생각하고 다른 사람들을 막 대하며 이기적으로 행동하라는 것은 아니다.

정말로 사랑받았던 때를 기억하는 것으로 급진적 자기애를 시작해보자. 그리고 조건 없는 사랑을 받을 때 가슴이 터질 것 같은 그 감정의 전체 스펙트럼을 느껴본다. 못할 것 같은가? 그렇다면 당신에게 그렇지 않음을 증명해줄 작은 사고 실험 하나가 도움이 될 것 같다. 먼저 과거에 사랑받았던 경험을 떠올려보자. 당신이 사랑받았던 경험을 떠올리면 가장 좋지만 다른 사람에게서 들은 이야기를 떠올려도 좋다.

## ▶ 될 때까지 된 척하기

당신은 막 어떤 사람과 사랑에 빠졌는데 그 사랑하는 사람 없이 파티에 가본 적이 있는가? 그리고 그날 밤 파티에서 당신에게 관심을 보이는 이성이 이상하게 많지 않았나? 아니면 최소한 정말 흥미로운 사람들과 즐거운 대화를 많이 하게 되지 않았나? 이것은 사랑에 빠진 사람이 내보내는 광채가 자석처럼 사람을 끌어들이기 때문이다.

그 반대도 마찬가지로 자주 일어난다. 외롭고 슬픈 기분을 좀 전환하려고 파티에 가는 사람은 모든 면에서 그다지 성공할 가능성이 없다. 멋진 이성, 재미있는 대화 대신 역시 삶이 전혀 즐겁지 않은 사람들에 둘러싸이게 될 것이다. 여기서도 자력은 발생하지만 안타깝게도 즐거움을 주는 사람을 끌어들이지는 못한다.

그런데 자력은 간단히 바꿀 수 있으므로 다시 사랑과 인정을 끌어들이기가 그렇게 어렵지는 않다. 다른 사람이 당신을 사랑해줄 때만이 아니라, 당신 스스로 자신을 사랑하는 연습을 할 때도 멋진 광채가 나올 테니 말이다. 여기서 나는 의도적으로 '연습'이라는 말을 선택했다. 자신을 사랑하는 법을 훈련받은 적이 없다면 일단 이 이롭기 그지없는 능력에 천천히 접근해볼 필요가 있다. 물론 번아웃에 시달리는 사람들은 타인을 사랑으로 보살피는 일을 기본적으로 잘하기 때문에 이미 시작점부터 유리하다. 사랑할 능력은 이미 충분하다. 단지 방향이 틀렸을 뿐.

이 사고 실험에서 당신은 당신을 죽도록 사랑하는 누군가가 당신에게 평생 잊을 수 없는 아름다운 날을 선사하고 싶어 한다고 상상해본다. 그리고 그 사람이 그 아름다운 날을 위해 어떤 계획과 준비를 할 것인지 하나하나 생각해본다. 어쩌면 그는 당신이 제일 좋아하는 레스토랑으로 당신을 초대할지 모른다. 아니면 멋진 오픈카를 타고 와서는 아름다운 자연 속으로 소풍을 가자고 할 수도 있다. 차 안에서 들을 수 있게 당신이 좋아하는 멋진 음악들도 선정해 놓았을 것이다. 충분히 상상했다면 이제 그 모든 것을 당신 스스로 당신 자신을 위해 해본다.

덧붙여 지금 사랑하는 사람과 함께 살고 있을 때 당신의 하루가 어떨지도 생각해보라. 당신은 그 사람이 세상에서 가장 멋지다고 생각하고 그 사람이 세상에서 가장 소중하다. 미국에서는 이런 형태의 '정신화Mentalisierung'를 '될 때까지 된 척하기'라고 곧잘 말하는데, 꽤 적절한 설명인 것 같다. 목표가 이미 이루어진 것처럼 행동하는 것으로 좀 더 쉽게 그 목표에 도달하라는 뜻이다.

구체적으로 이렇게 해보자. 아름다운 꽃을 사서는 사랑하는 사람이 당신을 위해 사준 것처럼 상상할 수 있다. 아니면 비싼 음식을 사다 냉장고에 넣어놓고 거기에 "우리가 다시 만날 때까지 이걸 먹으며 행복하세요"라는 메모를 붙여놓는다. 그리고 당신은 사랑하는 사람을 위해 더욱 아름답게 보이고 싶을 것이다. 그가 당신을 더 많이 원하게 하고 싶을 테니까 말이다. 그래서 감각적인 향수도 뿌려본다. 그래야 당신의 꿈의 상대가 당신도 그를 원하고 있다는 것에 한 치의 의심도 하지 않을 테니 말이다.

아내와 나는 우리의 많은 환자들 혹은 고객들에게 이런 형식의 급진적 자기애를 최소한 실험 삼아라도 실천하게 만들었다. '될 때까지 된 척하기'를 오래 유지할수록 그것을 통해 변화된 당신의 광채에 주변이 더 잘 반응해 올 것이다. 아내의 환자 중 이와 관련해서 특히 인상적인 결과를 이루어낸 환자가 한 명 있다. 그녀는 당시 45세로 상당히 매력적인 여성이었지만 원치 않게 거의 13년을 싱글로 산 후였다. 성공한 비즈니스 우먼인데 어쩐지 인생의 반려자는 쉽게 찾아지지 않았다. 하지만 급진적 자기애를 실천한 지 3주째가 되자 본격적인 변화가 찾아왔다. 매우 흥미로운 남성이 한 명도 아니고 두 명이나 그녀에게 말을 걸며 분명한 관심을 보여왔던 것이다. 그녀가 그 중 한 명과 결혼한 지 이제 벌써 3년이 되었다. 둘은 매우 조화롭고 행복한 결혼 생활을 하고 있다.

## ▶ 완벽주의를 요구당할 때 어떻게 해야 하나?

우리 클리닉에서 나는 자신보다 상사가 완벽주의라 문제라고 주장하는 환자들을 많이 본다. 하지만 오랫동안 상사의 행복을 자신이나 가족의 행복보다 우선시한 사람이라면 이렇게 자문해야 한다. "이 상사를 위해 일할 것을 강요하는 사람은 과연 누구인가? 좀 더 나은 직장을 구하는 게 정말 그렇게 어려울까? 혹시 나는 내가 만들어낸 믿음 문장의 희생자는 아닐까?" 왜냐하면 긍정적인 변화를 방해하는 것이 실제로 다음과 같은 잘못된 혹은 제한적인 생각들이기 때문이다.

- 나는 너무 나이를 먹었어.
- 필요한 자격을 갖추지 못했어.
- 다른 곳에서는 지금만큼 벌지 못해.
- 새로운 일을 해보는 건 나에겐 아무래도 무리야.

● 다른 곳도 다 마찬가지야.

많은 사람이 이런 생각을 하는데 이런 생각에 의문을 던지는 일은 극히 드물다. 하지만 다른 일을 진심으로 열심히 찾아본 적이 한 번도 없다면 이런 생각이 맞는지 틀린지 어떻게 알겠는가?

## ▶ 당신의 상사도 완벽주의 함정에 빠진다

안타깝게도 당신이 곧 당신의 상사라고 해도 완벽주의의 함정에서 완전히 자유로운 것은 아니다. 모든 것을 통제할 수 있어야 한다는 강박이 겉으로 드러난 것이 완벽주의다. 그렇다면 예를 들어 완벽주의 경영자라면 모든 결정을 자신이 일일이 꼼꼼하게 따져보고 내려야 한다고 주장할 것이다. 그렇다면 직원이 얼마나 많으냐에 따라 다르겠지만 때로는 비용을 승인하고, 직원들의 질문에 답하고, 누가 언제 무엇을 해야 하는지 지시하는 것으로도 한나절이 가버릴 수 있다. 이래서야 경영자 본연의 일을 제대로 할 수 없다.

스스로 기업가이자 베스트셀러 작가인 티모시 페리스는 자신의 책《나는 네 시간만 일한다》에서[62] 회사 내 완벽주의를 최소화하는 멋진 도구를 하나 제시했다. 회사 내 고객 담당자가 자꾸 작은 문제까지 자신과 상의를 해오는 게 성가셨던 페리스는 그 즉시 100달러 제한을 걸며 그 안에서는 뭐든 직접 결정할 수 있게 했다. 그 고객 담당자는 이제 어떤 결정이든 잘못된 결정으로 인한 손해가 100달러 미만일 경우에는 스스로 결정을 내릴 수 있게 되었고 또 그래야 했다. 그 결과는 놀랍기 그지없었다. 짧은 적응 기간이 지나자 고객 담당자의 책임감이 눈에 띄게 높아졌을 뿐만 아니라 페리스의 시간도 극적으로 늘어났다. 작은 결정들이 매우 빠른 속도로 내려지고 실행되니 생산 능률이 올랐고 따라서 수익도 크게 올랐다.

당신의 직원들이 재량으로 처리할 수 있는 돈의 한도를 20유로까지로 할지 200유로까지로 할지는 당연히 당신이 결정할 일이고 당신이 어떤 일을 하느냐에 달렸다. 다만 티모시 페리스에게는 이 작은 변화가 모든 점에서 큰 이익을 가져온 것만큼은 분명했다.

## 다른 것으로
## 그냥 만족해버리지 마라

자신의 현재 상황에 만족하냐 아니냐는 '애로사항 Engpass'을 어떻게 해결하느냐에 달려있다. 햇빛이 부족해서 시들고 있는 꽃에게 자꾸 물만 준다고 문제가 해결될 리 없다. 삶의 만족감을 특히 저해하는, 무언가 큰 결핍이 있는 사람도 마찬가지다. 예를 들어 여가가 절대적으로 부족한 사람인데 월급만 올라간다면 큰 도움이 안 될 것이다. 그렇게 생긴 여윳돈을 아마도 무언가를 사들이며 '다른 곳에서 만족감을 찾는 데' 쓸 것이다. 진짜 애로사항인 여유 시간의 부족은 여전히 해결하지 못한 채 말이다.

그런데 진짜 애로사항이 무엇인지 아는 것이 늘 생각만큼 그렇게 간단하지는 않다. 사랑이 부족하다 느끼는 사람이 있고, 인정을 더 많이 받고 싶은 사람이 있는가 하면, 돈과 시간이 부족한 사람도 있고, 건강한 식사와 규칙적인 운동을 위한 절제력이 필요한 사람도 있을 것이다. 그리고 호르몬, 비타민, 무기질,

혹은 뇌유래신경영양인자의 부족이 애로사항이 되어 일련의 문제가 생길 수도 있다. 이때는 몸이 아플 수도 있고 정신적으로 곤란을 겪을 수도 있지만 대체로 두 문제가 함께 온다.

문제가 생기면 일단 가장 간단한 곳에서 해결하려 드는 것이 인간의 천성이다. 어릴 때 나는 올리버 하디Oliver Hardy와 스탠 로렐Stan Laurel의 촌극, 〈뚱보와 바보 이야기Dick und Doof〉를 자주 보았는데 거기에 이런 장면이 있었다. 올리가 가로등 아래서 무언가를 찾고 있는 스탠을 보다가 스탠이 자동차 열쇠를 잃어버렸음을 알고는 그를 도와 같이 열쇠를 찾아본다. 가로등 아래를 한참 동안 샅샅이 찾아보아도 열쇠가 보이지 않자 올리는 스탠에게 열쇠를 거기 가로등 아래에서 잃어버린 게 확실하냐고 물었다. 그러자 스탠은 "아니, 열쇠는 저기 공원에서 잃어버렸어. 하지만 여기는 밝으니까 더 잘 볼 수 있잖아"라고 했다.

당신은 당연히 이 정도로 '바보짓'은 하지 않을 것이다. 아니 어쩌면 하고 있을지도 모른다. 나는 진짜 애로사항은 전혀 다른 곳에 있는데도 돈, 안정, 여유 시간 같은 곳에서 행복을 찾으려는 사람들을 매번 만난다. 예를 들어 매일 밤 녹초가 되어서 퇴근하는 사람이라면 여가가 많았으면 좋겠다고, 그럼 문제가 해결될 거라고 믿기 쉽다. 하지만 이 사람의 애로사항이 사실은 일에서 인정을 받지 못하고 그래서 기쁨을 느끼지 못하는 것에 있다면 어떨까? 상사나 동료로부터 인정을 받는다면 밤이 되어도 그처럼 녹초가 되지는 않지 않을까? 그리고 더 재미있는 다른 일을 하게 된다면 어떨까? 그럼 똑같이 일하고도 에너지가 남아 밤에는 가족, 혹은 친구들과 즐거운 시간을 보낼 수도 있지 않을까?

진짜 애로사항을 직시하기가 어려운 이유가 해결이 쉽지 않은 문제라 그럴 수도 있다. 그래서 남부럽지 않은 가족, 안정적인 직장, 좋은 친구들, 충분한 여유 시간 등 다 가진 것처럼 보이는 사람도 번아웃을 호소하거나 우울증에 걸리거나 불안증을 키울 수 있다.

대개 당사자는 무의식적으로는 변화가 절박함을 알고 있지만 머리로는 모든 적절한 대처를 거부한다.

그래서 압박이 점점 커지면 심지어 인생 계획 전부를 내팽개치기도 한다. 이것을 이른바 전문 용어로 '중년의 위기'라고도 한다. 이런 반사적인 반응과 대체로 곤혹스러울 그 결과는 사실 충분히 피할 수 있는 것들이다. 물론 진짜 애로사항을 제때 알아차리고 해결한다면 말이다.

당신이 이런 문제를 미리 방지하는 데 도움이 되기 바라는 마음에서 수많은 내 환자들에게도 진짜 애로사항을 찾아내고 해결하는 데 효과적이었던 기술 하나를 소개하려 한다. 그런데 먼저 그 전에 우리 고객 한 명의 사례를 보고 이 주제에 대해 좀 더 감을 잡아 보는 것도 좋을 것 같다. 어쨌든 '핵심이 무엇인지 보는 데' 도움이 될 테고 다른 사람들에게도 자신의 진짜 애로사항을 직시하는 것이 쉬운 일만은 아님을 알고 조금은 안심하게 될 테니까 말이다.

2017년 어느 성공한 사업가가 자신의 아내가 방금 이혼을 요구했다면서 나에게 조언을 구하러 왔다. 그는 이렇게 말했다. "도저히 이해할 수 없어요. 아내는 원하는 것은 다 가졌어요. 두 명의 훌륭한 아이가 있고, 멋진 집에서 살고, 살림 도우미 아주머니도 있고, 정원사도 있어요. 다 정상이고 문제 될 건 하나도 없답니다. 돈이 충분히 있으니 아내는 일도 안 하고 매일 사람을 부리거나 원하는 것만 하면 되죠. 아내가 종일 쇼핑만 하든 수영이나 즐기며 누워만 있든 운동만 하든 저는 다 좋다고 해요. 지난주만 해도 또 600유로짜리 새 구두를 샀더군요. 그녀의 옷방에 이미 그런 구두가 80켤레나 있는데 말입니다."

그런 토로를 계속 듣고 있자니 그가 세상의 온갖 사치스러운 생활을 허락하는 것으로 아내의 비위를 맞춰왔음이 분명해 보였다. 그의 입장에서는 그렇게 많이 자신의 사랑을 증명해왔으니 문제는 아내에게 있음이 분명했다. 아내는 단지 그 무엇으로도 만족시킬 수 없는 사람이다. 게다가 그가 늘 일에 얽매여 있는 것을 전혀 이해해주지 않는다.

마침내 내가 일주일에 아내와 보내는 시간이 얼마나 되느냐고 묻자 그는 갑자기 조금은 기가 죽은 목소리로 아내가 부부 시간이 너무 없다고 오랫동안 불평해 왔음을 인정했다. 하지만 그는 일을 많이 해야 했다. 아내의 사치스러운 생활을 어떻게든 감당해야 했으니까.

많은 사람이 그렇듯 이 사업가도 자신만의 사고 구조 속에 완전히 갇혀 있었기 때문에 자신의 아내가 정말로 원하는 것이 무엇인지 알아차리지 못했다. 그녀에게 필요한 것은 사치 생활이나 비싼 위로가 아닌 남편과 더 많은 시간을 보내는 것뿐이었다. 나는 사업가에게 최대한 빨리 아내와 긴 휴가를 떠나라고 조언했다. 이미 과잉 상태인 물건에 하나를 더 보태주려고 또 야근을 할 것이 아니라, 이제 진짜 결핍을 없애줘야 할 때라고 했다. 그리고 진짜 결핍을 없애려면 일 생각은 잊고 꼭 아내와 시간을 보내야만 한다고도 했다. 사업가는 내 조언을 따랐고 그러자 곧 실제로 이혼 이야기는 쑥 들어가 버렸다. 사업가는 아내가 자신이 열심히 일해서 사준 그 모든 사치스러운 물건들이 아니라, 둘이 함께 보내는 시간으로 확인되는 애정을 더 좋아한다는 것을 알게 되었다.

나 자신이 아니라 다른 사람에게 조언해주는 일이라면 우리는 늘 더 똑똑하고 더 창조적이니까 당신도 이 사업가의 진짜 애로사항이 어디에 있는지 나만큼 빨리 알아챘을 것이다. 그렇다면 이제 당신이 당신만의 진짜 애로사항을 잘 알고 있는지 아니면 아직도 '엉뚱한 공사장'에서 헤매고 있는 건 아닌지 조사할 때가 된 것 같다. 필요한 것은 연필, 가위, 백지 한 장, 그리고 약 30분 정도의 시간이다.

## ▶ 가치-목표 테스트

당신의 진짜 애로사항을 찾는 데 도움을 줄 이 기술은 어떤 코칭 프로그램에 기초한 것으로 '가치-목표 테스트'라 부른다. 일단 백지를 한 장 꺼내 가로로 중간을 길게 자른다. 그 한쪽 종이 위에 당신이 살면서 중요하게 생각하는 가치들을 너무 깊게 생각지는 말고, 10가지를 차례대로 일정한 간격을 두고 적는다. 다음 다른 한쪽 종이 위에는 당신이 이루고 싶은 중요한 목표 10가지를 똑같은 방식으로 적는다.

참고로 하나의 개념이 양쪽 모두에 들어가는 경우도 흔하다. 예를 들어 의리를 중요한 가치로 생각하는 사람이 많은데, 이것은 의리를 지키는 사람을 옆에 많이 두고 싶지만 지금은 그렇지 못할 때 하나의 목표가 될 수도 있다. 자유, 안전, 사랑도 마찬가지다. 가치는 당신의 도덕적 나침판이자 인생에서 당신이 놓치고 싶지 않은 특성들이고, 목표는 당신이 기꺼이 갖고 싶은 것들이라고 생각하자. 그런 의미에서 목표는 물질이 될 수도 있지만 당신에게 중요한 생활 속 감정, 익히고 싶은 능력, 주변 사람에게 보이고 싶은 성격상의 특징이 될 수도 있다.

중요한 점이 있다. 가능하면 이 실험은 지금 바로 하고 종이 양쪽에 10가지 가치와 10가지 목표를 다 썼다면 한번 읽어본다. 오답 같은 건 있을 수 없으니 너무 오래 생각하지 않는다. 바로 지금 당신 마음을 움직이는 것이 무엇인지 알아내는 것이 중요하다.

끝냈는가? 그럼 이제 먼저 가치들을 쓴 쪽을 각각의 가치들이 잘 보이게 10개의 작은 종이로 자른다. 그리고 가장 중요한 가치 순서대로 겹쳐놓는다. 그러니까 가장 중요한 가치를 가장 위에 둔다. 순서를 정하기 어렵다면 일단 두 개념을 나란히 놓고 서로 겨루게 한다. 두 개념을 보면서 이렇게 자문해보자. "이 둘 중의 하나를 선택해야 한다면 어느 쪽을 선택할까?" 돈? 아니면 사랑? 사랑 쪽을 선택했다면 그 쪽지를 다음 여덟 가지 가치들과 차례대로 겨루게 한다. 그렇게 해서 마지막에도 남은 쪽지가 당신이 가장 중요하게 생각하는 가치이므로 그것을 가장 위에 두면 된다. 나머지 아홉 개 쪽지도 하나씩 같은 과정을 거쳐 2등부터 10등까지 가려낸다.

10개 목표 쪽도 똑같은 과정을 거쳐 중요한 순서를 정한다. 그다음 가치 쪽지들을 가장 중요한 순서대로 일렬로 배치하고 그 오른쪽에 목표 쪽지들도 가장 중요한 순서대로 일렬로 배치한다. 그럼 이제 가장 중요한 가치가 가장 중요한 목표 바로 옆에 있을 테고 가장 덜 중요한 가치가 가장 덜 중요한 목표 바로 옆에 있을 것이다.

지금 당신 앞에 놓여있는 그 가치와 목표들이 앞으로 당신에게 동기가 될 테고 인생의 계획표가 될 것이다. 의식하고 있는 가치와 목표들이 인생의 진행 방향을 결정하게 되어 있으니까 말이다. 흥미롭게도 이 테스트를 할 때 자신이 가장 중요하게 생각하는 가치, 혹은 목표를 '잊어버리는' 사람들이 있다. 예를 들어 내 환자들과 이 실험을 할 때 정신적 문제를 갖고 우리 클리닉을 찾아왔음에도 건강이라는 가치, 혹은 목표를 잊어버리고 제시하지 못하는 환자들이 종종 있다. 당신도 당신이 작성한 쪽지들을 읽다가 중요한 가치나 목표를 잊어버린 게 생각난다면 물론 수정해도 된다. 하지만 그 가치 혹은 목표를 그때까지 '의식하지' 못했다는 사실을 염두에 둔다. 다음은 이 테스트 결과물의 한 예다.

| 가치 | 목표 |
|------|------|
| 1. 직업적 인정 | 1. 건강 |
| 2. 높은 생활 수준 | 2. 내면의 평화 |
| 3. 재정적 안정 | 3. 건강한 연애 혹은 결혼 생활 |
| 4. 자유 | 4. 아이 갖기 |
| 5. 자립 | 5. 돈 |
| 6. 사랑 | 6. 결혼 |
| 7. 좋은 친구 | 7. 더 많은 자유 시간 |
| 8. 커플 간의 믿음 | 8. 정원이 있는 집 |
| 9. 관용 | 9. 재택근무 |
| 10. 조화 | 10. 기분 전환 |

당신도 이 예에서 이미 무언가 이상한 점을 발견했는가? 몇 가지 가치와 목표들이 서로 정면으로 충돌한다는 것 말이다. 가

치 쪽에는 직업적 인정과 높은 생활 수준과 재정적 안정이 높은 순위들을 차지하고 있다. 그런데 목표 쪽에는 반대로 건강과 내면의 평화와 건강한 연애·결혼 생활이 높은 순위를 차지하고 있다. 어떻게 해서든 직업적으로 성공하고 최대한 빨리 큰돈을 벌고자 하는 사람이 동시에 내면의 평화까지 이루기는 어렵다. 그보다는 잦은 야근과 끝없는 스트레스로 건강을 해치는 것은 물론 연애나 결혼 생활도 삐걱거리기 쉽다.

여기서 당신은 물론 이렇게 말할 수 있다. "일단 돈부터 충분히 벌어놓으면 그다음에 다른 것들을 할 시간이 충분할 겁니다." 하지만 내 말을 믿기 바란다. 절대 그렇지 않다. 생기는 대로 돈을 계속 모아서 1~2년 후부터는 계속 조금만 일하며 살겠다고 생각하겠지만, 그 1~2년 동안 분명 생활 수준도 올라갈 것이고, 필요하지도 않은 것들을 계속 더 많이 사들이게 될 것이다. 오랫동안 과도하게 일하다 보면 어떤 방식으로든 보상을 받아야 하므로 당연한 일이다.

▶ **가치와 목표가 서로 충돌할 때는 어떻게 해야 하나?**

가치와 목표가 서로를 배척하는 순간부터 사람은 불만족하게 되어 있다. 당신의 현재 동기부여 계획표 속 각각의 요소들이 제멋대로 움직이고 있는 꼴이니까 말이다. 우리의 예를 보면 자유와 자립이 매우 높은 가치로 분류되어 있지만, 동시에 결혼도 하고 싶고 아이와 정원이 있는 집도 갖고 싶다. 이런 정면충돌을 해결하려면 가치와 목표를 더 명확히 말해보고 내면화한 후 필요하다면 순서도 바꾸는 수밖에 없다. 나아가 몇 가지 개념에 있어 표현을 바꿔보는 것, 다시 말해 구체적으로 말해보는 것이 매우 큰 도움이 된다. 그런 의미에서 '건강한 연애나 결혼 생활' 목표의 경우 "매우 자유롭고 자립적이지만, 아이도 갖고 싶어 하는 파트너를 생각하며 기다린다"로 다시 적어볼 수도 있다. 예를 들어 데이트 한 번 했을 뿐인데 '매달리는' 상대라면 '서로 부담 주지 않으면서 가정을 꾸리기'에는 절대 좋은 선택이 아니다.

그렇게 모든 가치와 목표가 서로 잘 조절되어 한마음으로 움직이게 되면 당신의 인생의 많은 것이 한결 더 가볍게 흘러감을 느끼게 될 것이다. 단 이 가치-목표 목록이 영원하지는 않을 것이다. 몇 달에 한 번씩 현 상황과 비교해보고 필요하다면 수정 과정도 거쳐야 한다. 분명한 서열의 가치-목표 목록을 만들고 그에 따라 살아간다는 것은 마치 매 순간 잘 가고 있는지 아닌지 말해주는, 스스로 만든 나침판을 품고 살아가는 것과 비슷하다. 이것은 매우 든든할 뿐 아니라, 실제로도 스카웃 제의를 받거나, 미래의 배우자감이 나타나거나, 큰 구매를 앞두고 있을 때 그 일이 정말로 가치가 있는 일인지 좀 더 쉽게 알아차릴 수 있다.

# 헬프 증후군

🌢

    이 이름이 시사하듯 헬프 증후군은 남을 돕는 직업군의 사람들이 잘 걸리는 병이기도 하다. 예를 들어 선생님, 의사, 간호사, 경찰관, 유치원 보모, 간병인, 심리학자 등이 그렇다. 물론 아이를 과보호하는 부모도 빼놓을 수 없다. 헬프 증후군 당사자의 경우 무조건 자신을 희생하면서까지 남을 보살피는 양상이 심하면 심할수록 자신이 필요한 것에는 점점 더 무력함을 보인다. 이런 '자신은 돕지 못하는, 돕는 자hilflosen Helfer' 개념은 1977년 정신분석학자 볼프강 슈미드바우어wolfgang Schmidbauer가 처음 공론화했고 그때부터 '헬프 증후군'이라는 병명도 세간에 알려졌다.

    우리는 흔히 헬프 증후군 환자는 자신이 필요한 것은 드러내지 못하고 그런 결핍을 타인을 과도하게 돕는 것으로 보상받는다고 알고 있다. 그리고 이런 사람들은 자기애가 부족하고 남을 돕는 직업을 선택하는 경향이 있다고 가정한다. 그러니까 사람에 대한 사랑 때문이 아니라, 좋은 행동으로 사랑받거나 최소한 감사나 인정을 받고 싶다는 욕구 때문이라는 것이다. 사람에 따라서는 맞는 말일 수도 있겠지만 내 생각에는 그렇게만 보기에는 헬프 증후군을 앓고 있는 사람들의 양상이 너무 다양하다. 게다가 헬프 증후군을 그렇게 정의한다면 전력을 다해 진심으로 남을 보살피다가 헬프 증후군에 걸리는 사람들을 평가절하하게 된다. 이들이 헬프 증후군에 걸리는 것은 전혀 다른 이유에서다. 바로 단지 시간이 부족하기 때문이다.

매일 일분일초와 싸우며 생명을 구하는 사람, 너무 많은 학생을 상대로 빽빽한 수업 일정을 소화해내야 하는 사람, 너무 많은 사람을 간호해야 해서 한 명 한 명 잘 보살필 수 없는 사람, 이런 사람들이 안고 살아가는 문제는 결코 가볍지 않다. 시간이 늘 부족하다 보면 '보호해야 하는 사람'을 더 이상 원하는 만큼 인내심과 사랑으로 도울 수 없음은 당연하다. 그럼 다른 사람들이 자신의 건강, 공부, 혹은 처한 상황에 대해 스스로 책임질 수 있도록 돕는 대신 '급한 불만 끄는' 데 점점 더 집중할 수밖에 없다. 남에게 도움을 주는 직업이 '원래' 그래야 하는 이상적인 모습과, 주어진 시간이 늘 부족하기 때문에 할 수 있는 일이 없는 현실 사이의 좀처럼 좁혀지지 않는 간격 때문에, '자신은 돕지 못하는, 돕는 자'는 일단 다 타버리게(번아웃) 되고 이것이 급기야 우울증으로 번지기도 한다.

게다가 전혀 그럴 필요가 없는데도 느껴지는 죄책감이 상황을 더 나쁘게 한다. 이들은 자신이 일을 시작하면서 이루고자 했던 숭고한 목표를 이룰 능력이 없음에 죄책감을 느낀다. 그래서 정신적으로 다시 바로 서는 데 당장 도움이 필요한데도 도움을 요청하지 않는 것으로 무의식적으로 자신을 벌주는 일도 결코 드물지 않다.

## ▶ '문제'는 시스템에 있다

헬프 증후군을 부르는 것은 자기애의 부족보다는 단순히 정책 실패 때문인 경우가 훨씬 더 많다. 의료와 교육 분야에 내재하는 문제들은 이미 오래되었지만 변화는 전혀 일어나지 않고 있다. 오히려 더 나빠졌다. 교육 분야 성적표를 보면 독일은 여타 다른 유럽 국가들과 비교 해 심지어 꼴찌 그룹에 속한다.[63] 덴마크나 스웨덴은 당연하고 심지어 에스토니아, 라트비아, 리투아니아조차 GDP에 비례해 교육에 투자하는 돈이 독일보다 훨씬 많다. 이런 실정이니 교직을 희망하는 젊은이가 점점 줄어드는 것도 당연하다.

의료 분야의 상황은 심지어 더 나쁘다. 병원에서는 인력 부족 현상이 점점 더 심각해지는데 의료보험 조합들은 자꾸 자기 배만 더 불리고 있다. 이들이 축적한 적립금은 2018년 현재 280억 유로라는 사상 최대 기록을 세웠다.[64] 그런데도 만연해있는 간호 인력 부족을 해결하는 데는 거의 한 푼도 쓰지 않았다.

이런 상황이 언제 바뀔지 모르므로 마냥 기다리고만 있을 수는 없다. 그보다는 한때 당신의 꿈의 직업이었던 일에서 다시 기쁨을 찾을 수 있도록 적극적으로 나서보자. 예를 들어 간호 관련 전문직 종사자라면 혼자, 혹은 마음에 맞는 동료 몇 명과 독립해 회사를 차릴 수도 있다. 물론 의료 관련 사업체 허가를 받는 것이 주에 따라 굉장히 복잡할 수도 있지만 당신만의 대안적인 의료, 혹은 개인적인 일대일 간호도 제공할 수 있으니 힘들어도 시도해볼 가치는 충분하다.

간호가 필요한 사람에게 할애하는 시간의 양을 당신 스스로 결정할 수 있다면 얼마나 좋겠는가? 중개하는 기관이 없어 수입도 훨씬 좋아질 테니 좀 적게 일해도 될 것이다. 그럼 그렇게 해서 얻은 시간을 당신 자신의 배터리를 충전하는 데 쓸 수 있다. 적은 수의 사람을 그들에게 적합한 방식으로 돌보는 것이, 그 두 배의 사람을 꼭 반드시 처리해야 하는 일만 해주면서 제대로 대화할 시간도 없이 보살피는 것보다 분명 훨씬 낫다. 좀 더 자주적으로 일하게 된다면 이웃을 사랑한다고 해서 꼭 자신을 사랑하지 못하는 것은 아님을 알게 될 것이다.

참, 자기애에 대해 좀 더 말하고 넘어가야겠다. 당신의 헬프 증후군이 진짜로 부족한 자기애 때문일 수도 있다. 그렇다면 나는 이 중요한 가치인 자기애를 당신 가치-목표 목록 1번으로 두기를 조언한다. 그것으로도 부족하다면 자기애를 찾는 길을 같이 가줄 좋은 코치를 찾아보기 바란다.

자신을 가장 우위에 놓고 몇 달을 살다 보면 남을 돕는 소명도 더 많은 에너지와 열정을 갖고 추구하게 될 것이다. '건강한 이기주의'를 실천하기가 처음에 좀 어렵게 느껴지면 다음의 비유를 기억하기 바란다.

매일 충전되는 배터리가 지구 환경에 더 좋다. 가끔씩만 충전되는 배터리는 빨리 망가지고 그럼 지구 환경에 부담만 될 뿐이다.

지구 환경에 부담이 되는 정도까지는 가지 말자. 이 세상은 신념을 갖고 기꺼이 남을 돕는 당신 같은 사람이 필요하다. 그러니 세상을 위해서라도 당신 자신을 잘 보살피기 바란다. 그래야만 당신에게도 세상에게도 장기적으로 좋다.

# 끊임없는 비교

💧

인생에서 다 가진 듯한 사람들이 있다. 좋은 집, 멋진 가족, 직업적 성공, 원하는 것은 뭐든 할 수 있는 돈까지 없는 게 없다. 하지만 놀랍게도 바로 이런 사람들이 번아웃과 우울증에 더 잘 걸린다. 단지 보통은 그렇다는 사실이 안 알려져 있을 뿐이다. 만약 지금 그런 사람들과 당신을 비교 중이라면 전체 그림을 보지 못하고 있음을(거의 그럴 것이다) 잘 알기 바란다. 다 가져 보이는 사람에게도 슬픔이 있고 고통이 있다. 단지 밖으로 보이지 않을 뿐이다.

## ▶ 타인의 완벽한 삶

얼마 전에 한 기자가 나에게 도발적인 질문을 하나 했다. "진짜 심각한 번아웃 증후군에 걸리려면 어떻게 해야 하나요?" 나는 웃으며 절대 좋은 계획이 아니라고 했다. 그런데도 그는 물러서

지 않았고 나는 그 인상적인 질문에 이렇게 대답했다. "방법은 많지만 아주 불만스러운 일을 계속하면서 남과 끊임없이 비교하는 것이 가장 좋겠네요." 덴마크 철학자 쇠렌 키르케고르Søren A. Kierkegaard는 170년 전에 이미 이런 현명한 말을 남겼다.

비교는 행복의 끝이고 불행의 시작이다.

더 파릇해 보이는 이웃의 정원, 더 빨리 승진하는 동료, 더 좋은 몸매의 언니, 큰 성공을 이룬 경쟁자 등등 비교 모드에 들어가는 순간 '내게' 부족한 것들, 아직 성취하지 못한 일들, 실패한 일들, 상실한 것들에 초점이 맞춰지므로 바로 좌절감이 따라오게 되어있다. 이렇게 비교하는 한 부정적인 생각이 꼬리에 꼬리를 물고 이어진다. 시기심이 생기고 불안해지며 어느덧 자신감이 바닥을 친다.

다른 사람은 분명 더 잘 살고 더 행복하고 그래서 당연히 더 성공했다고 굳게 믿다 보면, 불만이 불붙듯 커지고 불안해지고 안절부절못하게 된다. 스스로 정해놓은 내면의 기준이 점점 올라가고 해야 할 일의 목록이 자꾸 길어진다. 성취해야 할 일이 이미 산을 이루는데도 그 산이 계속 높아만진다. 그래서 받아야 하는 정신적·육체적 압박을 더 이상 견디지 못할 때까지.

매일같이 새 '비교 대상'을 배달해주는 소셜 미디어 때문에 상황은 더 나빠진다. 그런 의미에서 페이스북이 시기심을 부른다는, 베를린–다름슈타트 대학들이 증명한 사실이 전혀 놀랍지가 않다.[65] 그런데 소셜 미디어는 비교만이 아니라 다음의 금언처럼 소비도 조장한다.

필요하지도 않은 것들을 돈이 없음에도 불구하고 알지도 못하는 사람들에게 좋은 인상을 주기 위해 사들인다.

이런 소비는 행복 연구에 따르면 행복이 아니라 바닥난 통장 잔고만 부를 뿐이고 이것이 다시 위험한 악순환에 시동을 건다.

불만과 좌절이 소비를 통한 대리 만족을 부르고, 이것이 경제적 압박을 부르고, 이것이 (대체로 불만스러운) 일을 과도하게 하게 만들고, 이것이 다시 불만과 좌절을 부르고, 그럼 다시 소비가 시작되는 것이다.

끊임없이 남과 자신을 비교하는 사람은 자신만의 고유한 특성을 무시하는 것이다. 세상에 특별하지 않은 사람은 없다. 물론 어느 분야든 늘 당신보다 나은 사람이 있을 것이다. 75억 '경쟁자'가 다 같이 사는데 당연한 것 아닌가? 하지만 이것만은 분명히 알기 바란다. 당신보다 상황이 더 나쁘고, 배움이 더 더디고, 덜 예쁘고, 덜 교육받은 사람이 늘 있다는 것 말이다. 당신은 어디에 더 집중하고 싶은가? 앞의 2장에서도 언급했던 미국의 자기계발 전문가, 데일 카네기는 관련해서 이런 훌륭한 말도 남겼다.

행복은 당신이 누구고 무엇을 가졌느냐가 아니라 무엇을 생각하느냐에 달려있다.

무엇을 생각하느냐는 전적으로 당신에게 달려있다. 타인의 멋진 인생만 보며 자신을 관객 혹은 희생자로 전락시키며 살겠는가? 아니면 그 시간을 더 의미 있는 일들을 하며 보내겠는가? 이것은 전적으로 당신이 정할 일이다. 예를 들면 다음과 같은 질문을 해보는 건 어떨까.

- 오늘 감사할 것이 무엇인가?
- 나는 무엇을 더 즐기고 싶은가?
- 지금 나는 나의 어떤 점이 자랑스러운가?

# 적성에 맞지 않는 직업

누구나 똑똑하다! 하지만 나무를 잘 타는지 아닌지로 물고기의 능력을 결정해 버린다면 이 물고기는 평생 자신이 멍청하다고 믿으며 살 것이다.

– 알베르트 아인슈타인Albert Einstein

모든 사람을 하나의 잣대로만 평가하려 드는 것이 얼마나 어리석은지를 잘 보여주는 말이다. 누구나 장단점과 호불호를 갖고 있다. 그리고 각자 타고난 운영 체계에 따라 행동한다. 그러므로 누구에게나 편한 행동 양식이 있고 아무래도 불편한 행동 양식이 있을 수밖에 없다. 날마다 타고난 성격에 맞지 않는 일을 해야 한다면 굉장한 스트레스가 될 것이다. 반대로 자신의 운영 체계에 맞는 일은 한결 수월하다.

## ▶ 랩 프로파일

커뮤니케이션 코치 로저 베일리Rodger Bailey와 쉬엘 로즈 샤르베Schelle Rose Charvet는 90년대에 이미 최적의 직업과 직원을 찾는 데 유용하게 쓰일만한 이른바 랩 프로파일LAB-Profile이란 것을 개발해낸 사람들이다. 랩LAB은 언어와 행동Language and Behavior의 약자고, 랩 프로파일이란 다양한 언어와 행동 양식의 목록이며, 언어와 행동 양식이 다른 사람들이 각각 어떻게 정보를 소화하고, 무엇에서 동기부여를 제대로 받는지 말해준다. 다 합쳐서 열네 쌍의 프로파일을 정리해 두었는데 각각의 쌍은 서로 상반되는 성격 유형 두 개로 이루어져 있고, 그에 따른 서로 반대되는 정신적 기본 욕구들에 대한 설명이 덧붙여져 있다.[66]

## ▶ 번아웃에 걸린 T씨의 사례

예를 들어 절차적 유형과 선택적 유형으로 분류된 쌍이 있다. 절차적 유형 기질이 강한 사람은 용어가 암시하듯 생활 속에서 따라갈 수 있는 '절차'가 필요하다. 이런 사람에게는 예를 들어 회사에서 일할 때 자신이 따라 할 수 있는 확실한 틀이 꼭 있어야 한다. 언제 무엇을 어떤 순서로 해나가야 하는지 알아야 안전하다는 느낌을 받는다.

반면 선택적 유형 기질이 강한 사람은 그런 절차를 개인적 자유의 침해로 느낀다. 이들에게는 결과가 중요하고 그 결과로 향하는 길은 마음대로 최대한 자유롭게 선택하고 싶다. 정해진 길을 따라갈 것을 자꾸 강요받으면 불행해 하다가 결국에는 아프게 되기도 한다.

이와 관련해서 우리 클리닉 환자의 사례를 하나 살펴보자. 자신의 정신적 기본 욕구를 알아차리고 그에 맞게 문제를 해결하는 것이 얼마나 중요한지 알게 될 것이다.

T씨는 창고에서 전자 제품 부품 발송 업무를 보던 사람이었다. 고령의 상사가 은퇴를 하자, 그다음 가장 나이가 많았던 T씨가 자연스럽게 그 상사의 직위를 물려받았고, 그만큼 월급도 대폭 올랐다. 처음에는 매우 기뻤다. 그런데 며칠 지나지 않아 승진의 기쁨이 기묘하게도 우울한 기분으로 변했다. 새 자리에서 T씨는 지금까지 해왔던 일과는 완전히 다른 일을 해야 했다. 해야 하는 일이 매일 다르다는 점이 특히 불편했다. 어느 날은 직원의 문제를 해결해 주어야 하고, 어느 날은 어떤 물건의 온라인 마케팅이 수지에 맞는지 조사해야 하고, 또 어느 날은 더는 수익을 내지 못하는 물건과 새로 목록에 올려야 하는 물건들을 점검해야 했다.

계속해서 새로운 일에 적응하는 것이 그에게는 흥미롭다기보다는 부담이었다. 예전의 자리가 주던 안전보장의 느낌이 그리웠다. 예전에는 무슨 일을 해야 하는지 언제나 잘 알았다. 물건이 들어오는 것을 확인하고, 물건을 풀고 각자의 자리로 분류해 넣고, 컴퓨터에 재고 상태를 업데이트 하고, 주문받은 물건을 포장해 배달 준비를 완료하기만 하면 되었다. 그는 그런 절차를 잘 알았고 그런 절차가 있어야 편안하다고 느꼈다.

T씨가 번아웃에 걸릴 것 같다며 우리 클리닉을 찾아왔을 때 나는 그의 직장 상황부터 점검했다. 승진하기 전이나 후나 같은 시간을 일했지만 T씨는 저녁에 퇴근 시간이 되어도 일이 다 끝났다는 느낌이 들지 않았다. 예전에는 퇴근 시간이 되어 컴퓨터를 끌 때면 모든 것이 다 정리된 상태니 다음 날 다시 곧장 그날의 일을 시작할 수 있었다. 하지만 지금은 머릿속에 여전히 해결하지 못한 숙제를 한가득 갖고 집으로 향했다. 그러므로 퇴근 후 시간을 마음껏 즐길 수도 없었다.

T씨는 절차적 틀을 가져야 하는 자신의 정신적 기본 욕구를 더 이상 충족시킬 수 없었기 때문에 '번아웃'이 된 게 틀림없었다. 따라서 나는 그에게 상사에게로 가서 건강상의 문제로 예전의 자리로 돌아가고 싶다고 말할 것을 촉구했다. 다행히 그것이 그리 어려운 문제는 아니었다. T씨만큼 창고 일을 잘 아는 사람이 없었기 때문에 그가 승진한 후로 창고에서 이런저런 실수들이 계속 일어났고, 이제는 그것이 큰 문제가 될 정도였으니까 말이다. 예전의 자리로 돌아간 지 며칠 안에 번아웃 증후군도 사라졌다.

자신의 정신적 기본 욕구를 알지 못하거나 무시할 때 특히 정신적 질환에 걸리기 쉽다. 거기다 스트레스가 가득한 상황에 노출되기까지 한다면 더 말할 것도 없다. 스트레스를 많이 받을 때 우리는 타고난 언어와 행동 양식 속에서 안전함을 찾고 싶은 욕구가 더 강해진다. 그런데 생각대로 되지 않으면 또 더 스트레스를 받게 되고 그럼 육체적·정신적으로 무너질 위험에 처하게 된다.

이해를 돕기 위해 랩 프로파일 몇 쌍을 더 요약해서 소개해보겠다.

## ▶ 주도하는 사람 VS 반응하는 사람

주도하는 사람은 자율적이고 앞을 예상한다. 어디에서 무엇을 해야 하는지 알고 주저 없이 실행한다. 반면 반응하는 사람은 먼저 행동 지침이 있어야 한다. 반응하는 사람은 훌륭한 인력이 될 수 있지만 그러려면 일정에 맞게 무엇을 해야 하는지 정확하게 말해주는 사람이 있어야 한다. 반대로 주도하는 사람은 이미 무엇을 해야 할지 다 예측하고 있는데 누군가가 "지금은 일단 기다려라!"고 하면 불편함을 느낀다.

## ▶ 다가가는 사람 VS 피하는 사람

'다가가기를' 잘하는 사람은 자신이 원하는 것을 정확하게 안다. 이런 사람은 예를 들어 집을 구할 때 큰 창문, 좋은 바닥재, 욕조가 있는 화장실, 큰 부엌 등등 자신이 원하는 것을 모두 열거할 것이다.

반면 '피하기'를 잘하는 사람은 자신이 원하지 **않는 것**만을 열거한다. 어두운 집, 카펫, 샤워 부스만 있는 욕실, 작은 부엌 등등.

이 두 프로파일 사이의 차이는 그다지 중요하지 않은 것처럼 보일 수도 있으나 전혀 그렇지 않다. '다가가는 사람'은 일반적으로 원하는 것을 얻어내는 반면 '피하는 사람'은 종종 내키지 않는 타협을 보기 쉽다. 원하지 않는 것만 말하고 원하는 것에 대해서는 분명한 생각이 없는 사람은 대개 대안으로 제시된 것을 금방 받아들여 버리기 때문이다. '피하는' 사람은 오류를 찾아내 없애고 절차를 최적화하는 일을 할 때 가장 편안함을 느낀다. 그러므로 세무 관리사, 신제품 검사자, 시스템 관리자 등이 직업으로 적합하다. '다가가는' 사람은 반면 새로운 것을 만들고 싶고 목표에 도달하고 싶고 심지어 그 목표를 넘어서고 싶다. 이런 사람은 건축가, 세일즈맨, 소프트웨어 개발자 등이 적합하다. 자신이 무엇을 좋아하는지 알면 직업을 좀 더 수월하게 선택할 수 있고 번아웃 가능성도 사전에 최소화할 수 있다.

### ▶내향적인 사람 VS 외향적인 사람

내향적인 사람은 누군가 자신에게 계속 무엇을 어떻게 하라고 지시하면 쉽게 감정이 상한다. 이들은 무엇을 할지는 자신이 가장 잘 안다고 확신하고, 다른 사람의 생각에 의지하지 않고 무엇이든 스스로 결정한다. 반면에 외향적인 사람은 무언가를 결정해야 할 때 타인의 지지가 필요하다. 다른 사람의 생각을 모아서 대다수가 원하는 쪽으로 결정하는 경향이 강하다.

## ▶ 정신적 욕구를 채워야 스트레스가 사라진다

번아웃이 생기는 데는 과도한 스트레스가 결정적인 역할을 한다. 하지만 랩 프로파일 연구를 통해 우리는 이제 모든 정신적 기본 욕구가 충족될 경우 스트레스가 빨리 사라짐을 알게 되었다. 그렇지 못할 경우 일련의 불필요한 곤란을 겪게 된다. 이 점을 내향적이거나 외향적인 두 친구의 예를 통해 더 자세히 설명해 보겠다.

H 부인은 외향적인 성격이고 자신의 여성 친구에게 파티에 입고 갈 드레스를 골라야 하니 고급 옷가게를 같이 가달라고 했다. 옷가게에서 H 부인은 드레스를 몇 벌 입어 보았으나 좀처럼 결정하지 못했다. 그렇게 몇 시간이 지났고 그동안 이미 스무 벌이 넘는 드레스에 대해 이러쿵저러쿵 자신의 의견을 말했던 친구는 스물한 번째 드레스를 보자 그만 짜증을 내고 말았다. "아 참, 이제 그만 결정해! 그 옷이 좋은지 안 좋은지는 내가 아니라 입어본 네가 결정해야 할 거 아냐?" 그 말에 H 부인은 실망하며 대답했다. "아휴, 오늘은 어쩐지 결정을 못할 것 같아. 기껏 시간을 내줬는데 보람도 없게 해서 미안해." 결국 둘 다 지친 상태에서 아무런 성과도 없이 헤어졌다.

무슨 일이 있었던 걸까? 친구가 "아 참 이제 그만 결정해!"라고 했을 때 H 부인은 압박을 받았다. 하지만 스트레스를 받으면 외향적인 사람은 **더 외향적이 된다.** 즉 더욱 남에게 의지하게 되므로 더 이상 스스로 아무런 결정도 내릴 수 없다. 친구가 H 부인의 그런 외향적인 성격을 알았더라면 둘은 전혀 다른 쇼핑을 했을 것이다. 첫 번째 드레스를 입었을 때부터 보기 좋았다면 친구는 이렇게 말했을 것이다. "음, 내 생각에 그 드레스가 너한테 정말 잘 어울리는 것 같아. 그래도 확실히 하기 위해 여기 판매원에게도 의견을 물어보자. 한 사람 의견보다는 두 사람의 의견을 들어보면 더 안심되잖아?" 판매원도 그 드레스가 잘 어울린다고 했다면 두 친구는 그 드레스를 사 들고 기분 좋게 옷가게를 나왔을 것이다.

외향적인 사람은 여러 사람에게서 같은 의견을 더 많이 받을수록 더 빨리 결정할 수 있다. 이것을 안다면 당신은 외향적인 사람을 상대할 때 시간과 노고를 상당히 아낄 수 있다. 이제 당신은 외향적인 사람이 출세해 갑자기 혼자 모든 결정을 내려야 하는 자리에 오를 때 왜 쉽게 번아웃에 걸리는지 이해했을 것이다.

이 흥미로운 주제에 대해 직접 더 깊이 알아보고 싶다면 로즈 쉬엘 샤르베Rose Shelle Charvet의 책《생각을 바꾸는 말Wort sei Dank》을 읽어보기 바란다. 참고로 나의 이 책에서 언급되고 추천되는 모든 책은 우리 웹사이트(www.institute-moderne-Psychotherapie.de)에서 '도움이 되는 추가 정보'란에서 확인할 수 있다.

## 목이 망가지면
## 정신도 망가진다

때로는 일이 주는 부담보다 말 그대로 목을 짓누르는 스트레스 때문에 번아웃이 오기도 한다. 옛날부터 목은 우리 몸에서 '가장 약한 부분'이었고 이것은 일상용어에서도 잘 나타난다. 예를 들어 심각한 위험에 처할 때 우리는 목의 비유를 많이 쓰곤 한다. 다음이 그 예들이다.

- 목숨을 건다.
- 목숨을 담보로 하다.
- 목을 부러뜨릴 거다.
- 누구의 목을 꺾다.

우리의 목은 생각과 행동을 연결한다. 말 그대로 우리 뇌와 몸 사이의 소통이 척추를 따라 양쪽으로 배열된 열두 쌍의 뇌신경을 통해 이루어진다. 목의 모든 것이 정상일 때만 우리 '몸과 정신' 사이에 정보가 문제없이 교환된다.

## ▶ 목 통증을 대수롭지 않게 넘기지 마라

집안일, 운동, 운전을 하다가 자칫 목 부분의 인대가 늘어날 수 있다. 이것을 흔히 **경추 외상** 혹은 편타성 외상이라고 한다. 그렇게 한동안 목이 틀어진 상태가 되면 뇌 신경 보호도 뇌 혈액 공급도 원활하지 못하게 된다.

목이 '손상된' 상태에서 잘못 움직였다가는 혈관이 막혀서 **산소와 영양분이 뇌에 제대로 공급되지 못할 수도 있다.** 그래서 세포의 신진대사가 장시간 원활하게 이루어지지 못하면 피로감 증가, 집중력 저하, 인지 능력 저하가 올 수 있다. 모두 번아웃 증후군 환자들에게도 흔한 증상들이다.

덧붙여 불안정한 목 상태가 뇌신경 여기저기에 염증을 불러일으키기도 하는데 이것도 전혀 가볍게 볼 일이 아니다. 내과 전문의 보도 쿠크린스키Bodo Kuklinski 박사와 생물학 박사 안냐 세미오네크Anja Schemionek는 탁월한 책《취약한 지점, 목 Schwachstelle Genick》[67]에서 이 경우 일어날 수 있는 다음과 같은 일련의 증상들을 열거해 주었다.

- 팔과 손이 마비되는 느낌이다.
- 자꾸 머리가 아프다.

- 시야가 흐려지거나 침침해진다.
- 잘 때 코 막힘 증상이 일어난다.
- 자꾸 어지럽거나 메스껍다.
- 특정 냄새에 과민해진다.
- 자꾸 음식이 기도로 넘어가고 사레가 들린다.
- 아침에 어깨와 목이 아프다.
- 갑자기 땀을 흘리기도 한다.
- 갑자기 잠을 이룰 수 없다.
- 밤이나 오전 시간에 지나치게 자주 요의를 느낀다.
- 빈맥, 서맥, 고혈압이 발생한다.
- 호흡이 가빠진다.
- 소화 장애가 일어난다.

참고로 이런 증상들이 경추 탈구나 염좌가 일어난 직후가 아니라 몇 시간 후, 혹은 심지어 며칠 후에 일어날 수도 있다. 혹시 운동을 하다가 다치거나, 교통사고를 당했거나, 육체적으로 부담이 가는 비슷한 일을 겪은 것이 천천히 번아웃 증상을 불렀다면 응급조치만 해도 정신적 문제가 사라지고 다시 건강해질 가능성이 크다.

▶ 경추 외상이 의심될 때 할 수 있는 응급조치
이미 발생했을 염증을 악화시키지 않는 것이 무엇보다 중요하다. 그러므로 어떠한 일이 있어도 **목을 조심히 다뤄야 한다!**

경추 부분 인대가 다시 완전히 회복될 때까지 타격으로 목과 머리에 부담을 줄 수 있는 모든 종류의 스포츠를 금한다.

- 축구, 비치발리볼, 테니스, 스쿼시, 럭비
- 스키, 스노우보드, 아이스하키
- 오토바이크 크로스컨트리, 자동차 경주, 승마
- 거의 모든 격투기

늘어난 경추 인대가 다시 그 보호 기능을 완전히 회복할 때까지 시간이 얼마나 걸리는지는 경우에 따라 매우 다르다. 하지만 만일을 대비해서 최소한 6주 정도는 특히 심한 운동을 삼가는 것이 좋다.

그렇다고 운동을 전혀 하지 말라는 말은 절대 아니다. 이제 당신도 알고 있듯이 충분한 BDNF 단백질 생산을 위해서, 그리고 너무 많은 키뉴레닌으로부터 뇌를 보호하기 위해서는 반드시 몸을 많이 움직여줘야 한다. 아무것도 하지 않으면 몸은 오히려 쉬지 못한다. 걷기, 노르딕 스키, 혹은 가벼운 등산 정도는 번갈아 가며 이전보다 더 자주 해주는 게 좋다.

거기다 두개정골 요법, 펠덴크라이스 요법, 혹은 내가 특히 추천하는 풀Pohl 요법 같은 전문적인 치료를 병행하는 것도 도움이 될 것이다.

## ▶ 목 보호대는 해로울 때가 더 많다

참고로 목 보호대는 이제 많은 의료인이 의심의 눈길을 보내고 있는 품목이다. 목 보호대는 손상된 경추 인대가 더 늘어나는 것을 막아주기는 하지만 그만큼 비싼 대가를 치르게 한다. 손상 이틀 후부터는 우리 목의 근육들이 다시 생성되기 시작하는데 이 근육들도 (인대처럼) 목을 보호하고 목의 안정화에 기여한다. 그러므로 이때부터 머리를 보통 때처럼 움직여주는 것이 매우 중요하다. 물론 급하게 목을 쭉 빼는 것 같은 움직임은 몇 주 정도 삼가야 한다.

경추 외상 후유증으로 미주 신경, 혹은 교감신경계에 만성 염증이 생기면 의사들을 헷갈리게 할 수 있는 여러 악순환이 일어난다. 그런 의미에서 지금은 예를 들어 미주 신경의 염증이 이명이라고 하는 심한 귀 울음 현상을 일으킨다는 데 많은 전문가가 동의하고 있다. 한편 교감신경계에 염증이 반복되면 우리 몸은 마그네슘, 칼슘, 아연을 소변을 통해 대량 손실하게 된다. 무엇보다 그렇게 해서 아연이 부족할 경우 쿠크린스키와 세미오네크의 책《취약한 지점, 목》에 따르면 다음과 같은 일련의 질병들이 생길 수 있다.

> 아연이 부족하면 (에너지 대사에 관여하는) 비타민 B1과 (단백질을 위한 아미노산 생성에 관여하는)비타민 B6 흡수가 원활하게 이루어지지 못하므로 공격 물질로부터 몸을 보호하기가 어려워지며,

여성 호르몬인 에스트로겐 수치가 올라가며 장내 소화 효소의 효능이 떨어져 소화 흡수 능력도 월등히 떨어지게 된다. 이런 상태가 오래 가면 과민성 대장 증후군, 다양한 음식 불내증, 혹은 (궤양성 대장염, 크론병을 비롯한) 다양한 형태의 장염이 발생할 수 있다.

그렇다고 매일 아연을 복용해 주기만 하면 이 모든 문제가 다 해결되는 것은 물론 아니다. 이미 손상된 몸이라면 아연 복용이 다른 부작용을 부를 가능성이 더 크다. 게다가 어디가 아프다고 하면 사실 한 가지 물질이 부족한 것이 아니라 다양한 무기질, 미량 원소, 아미노산, 비타민, 지방산 등이 그 균형을 잃었을 가능성이 훨씬 크다.

### ▌영양소를 제대로 써야 건강해진다

2장에서 이미 설명했지만 매우 중요하기 때문에 여기서 한 번 더 당부하겠다. 이른바 미량 영양소라고 하는 것들의 복용량을 스스로 알아서 조절하는 일은 피하기 바란다.

약국, 드럭스토어, 인터넷에서 살 수 있는 다양한 종합 영양제가 좋아 보이긴 하지만 당신에게 정말로 부족한 것을 채워주는 경우는 사실 거의 없다. 우리는 자신에게 맞는 색과 치수도 모르고 옷가게에 가서는 우연히 그날 제공된 옷 중에 제일 좋아 보이는 것을 골라 사지는 않는다. 그러므로 분자 영양학에 대해 잘 아는 자연 치료사나 경험 많은 의사와 상담하고 조언을 들어보기 바란다.

분자 영양학에서는 우리 몸에 특정 물질이 부족해서 생기는 질병의 경우 그 물질을 제대로 보충해주는 것으로 정확하게 치료해 건강을 유지하는 것을 가장 중요하게 생각한다. 이것은 다시 말해 정확한 영양소를 정확한 순서대로, 혹시 있을지도 모르는 알레르기, 불내증, 상호작용까지 고려해서 복용할 때만이 우리 몸이 재빨리 다시 정상으로 돌아올 수 있다는 뜻이다. 이미 존재하는 결핍만을 채우는 것이 아니라 우리 몸이 전체적으로 다시 그 기능을 수행할 수 있도록 도와야 한다.

현재 당신이 힘들게 싸우고 있는 다양한 문제의 원인이 아주 오래된 경추 외상 때문일 수도 있다. 특히 목과 어깨 부분이 항상 돌처럼 딱딱하게 굳어있다면, 혹시 모르므로 경험 많은 전문가를 찾아가보자.

# 향정신성 약물

💧

    인류가 뇌의 비밀을 모두 밝히기에는 아직 갈 길이 멀지만 그래도 뇌를 잘 이용하고 보살필 방법 몇 가지 정도는 이미 잘 알려져 있다.

    회백질의 우리 뇌는 나머지 우리 몸과 마찬가지로 무엇보다 좋은 영양소를 선호하고 독소의 침입은 어떻게든 막고 싶어 한다.

    좋은 영양소에는 양질의 지방산, 비타민, 혹은 미량 영양소만이 아니라 좋은 책, 활기를 부르는 대화, 새로 배운 능력 같은 것도 포함된다. 독소에는 향정신성 약물, 알코올, 설탕만이 아니라 나쁜 인간관계, 스트레스 가득한 직업 환경, 지나친 컴퓨터 게임, 과도한 공포 영화 시청 등도 포함된다. 모든 것이 모든 것과 상호작용한다. 모든 한입, 한입이 우리 몸을 바꾸듯 우리 뇌가 받아들이는 정보 하나하나도 우리 몸을 바꾼다. 그런데도 우리 몸이 연이어 보내는 경고의 신호를 무시하는 사람이 많다.

공포 영화를 보고 밤새도록 악몽에 시달렸든, 밤새 진탕 마신 뒤 다음 날 아침에 숙취로 머리가 깨질 듯 아프든 두 경우 모두 당신의 뇌는 이렇게 말하고 있다. "그만해, 나는 이런 거 감당할 수 없다고!"

무엇보다 코카인, MDMA, 암페타민, 대마초 같은 향정신성 약물이 번아웃 증후군 발병을 가속한다. 특히 앞의 세 약물은 없던 능력이 샘솟는 느낌을 주기 때문에 더 그렇다. 너무 오래 고속 회전으로 달려야 하는 자동차 엔진이 대체로 최적의 회전 수대로 달리는 엔진보다 훨씬 빨리 소모된다. 인간도 향정신성 약물 복용으로 자기만의 최적의 '회전수대'를 벗어나면 더 빨리 타버리게 되어있다.

한편 대마초는 반대쪽 극단을 부른다. 대마초는 반대로 뇌 운동을 현저히 둔화시키므로 일상적인 일도 하지 못하게 된다. 그럼 해야 할 일을 계속 더 못하거나 엉망으로 하게 되니 해야 할 일이 자꾸 더 늘어난다. 하지 못한 일이 산을 이루면 이룰수록 더 맥이 빠지고 무력해진다. 많은 사람이 이런 부담스러운 상황에서 도망치고자 더 자주 대마초에 손을 댄다. 그렇게 위험한 악순환이 계속된다.

참고로 균형을 찾는답시고 각성제와 안정제 사이를 왔다 갔다 해야 한다는 착각에 빠질 수 있는데 특히 위험한 생각이다. 오랫동안 고속 회전을 하다가 잠시 정상적으로 달린다고 해서 엔진 소모가 덜한 것은 아니다. 소모는 이미 시작된 것이다. 게다가 향정신성 물질은 불안증과 공황발작의 주요 원인이기도 하다. 우리 클리닉의 불안증 환자 5명 중 1명이 향정신성 약물 복용이 원인이 되어 공황발작이 일어난 경우다. 여기서는 대마초가 그 첫 번째 원인이었고 MDMA, 암페타민, 코카인이 그 뒤를 이었다. 그렇다고 코카인이 덜 해롭다는 말은 절대 아니다. 코카인은 대마초만큼 공황장애를 부르지는 않지만 대신 피해망상과 환청을 동반하는 정신이상을 일으킬 가능성이 매우 크다.

당신 인생에서 흥분되는 순간이 너무 부족한가? 그럼 나는 긍정적인 사고를 훈련할 것을 추천한다. 우리 뇌는 '제대로 된' 신경세포 네트워크를 계속 넓혀 나가기만 하면 약물 없이도 즐거움을 느낄 수 있고 이 경우 다음 날 아침 숙취도 없다. 빠르고 효과적이고 긍정적인 정신 훈련에 대해 더 자세히 알고 싶다면 나의 책《어느 날 갑자기 공황이 찾아왔다》에서 밝힌 10문장 요법을 강력히 추천한다. 지난 수년 동안 우리 클리닉에서의 경험으로 비추어 보건대 오랫동안 불안증으로 고생한 사람이라도 매일 20분만 연습하면 몇 달 안에 충분히 다시 산뜻하고 즐거운 인생을 살아갈 수 있다. 아직 불안증에까지 이르지 않았다면 이 요법이 매우 효과적임은 더 말할 것도 없다.

# 알코올

번아웃 위험에 처한 사람 중에는 밤에 술을 한 잔씩 하는 것으로 긴장을 푸는 습관이 있는 사람이 많다. 그것이 인생의 유일한 낙인 것처럼 말이다. 열심히 일한 자에게 술을 허락하느니. 하지만 여기서도 용량이 문제다. 하루에 한두 잔 정도는 양적으로 크게 문제 될 것 없어 보이지만 매일 술을 마셔야 한다면 그건 분명 문제다. 매일 술 없이는 더 이상 긴장을 풀 수 없다면 이제 그만 술이 주는 위로를 거부해야 할 때다.

맥주, 포도주, 독주 등등 모두 감각을 둔화하고 스트레스 호르몬인 코르티솔을 억제한다. 무엇보다 엔돌핀을 분출해 기분을 좋게 한다. 사실 나쁠 게 없어 보인다. 하지만 함정이 한 개 아니 몇 개 있다. 효과가 그리 오래가지 않고 따라서 더 많이 마시고 싶다. 하지만 더 많이 마실수록 몸에는 더 많은 독으로 작용한다. 다음 날 아침에 숙취를 느끼면 알코올로 긴장을 푸는 것이 머리에는 실제로 독으로 작용함을 직감하지만 자꾸 마시다 보면 내성이 생겨 더 많이, 더 잘 마시게 된다. 그런데 알코올 중독은 어느 날 갑자기 생기지 않는다. 살금살금 진행되기 때문에 알아차리고 나면 너무 늦는 경우가 많다. 술 없이는 살 수 없을 것 같으면, 몸이 돌이킬 수 없을 정도로 망가지기 전에 도움을 요청하기 바란다.

## ▶ 당신은 술을 왜 마시는가?

술에 의지해야만 일일 작업량을 채울 정도가 되면 매우 불행한 사태가 아닐 수 없다. 술의 마비 기능이 경계 인지 능력을 떨어트리고 그럼 악순환이 시작될 테니까 말이다. 과도한 요구와 스트레스가 술병을 집어들게 하고, 그렇게 자꾸 마시다 보면 술에 내성이 생기고, 그럼 우리 몸에 가해지는 스트레스는 더 커질 테고, 그럼 술로 긴장을 풀고 싶은 욕망도 더 강해진다. 불행하게도 술은 이때 특히 절실한 수면까지 방해한다. 술을 마시면 잠이 들기는 쉽지만 깊이 자지는 못한다. 그럼 이제 또 스트레스가 커진다. 알코올이 우울증을 유발하는 경우는 대개 수면 장애 때문이다.

술은 잠깐은 기분을 좋게 할지 몰라도 장기적으로는 번아웃과 우울증을 부른다. 자신에게 진정으로 솔직해지는 것으로 이런 악순환을 미리 방지하기 바란다. 당신은 얼마나 마시는가? 무엇보다 왜 마시는가? 당신은 술 없이도 며칠, 몇 주를 보낼 수 있는가? 그럴 수 있다면 그렇게 하기 바란다. 당신의 몸을 위해서! 최소한 일주일에 이틀은 술을 금해보자. 대신에 다른 것을 즐겨보자. 좋은 책을 읽거나 영화를 보거나 운동을 하거나 사우나를 가보는 건 어떨까? 그럼 스트레스와 건강에 분명 더 좋을 것이다.

5장

뇌를 이용한 새 출발

이제 당신도 잘 알겠지만 우울증과 번아웃은 많은 유해 요소가 모일 때 발생하기 쉽다. 우울증과 번아웃의 개인적인 원인들부터 하나하나 알아낸다면 효과적인 치료법을 찾아낼 테고 그럼 금방 다시 좋아질 수 있다. 예를 들어 약을 잘못 먹어서 정신 질환이 발생한 사람이라면 더 많은 약으로 문제를 해결하려 드는 것은 바람직하지 않다.

염증이 온갖 괴로움의 원인인 경우도 마찬가지다. 약만 몇 개 복용하면 되는, 감염에 의한 염증이 우울증과 번아웃의 원인이 되는 경우도 있지만 거의 드문 편이다. 그보다는 운동 부족이나 잘못된 식습관이나 알코올 때문인 경우가 더 흔하다. 이런 문제들은 분명 정신과 약으로 해결되지 않는다. 매사에 부정적으로 생각하는 습관만 해도 약으로는 해결될 수 없고 목적이 분명한 뇌 운동이 필요하다.

케임브리지 대학과 런던 대학의 정신 질환 전문가팀이 안네-로우라 반 하멜렌Anne-Laura van Harmelen의 지도 아래 긍정적인 기억을 적극적으로 꾸준히 소환할 때 우울증이 줄어들 수 있고 우울증을 방지할 수도 있음을 보여주었다. 2019년《네이처 인간 행동Nature Human Behaviour》은 우울증 경향을 보이는 청소년 400명에게 정기적으로 행복했던 추억을 소환하게 했다.[68] 그 1년 후 이 청소년들은 우울증 증상이 눈에 띄게 약해졌을 뿐 아니라 자부심도 더 높아졌고 침을 검사해본 결과 코르티솔 수치도 낮아져 있었다. 코르티솔은 우울증, 번아웃과 관계가 깊어서 정신적 상태를 검사할 때 꼭 측정하는 호르몬이다. 우울할수록 코르티솔 수치가 높다.

우울증 증상을 보이는 자녀를 둔 부모라면 나는 아이에게 아름다웠던 순간들을 자주 상기시켜 주라고 조언한다. 그런 순간들이 잘 떠오르지 않으면 행복했던 순간을 찍은 사진들을 찾아보면 좋다. 그리고 좋은 기억은 특정 음식이나 음료와 연계해 떠오르는 경우가 많다. 그런 음식을 먹거나 마실 때 아이에게 예전의 좋았던 경험들을 말해보자. 그 외에도 추억에 앉은 먼지를 털어내고 광택을 찾아주는 일이면 뭐든 도움이 된다.

물론 이것은 어린 자녀나 청소년만이 아니라 어른에게도 마찬가지다. 다만 어릴 때 우울증을 본격적으로 한 번 겪은 사람은 성인이 되어 다시 겪게 될 가능성이 커지므로 아이가 우울증 경향이 보일 때 최대한 빨리 대처하는 것이 중요하다. 그렇게 빨리 대처해 우울증의 싹을 잘라버리는 것이 가장 이상적이다.

# 영리하게 생각하는 법

🜂

종교가 있든 없든 우리 뇌가 스스로 우리 몸을 보호하고 조종하는 그 모든 놀라운 과정과 방법들을 본다면 누구나 감탄하지 않을 수 없을 것이다. 인간의 뇌는 수천수만 년 진화가 만들어낸 걸작품이다. 그런데도 우리는 뇌가 불완전하다 간주하고 끊임없이 약물로 개량하려 든다. 인간의 뇌처럼 놀라운 악기라면 바꾸고 조작하려 들기 전에 먼저 연주부터 완벽하게 할 줄 알아야 하지 않을까? 바이올린 연주자라면 바이올린의 구조를 서툰 솜씨로 이리저리 바꾸려 들기 전에 먼저 바이올린을 제대로 닦고 조율하고 연주하는 법부터 배울 것이다. 영리하게 생각하는 법을 배워 우리 회백질 뇌의 잠재력을 완전히 깨우는 것이 21세기 인류가 해결해야 할 과제다.

# 우울증과 번아웃을
# 물리치는 방법

당신에게 시간도 에너지도 없는 것이 '기술자-경영자 함정'에 빠졌기 때문이든 '단지' 완벽주의 때문이든, 번아웃혹은 우울증과 싸우는 데 필요한 알파Alpa와 오메가Omega는'알아차리기Achtsamkeit'와 좋아하지 않는 것들을 '아웃소싱Outsourcing' 주는 능력이다.

## ▶ 알파: 알아차리기

우리 정신의 과제는 본질적으로 우리를 최선으로 보호하는 데있다. 이른바 직감이라는 것을 통해 우리 정신은 우리에게 지금우리가 하는 일이 우리에게 좋은지, 혹은 그것으로 지금 막 자신을 해치려 들지는 않는지를 실시간으로 끊임없이 보고한다.

그런데 계속 그런 직감에 반하며 무의식의 경고를 자꾸 무시하면 우리의 정신은 극단적인 방식으로 우리의 주목을 끄는 것 외에 다른 도리가 없다. 심신상관 질병으로 우리가 완전히 무너지기 전에 그쯤에서 멈추게 하려는 것이다. 번아웃, 공황발작, 신경성 허리 통증, 혹은 위장 장애 모두 우리 정신이 우리가 자신을 해치는 일을 더 이상 하지 못하게 하려고 이용하는 것들이다.

바로 그래서 나는 《어느 날 갑자기 공황이 찾아왔다》에서 그런 심신상관 질병을 '정신이 우리를 사랑하는 법'이라 표현했다. 유감스럽게도 직감을 전혀 느끼지 못하는 지경에 이르면, 주인에 대한 신뢰감을 잃은 우리 정신은 주인이 자신이 보내는 경고에 제때 반응하지 못할 거라 간주하고 모든 작은 위험에도 무조건 최고 등급의 경고를 보낸다.

이럴 때는 '재설정reset'이 필요한데 이 재설정 실행에 좋은 것이 바로 알아차리기 연습이다. 우선 가장 일상적인 것들을 의식적으로 알아차리는 것으로 시작해보자. 커피나 차를 마실 때 일하며 급하게 마시지 말고 의식적으로 그 시간을 즐겨보자. 조용한 공간으로 가 5분이라도 다른 것은 생각하지 말고 한 모금 한 모금 음미하며 마셔보자. 손안에서 느껴지는 따뜻한 찻잔, 그 향기로운 아로마, 입안으로 들어오자마자 터지는 그 달콤 쌉쌀한 맛에 집중한다. 그리고 그 따뜻한 것이 위장 안으로 부드럽게 들어가는 느낌과 카페인이 천천히 온몸으로 퍼져나가며 각성되는 과정을 느껴본다.

이런 알아차림의 순간을 하루에 서너 번만 누려도 건강한 직감이 다시 천천히 복구될 것이다. 커피를 마시는 것 외에도 5분

동안 햇볕을 쬐는 것도 좋고, 짧은 산책도 좋고, 요가를 하며 긴장을 푸는 것은 더 좋다. 무엇이든 당신이 하고 싶은 일을 하기 바란다. 그럼 당신도 보게 될 것이다. 하루에 몇 번 의식적으로 셔터를 내린 다음 다시 올리는 것이 어떤 기적을 부르는지 말이다. 컴퓨터가 '버벅거릴 때' 껐다가 다시 켜면 문제가 대부분 해결되는 것처럼 알아차리기 연습을 잠깐씩만 해도 더 편안한 마음으로 더 집중하며 일할 수 있다.

## ▶ 오메가: 아웃소싱

즐겁지 않은 일을 다른 사람에게 맡기는 것도 정신적으로 힘든 사람이 연습해야 하는 중요한 능력이다. 여기서도 믿음 문장들이 얼마나 성가신지 모른다. 정말 중요한 일만 가볍고 즐거운 마음으로 하고 싶은데 그걸 방해하는 것이 바로 믿음 문장들이다. 다음 사례를 한번 보자.

어느 배관 전문가가 심각한 번아웃 상태로 우리 클리닉을 찾아왔다. 남성은 또다시 우울증에 빠질 것이 걱정된다고 했다. 남성의 가게는 걱정 없이 굴러가고 있었다. 오히려 주문이 밀려서 걱정이었다. 주문이 많은 것이 기쁘지 않고 부담스럽기만 했다.
첫 상담을 해보니 배관 일 자체가 아니라 다른 '부수적인 일들'이 그를 힘들게 하는 것 같았다. 청구서 쓰기, 이메일 답하기, 자동 응답기에 남겨진 문의들을 듣고 필요하다 싶으면 전화해주기 등등. 내가 왜 도와주는 직원을 두지 않느냐고 묻자 그는 그럴 만한 돈도 없고 배관 일에 대해 잘 모르는 사람을 가르쳐 가면서까지 부릴 시간도 여력도 없다고 했다.

음, 당신도 이제 여기서 믿음 문장 두 개를 금방 알아차렸기 바란다. 경력직 사무직원은 지역에 따라 시간당 15~20유로를 받는다. 배관 전문가는 그에 비해 시간당 30~60유로를 받고 급하게 출동할 경우 심지어 100유로 이상도 받는다. 그런 배관 전문가는 하고 싶지도 않은 사무 일을 한 시간씩 할 때마다 15~85유로까지 손해를 보는 것이다. 이 환자는 다른 사람이라면 순간에 해치울 수도 있는 일을 직접 하면서 자신의 비싼 노동 시간을 낭비하고 있었다. 게다가 손으로 먹고사는 직업에서 계산서를 작성하고 보내는 일은 그리 복잡하지 않아서 웬만한 사무직원이라면 2~3주 안에 금방 배울 수 있다.

내 환자는 자신이 진짜로 하고 싶은 일만 할 수 있다면 2~3주 정도는 투자해도 괜찮겠다 생각했고 그러자 한 달도 안 되어 괜찮은 직원을 고용할 수 있었다. 직원을 두면 자연스럽게 수입까지 늘어날 거라는 생각도 그가 자신의 그 오래된 믿음 문장들을 빨리 떠나보내는 데 분명 한몫을 했으리라.

## 아웃소싱의 놀라운 효과

정신적인 문제없이 건강하더라도 즐겁게 하고 싶은 일과 당장 누군가에게 맡기고 싶은 일의 목록을 작성해보면 좋다. 좋아하지 않는 일은 다른 사람이 하게 하고, 그렇게 해서 생긴 시간에 좋아하는 일을 더 많이 하는 것은 그래서 돈이 들어오는 대로 다 나가야 하더라도 그럴 만한 가치가 있다. 하기 싫은 일을 억지로 하느라 삶의 활력을 잃는 것보다 훨씬 낫다. 차라리 잘하는 일을 하며 (심지어 즐거운 일도 좋다) 에너지를 채우기 바란다.

현재 실업자라고 해도 기꺼이 하고 싶은 일을 하며 그 일로 돈을 벌려고 노력하는 것이, 집에서 하고 싶지 않은 일을 하면서 보내는 것보다 유익할 것이다. 이 책에도 소개된, 우리 클리닉 환자들의 많은 예가 그것이 그렇게 힘든 일이 아님을 보여줬길 바란다.

# 끊임없는 성취욕이 번아웃을 부른다

🌢

2장에서 큰 목표에 대해 살펴봤던 것을 기억하는가? 얼마 전 언뜻 보기엔 원하는 모든 목표를 다 이룬 것 같은데도 슬프고 무력해진 어떤 환자가 우리 클리닉을 찾아왔다. 그는 이렇게 말했다.

선생님, 도대체 이해가 안 갑니다. 저는 멋진 아내에 훌륭한 두 아이가 있고 누구나 꿈꾸는 좋은 집에서 살고 있지요. 일도 더 할 수 없이 잘 풀리고 있고요. 그런데도 저는 아침마다 일어나고 싶지가 않아요. 그냥 계속 누워서 울고만 싶어요.

내가 그 모든 목표를 다 이루기 전에도 그런 우울한 기분이 들었느냐고 묻자 그는 이렇게 대답했다.

아뇨, 그때는 다 좋았어요. 정말 일이 많았고 힘들었는데도 말이에요.

이런 사람이라면 다시 행복해지는 데 필요한 것은 새로운 목표뿐이다. 이런 사람들은 정말이지 어딘가에 '도달하려는' 마음 하나뿐이기 때문에 '목표 달성을 위해 노력하는 것'에서 힘을 얻고 기쁨을 얻는다는 사실조차 전혀 알아차리지 못하는 경우가 많다. 어딘가에 도달하려는 마음은 기본적으로 자연법칙을 거스른다. 앞에서 완벽주의를 말하면서도 설명했듯이 이 우주에서 유일하게 지속하는 것은, 발전 혹은 변화뿐이기 때문이다. 나무, 동물, 인간도 마찬가지다. 계속 발전하는 존재만이 살아 있을 수 있다. 그리고 우리 인간에게는 육체만이 아니라 정신적 발전도 필요하다.

그러므로 돈을 많이 버는 것이든, 무언가를 배우는 것이든, 새로운 경험을 하는 것이든 목표를 정하자. 또다시 무언가를 위해 달려가기 시작하면 그 즉시 이미 이룬 성공에 대해 새삼 다시 기뻐하게 될 뿐만 아니라, 새로운 목표를 이루기 위해서도 더할 수 없는 활력과 에너지로 노력하게 될 것이다.

번아웃은 즐겁지 않은 일을 오래 할 때만 걸리는 병이 아니다. 즐거운 일이 끝났음에도 다른 적절한 새 프로젝트를 발견하지 못했을 때도 걸릴 수 있다. 내 환자의 경우가 바로 그랬다. 새 도전 과제를 찾아내자마자 그는 정말 다시 건강해졌다. 그리고 지금까지 자신이 이루어놓은 일에도 다시 기뻐하고 뿌듯해 할 수 있었다.

# 6장

# 우울증과 번아웃을 극복하는 5가지 방법

# 외국어 요법

외국어 요법은 정신적 문제를 신속하게 해결하는 데 놀라울 정도로 효과가 좋다. 나는 몇 년 전 마크 플레처Marc A. Pletzer에게서 소통 훈련을 받으면서 이 요법을 처음 알게 되었다. 그런데 이 도구가 진짜로 얼마나 효과가 좋은지는 그 한참 뒤 갑자기 서로 전혀 모르는 환자들이 동시에 '자연 치유'된 것 같다는 소식을 전해왔을 때 알게 되었다. 이 환자들은 모두 외국어로 오랫동안 말하고 생각해야 했던 것 하나만으로 정신적 문제를 해결한 것처럼 보였다.

## ▶ 부정적인 말을 외국어로 해보기

부정적인 혼잣말은 크게 말하든 생각만 하든 정신적 문제의 가장 흔한 원인이다. 그래서 많은 정신 요법 의사들이 환자들 내면의 해로운 대화를 하나씩 찾아내 이로운 쪽으로 바꾸려 애쓴다. 하지만 그 내면의 생각이 무엇보다 모국어로 이루어지고 있다는 것에는 대체로 그다지 크게 주목하지 않는 듯하다.

하지만 우울과 불안을 야기하는 강박적인 생각이 일반적으로 한 언어로만 이루어진다면, 언어를 바꿔보는 것이 뜻밖의 치유를 불러올 수 있음은 충분히 예상할 만하다. 다른 언어로 모국어만큼 걱정을 잘하기란 결코 쉬운 일이 아니니까 말이다. 의식적으로 언어를 바꿀 때, 새 언어로 생각하고 꿈꾸기 시작하기까지 단 몇 주밖에 걸리지 않는다는 사실도 매우 흥미롭다. 대조적으로 보통의 다른 요법들의 경우 자동적으로 일어나는 부정적인 생각들을 어느 정도만 줄이는 데도 보통 몇 달에서 몇 년이 걸리기도 한다.

내 환자들의 외국어를 통한 치유 소식에 영감을 받은 나는 일련의 실험을 해보기로 했다. 외국어 요법이 치료 도구로써 이용할 만한 가치가 정말 충분한지 알아보고 싶었다. 먼저 나는 내 환자 몇 명에게 어떤 부정적인 내면의 대화가 특히 자주 반복되는지 잘 살펴보게 했다. 그다음 그런 생각이 일어남을 알아차리자마자 최대한 빨리 그 '부정적인 혼잣말'을 영어나 본인이 아는 다른 외국어로 바꿔 이어가게 했다. 그 결과는 나를 깜짝 놀라게 했다. 첫 시도부터 환자들 대부분이 똑같은 생각을 다른 언어로 하자마자 그 느낌의 강도가 상당히 약해짐에 놀랐다고 했다. 외국어를 굳이 유창하게 할 필요도 없다. 학교에서 배운 영어 정도라도 효과는 썩 훌륭했다.

첫 결과가 매우 만족스러웠으므로 나는 실험을 계속해보기로 했다. 우리 뇌의 '언어 운영 체계'를 바꾸는 게 실제로 그렇게 간단하다면 그 운영 체계만 바꾸는 것이 모든 생각을 분석한 다음 일일이 긍정적인 말로 바꾸는 지난한 작업보다 치료에 더 좋을 것 같았다. 여기서 언어 운영 체계란, 우리가 생각하는 데 이용하는 언어였다. 그리고 이 언어에는 내면의 대화에 쓰이는 언어와 눈앞에 내면의 상황들을 펼쳐주는 그림 언어 둘 다 포함된다.

참고로 복잡한 대화와 그림을 통해 생각하는 인간의 능력이 없다면 예술, 문학, 기술적 발전도 없었을 것이고 학교도 의학품도 없었을 것이고, 그렇다! 이 책의 인쇄에 필요한 종이도 없었을 것이다. 우리의 삶이 이 능력에 얼마나 의지하고 있는지를 우리는 그런 능력의 일부가 사고나 질병으로 사라질 때야 비로소 알아차린다. 내 말이 믿기지 않는다면 머릿속 목소리를 듣지 않고, 혹은 당신 내면의 눈앞에 펼쳐지는 그림 한 장 없이 생각할 수 있는지 한번 보기 바란다. 그럴 수는 없을 것이다.

윈도우, 리눅스, 혹은 애플 OS 시스템이 없다면 컴퓨터가 작동하지 않듯이 우리도 내면의 그림, 혹은 대화 없이는 생각하지 못한다. 물론 보는 것이 듣는 것보다는 분명 더 보편적이다. 말의 경우 익숙한 영역을 떠나자마자 한계에 부딪히지만 그림은 많은 문화에서 공통으로 이해되기도 하니까 말이다. 하지만 바로 그런 '한계' 때문에 외국어 요법이 치유에 좋은 것 같다. 병을 부르는 생각이 모국어에 강하게 연결되어 있을수록, 그러니까 모국어라는 운영 체계에만 깔려 있다면 일정 기간 다른 언어를 쓸 때 정신적 문제들이 단숨에 해결될 가능성이 분명 커지는 것 같다. 어쨌든 우리의 뇌는 외국어로 우울하고 불안하고 강박적인 생각을 자동적으로 하는 연습은 하지 않았을 테니까 말이다.

참으로 다행스럽게 나는 그런 나의 생각을 치유에 직접 적용할 수 있는지 없는지 알아볼 기회를 곧 세 번이나 우연히 갖게 되었다. 바로 그즈음 외국어 요법을 다른 치료 과정과 함께 이용하면 아주 좋을 것 같은 10대 아이 환자가 세 명이나 우리 클리닉을 찾아왔던 것이다. 그중 16세 남자아이의 경우 불안증으로 이미 다섯 달이나 학교도 나가지 않고 있었고, 17세 여자아이는 다양한 강박증을 갖고 있었고, 마지막 15세 남자아이는 이미 우울증 진단을 받아둔 상태였다.

먼저 16세 남자아이는 다른 정신 요법 의사의 충고에 따라 이미 전학까지 했지만 바라던 효과를 보지 못했다. 새 학교에서의 첫날부터 부모는 수업이 채 끝나기도 전에 학교로 가서 아들을 데려와야 했다. 아이는 불안증 때문에 수업을 몇 분도 채 견디지 못했다. 부모가 원래 폴란드 사람임에도 아이의 불안증을 야기하는 생각들은 독일어로만 이루어졌으므로 그때부터 가족이 모두 폴란드어만 써보기로 했다. 아이는 폴란드어를 잘 이해했지만 어릴 때부터 거의 독일어만 쓰고 독일어로만 생각해왔다. 아들의 폴란드어 능력이 좋아지기 시작했고 폴란드어로 생각하고 꿈까지 꾸게 되자 당분간 폴란드에 있는 조부모의 집에서 그곳 학교를 다녀보기로 했다. 그리고 실제로 그곳 학교에서는 수업을 듣는 데 전혀 아무런 문제도 없었다. 그리고 그 반년 뒤 다시 독일 학교를 다니게 되었을 때도 모든 것이 정상으로 돌아와 있었다.

17세 여자아이도 어렵지 않게 영국에서 1년 정도 학교를 다니게 할 수 있었다. 부모가 직업적으로 런던을 자주 가야 했으므로 15세 때 이미 반년 정도 영국에서 살았던 경험도 있었다. 그 첫 런던 체류 이전부터 강박증은 있었지만, 신기하게도 런던에서 살던 반년 동안에는 괜찮았음을 기억해낸 것도 그런 결정을 내리는 데 도움이 되었다. 첫 런던 체류 이후 독일로 다시 돌아오고부터 점차 정신적 문제가 심해졌고 그래서 부모가 나를 찾아와 도움을 청했던 것이다. 다시 영국에서 살게 되자 이번에도 강박증이 금방 사라졌다. 지금은 스무 살이 된 딸이 계속 영국에서 살기로 했으므로 그런 효과가 독일에 돌아와서도 이어질지는 좀 더 지켜봐야 할 것 같다. 하지만 독일의 부모 집을 자주 방문하는데 최소한 그때는 강박증이 되살아나지 않았다.

15세 남자아이의 경우 이미 우울증이 상당히 진전되어 있었다. 하지만 의사가 우울증 진단을 내린 것과 나아가 항우울제까지 복용하게 한 것이 나에게는 좀 성급한 조치 같았다. 아이는 사춘기 아이들이 많이 그렇듯 극단적인 기분 전환에 시달리고 있었다. 하지만 사춘기는 뇌가 급격하게 바뀌는 시기이므로 그리 놀랄 일은 아니다. 뇌의 전두엽 부분이 완전히 무너진 듯 이성이 몽땅 집을 나간 것처럼 보일 때도 있다. 그 나이대의 자녀가 있는 부모라면 무슨 말인지 알 것이다. 더할 수 없이 착하다가도 다음 순간 작은 악마로 돌변하기도 하니까 말이다.

나는 무엇보다 아이가 극심한 대인공포증을 앓고 있다는 데 주목했다. 아이는 친구가 없었고 학교 친구들이 자기를 싫어하고 뒤에서 자신을 조롱하고 있다고 확신했다. 상담을 해본 결과 아이의 그 모든 말은 사실이 아니었으며, 그 어떤 나쁜 경험 때문이 아니라 내면의 대화 때문에 그런 대인공포증을 갖게 되었음이 거의 확실했다. 그래서 나는 부모에게 교환학생 프로그램에 참여할 것을 조언했다. 아이는 미국 '스쿨 드라마' 광팬이었으므로 미국에서 1년 정도 학교를 다녀보고 싶어 했다. 미국으로 간 뒤 아이가 보여줬던 변화는 정말 놀라웠다. 아이는 정기적으로 나에게 이메일을 보냈는데 썩 훌륭한 영어로 호스트 가족이 자신을 어떻게 도와주고 또 무엇을 하라고 하는지, 그곳 학교 체계가 어떻게 완전히 다른지, 벌써 어떤 친구를 사귀었는지 자세히 보고했다. 내가 좀 더 구체적으로 이런저런 질문을 하자, 아이는 외국어로는 예전처럼 다른 아이들이 자신을 좋아하는지 아닌지 계속 생각하지 않는 것 같다고도 했다. 1년 뒤 독일로 돌아와 우리 클리닉을 방문한 아이는 어떤 부모든 자랑스러워할 만한 젊은이가 되어있었다. 미국에서의 경험을 얘기하는 모습이 참으로 자신감이 넘치고 재미있고 너그럽고 솔직했다. 1년 전에 내가 보았던, 우울증을 앓는다던 그 어색해하던 아이는 어디에도 없었다.

이때부터 외국어 요법은 우리 클리닉에서 청소년만이 아니라 성인들도 이용하는 치료법이 되었고, 해로운 사고 구조를 빨리, 그리고 영원히 없애는 데 큰 도움을 주었다. 외국어 요법을 꾸준히 이용할 경우 정신적 문제가 눈에 띄게 빨리 극복될 수 있다. 하지만 당사자가 정신적 문제의 결정적인 원인이 부정적인 혼잣말일 수 있음을 잘 알고 있을 때만 그 효과가 나타난다.

부정적인 혼잣말의 문제성을 모르고 있다면 이처럼 간단한 요법이 그토록 대단한 효과를 낼 수 있음을 받아들이기 어렵다. 그 결과 빨리 낫기 위해 필요한 만큼 외국어 요법을 이용하지 않게 된다. 지금 이 외국어 요법이 진짜로 당신에게 효과가 있을지 알고 싶어졌다면 당장 작은 테스트를 해보기 바란다. 이 테스트를 위한 외국어로 나는 영어를 선택했다. 하지만 당연히 당신이 아는 다른 외국어를 이용해도 된다. 아는 외국어가 하나도 없다고 하더라도 또 다른 재밌는 대안이 있고, 그것에 대해서는 곧 설명할 테니 걱정하지 말기 바란다. 이 대안은 간단할 뿐만 아니라 재미도 있으므로 언어 천재에게조차 내가 실험해보기를 권하는 방법이다. 하지만 여기서는 일단 방금 말한 테스트부터 해보자. 그럼 다음 질문에 대답해보기 바란다.

다음 중 어느 쪽 생각을 할 때 힘이 더 빠지는가? 영어로 생각할 때 아니면 모국어로 생각할 때?

"I can't manage it!" 아니면 "난 이런 일은 할 수 없어!"

차이를 금방 느끼지 못하겠다면 두 문장을 갖고 먼저 영어로 그다음 모국어로 생각을 반복해보기 바란다. 영어로 먼저 말하고 마음으로 느껴본다. 그 뒤 모국어 표현을 갖고도 똑같이 해본다. 끝으로 각각 어떤 느낌이 일어나는지 다시 평가해본다.

내 환자들 대부분이 영어 문장으로는 부정적인 감정을 전혀 느끼지 않았고 독일어 문장으로는 기분이 나빠짐을 분명히 느낄 수 있었다. 계속 일어나는 생각을 그때그때 번역하는 것이 사실은 자꾸 억압하는 것보다 훨씬 좋고 간단하다는 것도 덧붙여 잘 알기 바란다. 외국어 요법이 당신을 위해서도 자동적 부정적 생각을 멈추게 하는 데 상당히 좋을 수도 있음을, 당신은 어쩌면 벌써 알아차렸을지도 모르겠다.

▶ 다언어 환경에서 자란 사람에게도 외국어 요법이 통할까?
우리 클리닉에서도 이런 질문을 했었고 우리 환자들을 대상으로 작지만 확실한 실험을 해보았기 때문에, 나는 분명히 그렇다고 대답할 수 있다. 다언어 구사자라도 어두운 생각일수록 한 언어에 국한하는 경향을 보였다. 예를 들어 독일어와 이탈리아어를 동시에 모국어로 배우며 자라서 두 언어를 똑같이 유창하게 쓰는 사람이라도 스스로 잘 관찰한 결과, 우울감과 불안감을 야기하는 강박적인 생각의 경우 한 언어만으로 이루어짐을 확인했다. 반면 "이건 내가 참 잘했네!" 같은 긍정적인 생각은 다른 언어로 이루어졌다.

### ▶ 외국어를 전혀 모를 때는 어떻게 해야 할까?

앞에서 밝힌 대로 외국어 요법은 외국어를 하나도 모를 때도 가능하다. 그냥 다른 지방 사투리를 이용하면 된다. 바이에른 사람이라면 우울한 생각을 작슨 지방 사투리로 해보자. 함부르크 사람이라면 프랑켄 지방이나 슈바벤 사투리를 써보자. 생각만으로도 웃음이 나는가? 그렇다면 더 좋다! 웃는데 우울할 수 있겠는가? 때로는 간단한 것이 큰 효과를 내기도 한다. 또 기분이 나빠지려고 하면 이 점을 잘 기억하기 바란다.

# 우울증을 치료하는
# 나만의 '구급상자' 만들기

🫧

　　우울증이 심했던 젊은 날의 어느 날 나는 가정의에게로 가 제발 항우울제 좀 처방해 달라고 애원했다. 그렇게 해서 받은 약을 나는 욕실 서랍에 넣어놓고 급할 때 먹으려고 했다. 어두운 생각이 밀려와도 손닿는 곳에 약이 있다는 사실이, 삶의 통제력을 완전히 잃어버릴 것 같은 데서 오는 불안감을 어느 정도 줄여주었다. 당시 나는 그 항우울제로부터 긍정적인 효과를 조금이라도 보려면 최소 2주는 복용해야 한다는 것도, 그것마저 14퍼센트 환자만이 효과를 본다는 사실도 몰랐다. 하지만 부작용에 대해서는 잘 알고 있었으므로 결국 그 약은 전혀 복용하지 않았다. 그런데도 급할 때 그 약을 삼킬 수 있다는 생각만으로도 기분이 좀 나아졌다.

　　최악의 경우를 위한 대책 아닌 대책을 세워놓자 기분을 좋게 할 또 다른 방법들도 찾아보고 싶은 마음이 들었다. "예전에는 무엇이 내 기분을 좋게 했었지? 어쩌면 지금도 효과가 있을지도 모르잖아." 나는 "뭐든 많을수록 좋다"라는 생각으로 내 오감 모두에 하나하나 활력을 불어넣고 싶었다.

**청각**을 위해 나는 카세트를 꺼내 기분이 좋을 때면 춤까지 추게 했던, 좋아하는 음악들을 모두 녹음했다. 그리고 워크맨에 테이프를 넣고 새 배터리도 충분히 챙긴 다음 신발 상자에 넣었다. 신발 상자 뚜껑에는 대문자로 **구급상자**라고 써두었다.

미각을 위해서는 뤼벡 지방 마지판과 모차르트쿠겔 초콜릿 몇 개를 선택했다. 그리고 공기 차단을 위해 틴박스 안에 차곡차곡 넣은 다음 마찬가지로 구급상자 안에 넣었다.

후각은 고민할 것도 없었다. 나는 그 전 어느 여행에서 영화 같은 첫 연애를 했었는데 그 여자 친구가 몸에 뿌리던 향수 냄새를 맡으면 당시의 그 아름다웠던 만남이 생생하게 떠올랐다. 그러므로 나는 드럭스토어로 가서 작은 병으로 된, 똑같은 향수를 하나 구입했다.

시각을 위해서는 사진을 하나 선택했다. 내 어릴 적 단짝 친구와 친구의 개와 내가 같이 찍힌, 낡은 폴라로이드 사진이었다. 사진 속의 우리는 정원에서 신나게 뛰어놀고 있다. 지금으로부터 30년도 더 된 사진이지만 그 사진을 보면 나는 지금도 웃음이 난다. 색이 다 바래서 사실 알아볼 수도 없게 되었지만.

촉각을 위해서는 좀 오래 생각해야 했다. 그리고 결국에는 더 나은 것이 떠오르지 않아 내 어머니의 바느질 상자에 있던 실크

조각 하나를 선택했다. 나는 실크의 부드럽고 매끄러운 감촉을 언제나 좋아했다. 눈을 감고 내 손안에 있는 그 천 조각의 느낌에 집중하면 최소한 몇 분 정도는 슬픔을 잊을 수 있었다.

구급상자에 내 오감을 유쾌하게 해줄 것들을 다 넣자 나는 그 상자를 말 그대로 응급 상황이 오면 금방 꺼내 볼 수 있게 침대 밑에 밀어넣어 두었다. 나는 그런 과정을 거치면서 당시에 이미 우울증에 대한 흥미로운 사실 하나를 알게 되었다. 상자를 좋아하는 것들로 채워넣던 거의 이틀이나 되는 시간 동안 나는 그 일만 집중적으로 생각했고, 그것이 나에게 좋게 작용했다. 그 이틀은 내 기분이 왜 나쁜지에 대해서만 생각하며 보냈던 평소와는 아주 다른 느낌이었다. 생각의 초점을 바꾸는 것만으로도 우울증 증상이 눈에 띄게 줄었던 것이다.

우울한 생각에 빠질 것 같을 때마다 나는 그 구급상자를 꺼내 워크맨의 플레이 버튼을 눌렀다. 녹음되어 있는 노래를 하나씩 들으며 단것들을 먹었고, 향수 냄새를 맡았고, 실크 감촉을 느꼈다. 그리고 좋아하는 사진을 보고 있노라면 혼자가 아니라는 생각이 들었다. 나는 그렇게 내 인생 가장 어두운 시기를 보내는 와중에도 나 자신을 사랑했고 소중히 여겨주었다. 구급상자와 15~20분 그렇게 시간을 보내고 나면 대개 다시 안정되었고 그럭저럭 살아갈 수 있었다. 단 워크맨만은 계속 틀어놓았다. 나를 '기분 좋게 하는 음악'을 계속 들으면 구급상자의 긍정적인 효과가 상당히 오래 지속되었다. 그 노래들의 긍정적인 기운이 우울한 생각들의 방문을 어느 정도 늦춰주는 것 같았다. 지금도 나는 스마트폰에 나를 흥겹게 하는 음악 리스트와 나를 웃게 하는 사진들을 넣어놓고 갖고 다닌다. 긍정적인 기억의 소환이 우울증이나 번아웃을 앓고 있을 때만 좋은 것은 물론 아니다. 매일 겪게 되는 스트레스 상황에서 재빨리 몸과 마음의 균형을 되찾는 데도 좋다.

내 이야기를 들려주고 구급상자를 만들어 보라고 하면 내 우울증 환자들은 그럴만한 여력이 없다고 대답하곤 한다. 일단 기분이 나쁘면 흥겨운 음악을 듣거나 좋은 추억 속에 빠질 기분이 아니라고도 한다. 하지만 바로 그래서 구급상자는 꼭 더 만들어 봐야 한다. 아무리 우울한 뇌라도 자신에게 노출된 자극은 모두 소화해야 한다. 그리고 그런 소화 과정 자체가 우울증 환자의, 활발하지 못한 뇌의 부분들을 움직이게 한다.

## ▶ 누구나 하나쯤 좋은 추억이 있다

오래 우울증을 앓은 사람일수록 좋은 기억이 하나도 없다고 단정하고 싶은 유혹에 쉽게 빠진다. 내가 일반화가 나쁘다고 했던 것 기억하는가? 그런데 이 일반화는 특히 더 위험하다. 그렇게 생각하는 순간 진짜로 그렇게 믿어서 구급상자를 만들 생각조차 하지 않을 테니까 말이다. 인생에서 제일 슬픈 시기라도 좋았던 때를 떠올리게 하는 특정 음악이나 매혹적인 향기나 특별한 맛은 있기 마련이다. 그런 자극들에 뇌가 다시 노출되는 순간 신경생물학적 연쇄 반응이 일어난다. 언젠가 그 긍정적인 일의 저장에 일조했던 그 모든 시냅스 연결이 다시 자극을 받아 더 강해지고 더 활발해진다. 억지로 구급상자를 만들었다고 해도 이 연쇄 반응이 일어나기는 마찬가지다.

구급상자가 얼마나 긍정적인 효과를 부를지는 사람마다 다르다. 금방 큰 효과를 보는 사람도 있고 처음에는 아무 변화도 느끼지 못하는 사람도 있다. 당신이 후자에 속한다고 해도 실망하지는 말기 바란다. 처음에는 아무 효과가 없어 보여도 언젠가는 기분이 좋아지게 될 것이다. 긍정적인 자극에 자신을 자주 노출할수록 효과는 더 좋아진다. 참고로 각각의 감각 채널을 따로따로 다루는 이유는 두 가지 추가 혜택을 누릴 수 있기 때문이다. 첫째, 그래야 간단하지만 매우 효과적인 알아차림 훈련을 할 수 있기 때문이다. 둘째, 그래야 본격적인 치유에 어떤 감각 채널이 관여하는지 알아챌 수 있기 때문이다. 우울한 생각은 청각과 시각 채널을 선호하는 경향이 있다. 당신이 속으로 자신에게 설명하는 것과 내면의 눈으로 그려보는 것이 당신이 냄새 맡고 먹거나 만져보는 것보다 훨씬 더 쉽게 나쁜 기분을 들게 할 수 있다.

따라서 후각, 미각, 촉각 중 슬픈 감정을 만들어내지 않는 감각이 최소한 하나 이상은 있을 것이다. 그리고 바로 이 점을 당신에게 좋은 방향으로 이용할 수 있다. 그 감각에서 기분을 밝게 하는 무언가를 발견했다면 말 그대로 당신은 이제 '비빌 언덕'을 찾은 것이다. 그 감각을 통해 이미 '자동적으로' 우울증을 부르게 되어버린 다른 모든 감각 채널들로 진입해 들어갈 수 있기 때문이다.

구급상자 이용은 고고학자의 발굴 과정과 아주 비슷하다. 흙이나 자갈을 한 층씩 벗겨내다 보면 고대의 보물들이 하나씩 그 모습을 드러낸다. 규칙적으로 구급상자를 이용하다 보면 확신, 감사, 삶의 의욕 같은 잃어버린 감정들이 조금씩 돌아올 것이다.

이 책의 앞에서 우리 뇌의 신경 가소성에 대해 이미 설명한 바 있다. 뇌를 이용하는 방법 자체가 뇌의 구조를 바꾼다는 것이 이미 증명되었다. 그런 의미에서 계속 우울해하고 문제에 대해서만 고심한다면 우리 회백질의 뇌는 슬픔에 점점 더 민감하게 된다. 하지만 반대로 그런 신경 가소성 덕분에 긍정적인 기억을 불러올 때마다 좋은 기분을 느끼게 해주는 관련 신경세포들의 연결도 강해지고 쇄신될 수 있다.

이 장에서 소개되는 다섯 가지 요법들은 약간의 힘만 들이고도 최대한 빨리 어느 정도 치유될 수 있도록 고안된 것들이다. 게다가 이 책의 내용에 기반해 당신이 이미 특정 약이나 식습관을 바꾸었다면 당신은 이미 당신이 실제 느끼는 것보다 당신 정신 건강을 위해 훨씬 더 많은 일을 한 것이다. 대개 다양한 해결책들을 조합해 이용할 때 치유의 역동적인 과정이 시작되고 그럼 몇 주 안에 에너지와 기쁨이 넘치는 사람으로 바뀐다. 그러므로 이미 당신을 조금이나마 다시 건강하게 만든 것이 있다면 그것을 믿고 또 곧 첫 번째 열매를 맺게 될 것을 믿고, 지금까지 해왔던 노력을 계속하기 바란다.

# 리프레이밍의 힘

이 책 서두에 나는 리프레이밍이라는 매우 유용한 기술에 대해 언급한 바 있다. 이 용어는 영어 단어 프레임frame에서 나왔고 무언가를 다시 새 '틀에 넣는다'는 뜻이다. 어떤 일이 일어날 때 맨 처음 떠오른 생각에 머물지 않고 더 많은 의미를 허용할 때, 재해석된 것도 맨 처음 떠오른 생각만큼 옳을 수 있음을 깨닫게 될 것이다.

예를 들어 기껏 해놓은 요리에 부주의해서 소금을 쏟아버렸다면 당연히 기분이 나쁘다. 하지만 덕분에 저절로 다이어트를 하게 됐으니 좋은 것 아닌가? "부정적인 일에서 긍정적인 면을 찾아내자!" 이것이 리프레이밍의 기본 취지다. 전부 나쁘기만 한 일은 없다. 그렇다고 모든 것을 미화하자는 뜻은 절대 아니다. 모든 것에 긍정적인 의미가 들어있음을 알고 있자는 뜻이다. 그래야 부정적인 감정에 대비해, 나아가 우울증에 대비해 매우 효과적으로 자신을 보호할 수 있다. 참고로 모든 리프레이밍이 이 예에서처럼 받아들이기 쉬운 것은 아니다. 하지만 아무리 어려운 상황이라도 "이것에 다른 무슨 의미가 있을까?"라고 자문해보자. 그럴만한 가치가 충분히 있으니까 말이다. 우리 클리닉의 다음 세 가지 사례로 왜 그런지 알아보자.

사례 1

M씨는 우울증인 것도 모르고 계속 일만 하다가 실수를 많이 해서 퇴사를 당했다. 그때 그의 머릿속에 처음 든 생각은 이랬다.

더 이상 어쩔 수 없을 때까지 괴롭히다가 쓰러지니까 기다렸다는 듯 쫓아내 버리는군.

M씨는 인간적으로 멸시를 받았고 부당한 일을 당했다고 느꼈다. 따라서 우울증이 심해진 것도 당연하다. 첫 상담에서 옆에 있던 M씨의 부인은 이미 몇 년 전부터 M씨가 직장 일을 좋아하지 않았다고 했다. 그런데도 그는 다른 일을 찾아 보겠다는 결단은 내리지 못했다. 대신에 자신의 역할만 근근이 수행했고 그러는 동안 매년 더 깊은 우울증으로 빠져들었다. 그러다 해고를 당하자 울고 싶은 사람 뺨 맞은 기분이었다. 그동안 죽도록 일했는데 고맙다는 소리는 못 들을망정 엉덩이를 차인 것이다.

그런데 정말 그게 다일까? 이 해고에 또 다른 의미는 없을까? 혹시 이 해고는 일종의 해방이 아닐까? 그가 이미 오래전에 했어야 할 일을 그의 고용주가 대신 해준 것 아닐까? 그가 과연 스스로 회사를 그만둘 수 있었을까? 이 상황에는 아무래도 "**끔찍한 끝이 끝없는 끔찍함보다 낫다**"라는 말이 적절한 듯하다.

어쨌든 이제 M씨는 그렇게 오랫동안 속으로만 원했던, 자신을 소중하게 여겨줄 다른 직장을 본격적으로 알아볼 수 있게 되었다. 그러므로 이제 다음과 같은 리프레이밍이 가능해진다.

그들이 나를 쫓아내줘서 고맙다. 나 스스로는 절대 그만두지 못했을 테니까. 벌써 몇 년 전부터 다니기 싫었는데도 말이다. 이제 나는 시간이 많으니까 드디어 나에게 좋은 다른 일을 찾아볼 수 있게 되었다.

그런데 이것이 끝이 아니다. M씨 부부는 그 첫 상담에서 자신들은 인생의 황혼기를 스웨덴에서 보내고 싶다고 했다. 스웨덴에서 휴가를 보낸 적이 있는데 그때 그 나라와 사랑에 빠졌던 것이다. 그래서 M씨가 은퇴하면 아예 이민을 갈 생각이었다. 이제 두 번째, 심지어 더 훌륭한 리프레이밍이 가능하게 됐다.

고맙게도 이제 계획했던 것보다 12년이나 빨리 스웨덴으로 이주할 수 있게 되었다. 여기서 새 일을 구하나 거기서 구하나 마찬가지 아닌가? 게다가 스웨덴에서는 전문직 종사자가 항상 부족하잖아. 스웨덴에서 일하는 독일인한테는 심지어 각종 혜택도 많지 않은가?

똑같은 하나의 사건에 대한 이 새로운 생각의 틀이 얼마나 다르게 느껴지는지 당신도 알아차렸는가? 원래 생각과 리프레이밍 된 생각들 그 자체로만 놓고 볼 때는 셋 다 맞는 말이다. 셋 다 이해할 만하다. 하지만 원래 생각은 이미 존재하는 우울증을 더 악화시킨 반면 나머지 두 생각은 삶의 질을 눈에 띄게 높이는 해결책들을 제시했다. M씨는 기계 기술자이자 경력자이므로 실제로도 스웨덴에서 연봉도 더 높고 더 좋은 직장을 아무 문제 없이 구할 수 있었다. 이 모든 것이 리프레이밍을 통해 해고당한 것에 대한 좌절감을 처음에는 낙관으로 그다음에는 심지어 감사하는 마음으로 바꾸었기 때문이었다. M씨는 그야말로 '억지로' 행복을 찾게 된 것에 감사했다.

사례2

S부인은 남편의 외도를 알게 되었다. 이번이 처음도 아니었으므로 정말 절망스러웠다. 그리고 이렇게 생각했다.

남편이 내 인생을 망쳐버렸어. 이제 이 남자를 믿을 수 없어. 내가 무슨 수를 쓰든 계속 다른 여자를 만날 거야.

이 정도의 불행이라면 해고당한 M씨가 그랬듯 일단 충격부터 가라앉혀야 한다. 하지만 조금 안정되었다면 이 경우에도 이렇게 자문해볼 필요가 있다. "남편의 바람에서 어떤 의미를 찾을 수 있을까?" S부인은 그렇게 자문했고 먼저 자신이 거짓말쟁이와 결혼했음을 인정했다. 그리고 거짓말쟁이와 사는 불안한 삶을 남은 인생 내내 과연 감당할 수 있을까 또 자문했다. 그 결과 나와 함께 다음과 같은 리프레이밍을 끌어낼 수 있었다.

> 남편이 또 바람을 피웠기 때문에 이제 나는 마침내 이 관계를 끝내는 게 맞다는 확신이 든다. 이제 더 이상 시간을 낭비하지 않고 내가 정말로 믿을 수 있는 남자와 가정을 일굴 것이다. 그리고 이제 나는 내 직감을 좀 더 믿을 수 있게 되었다. 남편과의 관계는 처음부터 어쩐지 아니다 싶었지만 그런 사실을 인정하고 싶지 않았었다. 이제 나는 좀 더 현명해졌다.

리프레이밍은 숨어있는 사실을 밝혀주고 모든 실수는 성장의 기회다. '절대적으로' 옳아 보이는 생각이라서 리프레이밍하기가 쉽지 않다면 간단한 기술의 도움을 살짝 받아보자. 다름 아니라 (네 가지 질문에서처럼) 지금까지 당신이 확신했던 생각과 정반대되는 문장을 만들어보는 것이다. 그다음 그 반대 문장이 정말 사실인지 아닌지 진지하게 생각해본다. 의외로 이 과정을 통해 진실이 드러나는 경우가 최소한 우리 클리닉에서는 많고,

그럼 많은 것이 실제로 달라지곤 한다.

사례 3

W는 젊은 여성인데 새 직장 출근 2주 만에 상사로부터 이유 없는 괴롭힘을 당하기 시작했다. 처음에는 그렇게 친절하더니 이제는 모든 사소한 일에서 트집을 잡았다.
W는 동료들보다 일을 잘하면 잘했지 못하지는 않았다. 아무리 생각해도 상사가 자신에게 왜 그러는지 알 수 없던 W는 당연히 이런 결론을 내릴 수밖에 없었다.

이 사람은 그냥 내가 싫은가 보다.

처음 며칠 동안은 그 상사와 마음이 정말 잘 맞았다. 상사의 결혼반지와 책상에 놓여있던 아이들 사진을 봤을 때는 조금 실망스럽기도 했다. 하지만 이제는 그가 독신이라고 해도 절대 사귀고 싶지 않았다. 상사가 출현하면 그녀는 일에 집중하며 그가 말을 걸지 않기만을 바랐다. 그랬으므로 내가 그런 그녀의 생각에 완전히 반대되는 리프레이밍을 하나 제안하자 그녀는 불쾌한 기분마저 들었다.

당신의 상사는 당신을 좋아하고 있군요.

나는 W에게 그 리프레이밍이 사실일 수도 있다는 가정하에 그때까지 상사와 있었던 일을 다시 한번 잘 생각해 보라고 했다. 그러자 금방 동료 한 명이 출근 이틀째에 은근히 웃으며 상사가 그녀에게 관심이 있는 것 같다고 했던 말이 떠올랐다. 게다가 상사의 책상에 한 장만 있던 가족사진이 금방 네 개로 늘어난 것도 이상했다. 마치 자신이 가정이 있는 몸이란 걸 세상에 널리 알리기라도 하려는 듯. 생각하면 할수록 그 리프레이밍이 맞는 것 같은 소소한 증거들이 나타났다.

다음 날 출근하면서 W는 이제 상사의 이상한 행동에 신경 쓰지 않겠다 결심했다. 처음 출근할 때처럼 동료들과 즐겁게 지내고 싶었다. 그리고 상사가 트집을 잡아도, 아니 그렇게 트집을 잡기 때문에 다시 그와 처음에 그랬던 것처럼 재미있게 대화하려 했다. 그러자 며칠 만에 상사는 더 이상 트집을 잡지 않게 되었고 또다시 눈에 띄게 친절해졌다. 그 두 달 후 크리스마스가 다가오던 어느 날 둘은 글뤼바인에 흠뻑 취해 친해졌는데 그때 그가 마침내 자신이 그녀를 좋아했었음을 고백했다. 하지만 자신은 결혼한 몸이고 두 아이까지 있으므로 그런 감정이 부끄러웠고, 그래서 자꾸 그녀에게 트집을 잡는 것으로 가능한 한 거리를 두고 싶었던 것 같다고 했다.

우울한 생각을 바꾸는 것. 이것도 하나의 능력이다. 모든 능력이 그렇듯 이 능력도 연습과 훈련으로 얼마든지 얻어낼 수 있다. 그리고 그만큼 연습할 만한 가치가 충분히 있다. 리프레이밍에 맨 처음 성공할 때부터 기분이 좋아질 테니까 말이다. 거기다 우리 뇌를 구글 검색기처럼 이용하는 법까지 배운다면 우울증과 번아웃을 한 번에 이겨내는 데 아주 효과적인 도구들을 다 갖춘 셈이다.

# 뇌를 구글처럼 이용하기

🜄

　　한번 상상해보자. 당신은 세상에서 가장 좋은 컴퓨터와 최고의 검색엔진을 갖고 있다. 알고 싶은 것이 무엇이든 그 즉시 답이 나온다. 그런데 문제가 하나 있다. 이 검색엔진은 당신의 질문에 대답만 할 수 있다. 예를 들어 당신이 "무엇이 사람을 우울하게 하나"라고 물으면 이 엔진은 우울증을 유발할 수 있는 수천 가지 정황을 열거할 뿐 우울증 극복 방법, 혹은 방지에 대한 의견은 절대 제시하지 못한다. 단지 당신이 질문하지 않았기 때문이다. 그런데 당신은 사실 세상에서 가장 좋은 그 컴퓨터와 최고의 검색엔진을 이미 오랫동안 갖고 있었다. 무엇을 두고 하는 말인지 이미 눈치챘을 것이다. 바로 당신의 뇌 말이다. 실제로 우리가 아는 이 우주 안에서 인간의 뇌보다 더 복잡하고 뛰어난 것은 아직 발견되지 못했다.

　　100조 이상의 시냅스로 이어져있는 최소 8백 6십억 개의 신경세포가 세상 엄정한 과학자조차 신의 존재를 떠올리게 하는 방식으로 우리를 조종하고 있다. 하지만 능력이 뛰어난 것에도 문제는 있다. 선택지가 많을수록 전체를 조망할 능력을 잃게 된다. 구글링 속에 빠져본 적 있는 사람이라면 무슨 말인지 잘 알 것이다. 검색 결과들을 하나씩 다 읽다 보면 얼마 안 가 금방 지쳐버리고 실제로 더 뭘 어떻게 해야 할지 모르게 되기 일쑤다. 진짜 구글링 전문가들은 검색 결과 첫 장에 올라온 결과들만 대충 훑어본다고 한다. 금방 좋은 정보가 보이지 않으면 엉뚱한 대답을 계속 읽고만 있지 말고 검색 문장을 자꾸 바꿔보는 편이 좋다.

## ▌ 질문이 좋으면 대답도 좋다

우리 뇌도 구글처럼 우리가 한 질문에만 집중한다. 아무리 고심해도 해결책을 찾을 수 없다면 구글링할 때처럼 질문을 바꿔보자. 예를 들어 "왜 나는 이렇게 늘 기분이 나쁜 걸까?"라고 질문하면 당신의 뇌는 기껏해야 당신 인생에서 개선이 필요한 것들의 목록을 보여줄 뿐이다. 하지만 자꾸 '부족한 것'만 보면 기분은 더 나빠진다.

참고로 그런 질문을 이미 자주 했다면 심지어 더 불만스러운 대답만 얻을 수밖에 없다. 구글에 새로운 정보가 늘 추가되는 것처럼 우리 뇌도 끊임없이 바뀌기 때문이다. 질문은 반복되는데 만족스러운 해결책을 제시하지 못할 때, 우리 뇌는 이제 "나는 모르겠다"라고 대답해 버린다. 당신도 그런 불만족스러운 대답을 이미 자주 들었다면 지금이야말로 질문을 개선할 때다. 예를 들어 이렇게 말이다.

이 정신적 문제를 다른 사람은 어떻게 극복했을까?

지금 당신이 읽고 있는 이 책이 바로 이 질문에서 나왔으므로 당신은 이미 우울증과 번아웃에서 빠져나오는 데 아주 좋을, 당신만의 아주 개인적인 길에 들어선 것이고 이것은 매우 좋은 소식이다. 이 책을 읽는 동안 당신 머릿속을 지나갔을 그 모든 질문들이 이미 당신 뇌의 구조를 생각보다 훨씬 많이 바꾸었을 것이다. 그리고 나는 당신이 지금까지 어떤 고난을 겪어야 했는지는 모르지만 확실히 아는 것이 하나 있다. 바로 지금까지 이 책을 통해 생각하고 실천해온 것들이 아주 작은 희망이라도 주었다면 당신은 제대로 된 길에 들어섰다는 것이다. 처음에는 특별할 것 없는 작은 발걸음 하나처럼 보이겠지만 당신은 분명 앞으로 나아가고 있다. 그러니 계속하기 바란다. 그럼 보폭도 커지고 삶의 기쁨을 느끼는 속도도 빨라질 것이다.

▶ 좋은 질문을 하는 한 가지 방법

우울증이 깊고 오래된 사람일수록 자력으로 그런 상황에서 빠져나올 힘이 그만큼 부족하다. 그러므로 기술은 간단할수록 좋다. 약간의 에너지만으로도 실행 가능하지만 결과는 상당히 좋은 기술이어야만 다음 단계도 자력으로 어떻게 해보겠다는 생각이 들 수 있다. 질문을 더 잘하는 것이 바로 그런 기술 중에 하나다. 세계적으로 성공한 동기부여 코치인 토니 로빈스Tony Robbins도 이렇게 말했다.

성공한 사람은 질문을 잘한다. 그래서 좋은 답을 얻는다.

안정적이고 행복한 사람도 마찬가지다. 자신과 남에게 매일 하는 질문의 질이 좋을 때 삶의 질이 좋아진다. 그렇다고 질문하기가 생각처럼 복잡한 것도 결코 아니다. 일단은 다음 규칙만 제대로 따라 해도 충분하다.

▶ '누가, 어떻게, 무엇을' 로 질문해라
'왜' 질문이 도움이 되는 경우는 거의 없다. 반면 '누가, 어떻게, 무엇을' 질문은 도움이 된다. 정확히 말해 도움이 되는 생각을 부른다. 그러므로 이제부터 "나는 왜 이렇게 슬픈 걸까?"라고 묻지 말고 이렇게 물어보자.

- 내 가까운 사람 중에 **누가** 나도 기꺼이 살고 싶은 삶을 살고 있을까?
- 저 사람은 **어떻게** 그걸 해냈을까?

• 그것을 위해 그는 **무엇을** 한 걸까? 그렇다면 나는 이제 **무엇을** 할 수 있을까?

참고로 마지막 질문에 당신의 뇌가 '아직도' 즉각적으로 **아무 것도 할 수 없다**고 대답하는가? 그래도 나쁘지 않다. 먼저 이제 당신은 '아무것도'라고 말하는 것이 일반화고 이런 일반화는 사실도 아니고 도움도 되지 않음을 잘 알 테니까 말이다. 그리고 두 번째로 이런 즉각적인 '무력감'은 단지 당신 뇌의 신경 네트워크가 아직은 긍정적이기보다는 부정적인 생각을 더 빨리 배달하는 방식으로 구성되어 있음을 증명하는 것뿐이기 때문이다. 물론 우리 뇌는 무조건 생각하는 대로 바뀌므로 여기서 방점은 '아직은'에 있다. 그러므로 당신도 더 유익한 '누가, 어떻게, 무엇을'에 대한 질문에 집중한다면 긍정적이고 해법 지향적인 생각을 자동적으로 하게 될 날이 곧 올 것이다. 이것은 단지 시간문제다.

한 사례가 있다. 지금으로부터 꼭 1년 전에 28세의 한 남성이 우리 클리닉을 찾아왔다. 남성은 심각한 불안증에 중간 정도의 우울증을 앓고 있었다. 남성은 5년 동안 하기 싫은 일을 억지로 해왔다. 일의 난이도에 비해 최소한 수입은 좋았다. 매일 억지로 끌려가듯 출근을 하면서도 다른 일을 찾아보려 하지도 않았다. 더 좋은 직장을 얻기 위해 능력을 키울 수도 있었을 텐데 그러지도 않았다. 그러던 사이 그의 정신이 브레이크를 걸기 시작했고 '전반적인 불안증'에 '우울증'이라는 진단을 받은 덕택에 마침내 일을 그만둘 수 있었다. 물론 달리 어쩔 도리가 없었으므로.

집에서 쉬다가 남성은 직업에 관해서는 수년 동안 늘 자신이 **하고 싶지 않은 것**에 대해서만 곰곰이 생각해 왔음을 깨달았다. 물론 직업적인 스트레스가 다 사라진 지금도 나아진 건 없었다. 싫은 일을 하면서 느꼈던 좌절감이 단지 자기 의심과 공허감으로 대체된 것뿐이었다. 남성은 사실 죽도록 일하지 않고도 돈을 많이 벌 수 있으면 좋겠다고만 생각했었다. 그리고 사실 일의 난이도에 비해 수입은 좋았던 예전 직장이 정확하게 그랬다. 다만 그런 일이 행복감도 만족감도 주지 못한 게 문제였다. 마침내 우리 클리닉에 와서 조언을 구했을 때 그는 이런 의문을 떨쳐버릴 수 없었다.

왜 저에게는 재미있을 것 같은 일이 생각나지 않는 걸까요?

나는 왜냐하면 질문 자체가 틀렸기 때문이라고 대답했다. 그리고 다음과 같은 **누가, 어떻게, 무엇을** 질문을 해보라고 했다.

• 내가 **어떤** 일을 해야 하는지 알아내는 데 **누가** 도움을 줄 수 있을까?

- **어떻게** 내 천직을 찾을 수 있을까?
- 나에게 정말로 맞는 일을 찾는 데 기술적으로 **무엇**이 도움을 줄 수 있을까?

나는 이 세 질문을 종이에 적어주며 집에 가서 매일 저녁 한 시간씩 관련해서 검색해보고 그 결과를 연구해 보라고 했다. 덧붙여 빌 버넷Bill Burnett과 데이브 에번스Dave Evans가 쓴《디자인 유어 라이프Designing Your Life: How to Build a Well-Lived, Joyful Life》를 읽어보라고 했다.

그 3주 후 두 번째 상담에 나타난 그는 눈에 띄게 활력을 되찾은 것 같았고, 그 책을 얼마나 잘 읽었는지 자랑스럽게 말해 보였고, 이제 자신이 무엇을 하고 싶은지 알게 되었다고 했다. 그는 이제부터 프리랜서로 웹사이트 기획과 제작을 할 거라고 했다.

그런데 무엇보다 나를 놀라게 했던 것은 그가 질문을 던지던 방식이었다. 그는 내 눈을 직시하더니 이렇게 물었다. "베른하르트 선생님, 이 일을 하는 데 **어떻게** 하면 가능한 한 빨리 그리고 저렴하게 필요한 기술을 배울 수 있을까요?" 나는 웃으면서 대답했다. "그것 참 좋은 질문이군요! 그리고 네, 관련해서 제가 좋은 팁을 하나 드릴 수도 있겠네요." 나는 온라인 강좌 플랫폼인 udemy.com에 가서 '워드프레스Wordpress기반 웹사이트 만드는 법'을 주제로 비디오 워크숍을 몇 개 찾아볼 것을 권했다. 덧붙여 같은 사이트에서 구글 셀프 서비스 광고 프로그램Google-Adwords과 검색엔진 최적화SEO-Optimierung 방법에 대해서도 정보를 받아보면 좋을 것 같았다.

당신은 지금 혹시 구글 광고니, 검색엔진 최적화니 하는 것이 도무지 '무슨 말인지' 모르겠는가? 그래도 괜찮다. 이 젊은 남성도 그랬으니까. udemy.com의 교육 비디오들은 대개 완전 초보자들을 위한 것이다. 관련해서 개인적이고 직업적인 지평을 넓히는 데 예비지식이 필요한 것도 아니고 대단한 머리를 요구하는 것도 아니다. 매일 30분 정도의 시간과 컴퓨터 관련 기본 지식만 있으면 충분하다. 구글과 유튜브를 이용할 수 있는 사람이라면 udemy.com의 내용도 금방 이해할 것이다.

그 후 넉 달 동안 이 남성이 이루어낸 발전은 제한적인 믿음 문장의 방해를 저지하며 해결책에 집중할 때 어떤 일이 일어나는지 그 전형을 보여주었다. 그 시간 동안 남성은 단 80유로의 투자로 여동생의 고급 옷가게와 삼촌의 장사를 위한 멋진 온라인 홍보처를 만들 만큼 웹사이트 제작에 대해 많이 배울 수 있었다. 이미 구글 광고 프로그램도 잘 알고 있었으므로 여동생과 삼촌의 가게 광고에 많은 도움이 되었다. 이 일이 그 둘의 장사 매출을 꽤 올려 주었으므로, 많은 친구와 지인들이 웹사이트 제작을 의뢰하거나 온라인 마케팅 최적화 방안에 대해 문의해왔다.

우리 클리닉을 찾아온 지 거의 1년이 다 되어가던 즈음, 그는 본인 집 거실에서 성공적인 웹사이트 에이전트를 운영하고 있었다. 일하고 싶을 때 일할 수 있어서 좋았고 이전 직장과 거의 같은 시간을 일하고도 평균 수입은 거의 세 배나 늘었다. 정신적 문제는 어떻게 되었냐고? 그 일을 배우고 넉 달째 되던 때 모든 증상이 이미 깨끗이 사라졌고 재발한 적도 없다. 이제 정말 좋아하는 일을 하고 있고 예전의 직장에서 그렇게 받지 못했던 인정도 받고 있기 때문이다

# 일반화에서 벗어나기

🜄

　'나' 자신의 안위에 대한 긍정적, 혹은 부정적인 내면의 대화가 어떤 힘을 갖는지는 앞 장들에서 이미 충분히 살펴보았다. 자신에게 말을 하는 방식을 완전히 바꾸는 것이 과연 가능할까 하는 의심이 들 수 있는데 맞다. 완전히 바꿀 수는 없다. 그리고 그럴 필요도 없다. 왜냐하면 아주 약간의 변화가 큰 변화를 부를 테니까 말이다.

　일반화를 그만두는 것이 그런 약간의 변화 중에 하나다. 그렇다고 대단한 일을 해야 하는 것도 아니다. 단지 '아무도, 누가' 같은 말을 쓰지 말아보자. 이런 말을 쓰면 자기 개인적인 믿음 문장을 모든 사람에게도 그렇다 치부하며 도저히 극복할 수 없는 문제로 만들어 버린다. 예들 들어 내가 직장 생활이 매우 불편한 환자에게 취미를 직업으로 만들어보는 건 어떠냐고 제안하면 거의 모두 이렇게 반응한다.

취미로 누가 먹고살 수 있겠어요?

최근에도 종일 개하고만 놀고 싶다는 환자가 있었다. 그런데도 이 환자는 개하고만 노는 걸로 돈을 벌어보자는 생각은 한 번도 진지하게 해본 적이 없었다. "취미로 먹고살 수 있는 사람이 누가 있겠어요?"라는 믿음 문장이 그로 하여금 그런 생각을 전혀 하지 못하게 철저하게 막았던 것이다. 따라서 나는 그에게 일단 '아무도, 누가' 같은 일반화 단어를 '나는'으로 대체할 것을 요청했다. 그 후 일어난 일은 매우 흥미로웠다.

환자: 취미로 누가 먹고살 수 있겠어요?

클라우스 베른하르트: 그 '누가'를 '나'로 바꿔보시기 바랍니다.

환자: 취미로 '내'가 먹고살 수 있겠어요?

클라우스 베른하르트: 그건 모르죠. 그렇게 먹고사는 사람들도 있지 않나요? 이를테면 도그시터나 개 훈련사나 반려동물 호텔을 경영하는 사람들 말이에요?

환자: 네 그렇죠. 물론 그런 일로 먹고사는 사람들이 있을 겁니다. 하지만 저는 그런 쪽은 모르고 그럴 만한 공간도 없는

걸요.

클라우스 베른하르트: 흠, 도그시터 일을 하는 데 자격증이나 공간은 따로 필요 없습니다. 그리고 개 훈련사는 도그시터로 일하면서 여유 시간에 배울 수 있을 겁니다.

환자: 그렇겠죠. 하지만 도그시터는 얼마 못 벌잖아요.

클라우스 베른하르트: 그래요? 그 일에 대해 아는 사람하고 벌써 얘기해 보셨나요?

환자: 그런 건 아니지만 뻔하잖아요. 자기 개와 산책 좀 나가 준다고 돈을 듬뿍 주는 사람이 있을까요? 상상이 안 됩니다.

클라우스 베른하르트: 바로 그거예요. 환자분은 지금까지 상상도 못하셨겠죠. 아니 더 정확히 말해 상상하고 싶지 않으셨던 겁니다. 그래서 그런 일을 한 번도 진지하게 생각해보지 않으셨던 거죠. 저는 그루네발트로 자주 산책을 나가는데 거기서 어떤 도그시터와 자주 만나곤 하죠. 그는 일주일에 닷새를 매일 대여섯 마리 개와 산책을 한답니다. 제가 한번은 그런 출동 서비스에 얼마나 받느냐고 물었죠. 개들과 두 시간 산책하고 데려오고 데려다주는 서비스까지 포함해서 한 마리당 20유

로씩 받는다고 하더군요. 이 말은 하루에 약 세 시간 정도 일하고 100~120유로 정도를 번다는 거지요. 한 달에 20일 일한다고 하면 2,000~2,400유로 정도 버는 겁니다. 실질적으로 일하는 시간은 단지 일주일에 15시간밖에 안 되는데 말입니다.

환자: 정말요? 저는 그 사람보다 한 달에 겨우 400유로 더 벌고 있네요. 그 400유로를 위해서 저는 그 사람보다 일주일에 20시간을 더 일해야 하고요.

이 남성이 지금 어떤 일을 하고 있는지는 당신 상상에 맡기겠다.

## ▶ 일반화는 눈을 막고 귀를 닫는다

아주 짧지만, 다음 문장만큼 쓸데없이 우리를 괴롭게 만드는 문장도 없다.

이건 **누구라도** 할 수 없다.

이런 말이 얼마나 빨리 불쑥 튀어 나오는지. 상사가 미울 때, 일이 정말 재미없을 때, 연애가 지루한 일상이 될 때, 돈이 부족할 때 말이다. 하지만 "**나는** 아무것도 할 수 없다", 혹은 더 정확하게 "나는 **아무것도** 하고 싶지 않다"라고 말해보면 상황은 조금

달라 보인다. 왜냐하면 좋은 상사는 물론이고 정말 재미있는 직장조차 분명 어딘가에는 있을 테니까 말이다. 그리고 오랫동안 진짜 멋진 연애나 결혼 생활을 유지하는 사람도 나만 해도 많이 알고 있고, 이미 이 책에서도 충분히 설명했듯이 부수입을 올리는 방법도 많이 있다. '누가-어떻게-무엇을' 질문에 집중하고 약간의 연습만 한다면 당신도 곧 거의 모든 문제에 해결책을 찾게 될 것이다. 물론 "이 경우 **그 누구라도** 아무것도 할 수 없다"라는 경솔한 생각으로 뇌에 열쇠를 채우지만 않는다면 말이다. '그 누구라도' 같은 일반화는 그야말로 눈을 막고 귀를 닫기 때문에 인생에서 주어지는 가능성을 하나도 볼 수 없게 한다. 당장 불편한 상황을 어떻게든 견디고자 잘못된 일반화(믿음 문장)를 보편타당한 법칙처럼 사용하지는 말기 바란다.

▶ '항상'은 항상 '틀리다'

또 다른 일반화에 쓰이는 말로는 **항상, 언제나, 끊임없이, 다, 모두,** 혹은 **전혀~하지 않다, 아무도~하지 않다** 같은 것들이 있다.

그러므로 "너는 내 말을 **전혀** 듣지 않아" 같은 말은 십중팔구 사실이 아니다. 아무리 경망한 사람이라도 당신이 추측하며 헤아리는 것보다는 훨씬 많이 당신 말을 듣고 있다. 그러므로 당신이 "전혀 듣지 않고 있다"고 공격하면 그는 그것이 사실이 아님을 정확히 알고 있으므로 완고하게 반응하기 쉽다. 이래서야 진중한 대화는 불가능하다.

이 말들은 모두 자주 일어나기는 하지만 그 각각이 개별적인 사건들을 '마치' 예외 없는 규칙처럼 '일반화'해 인식하게 만든다. 이런 일반화로 말하기 시작하면 그 순간부터 상대는 추궁받는 것 같고 부당하고 억울하다 느끼는데 사실이 그러므로 당연히 그렇게 느낄 수밖에 없다. 따라서 일반화가 난무하는 대화는 싸움으로 끝나거나 한쪽이 입을 다물어 버리기 쉽다.

### ▶또 다른 일반화

**독일인들, 미국인들, 노동자들, 의사들, 벤츠 운전자 등등은 다 그래!**처럼 사람을 싸잡아 말하는 것도 매우 무의미한 일반화에 속한다.

이런 말들이 진지한 대화에 과연 조금이라도 도움이 되는지 스스로 한번 점검해보기 바란다. "미국인들은 말만 번지르르해", "벤츠 운전자들은 특히 운전을 과격하게 해", 혹은 "의사들은 항우울제를 남발하지." 이렇게 일반화하면 상대는 그 즉시 상처를 입게 되고 그럼 제대로 된 논의는 처음부터 어렵게 된다. 미국에도 당연히 진중한 사람이 많고 벤츠 운전자 중에도 조심하며 방어 운전하는 사람도 많으니까 말이다. 그리고 제약 산업계에 수십 년 된 병폐를 이제는 종합병원의 저명한 원장도 인정하는 실정이므로 의사들도 이제는 항우울제를 정말 꼭 필요할 때만 처방하는 추세다.

그러므로 일반화는 철저하게 배제하기 바란다. 스스로에게는 물론이고 가까운 사람들에게도 쓰지 말자. 그렇다고 엄격한 규칙으로 삼지는 말고 일상 대화의 질적인 수준을 한층 높이는 기회 정도로 여기기 바란다. 우리 가족의 경우 일반화 배제 연습을 게임처럼 즐긴다. 덕분에 가족 모두가 많이 웃는다. 아이, 어른 가릴 것 없이 누가 일반화 중임을 알아차리면 그 즉시 지적하고 고쳐준다. 처음에는 일반화 때문에 세 문장 이상을 이어서 말할 수 없을 정도였지만 금방 일반화 없는 대화가 얼마나 생산적이고 사려 깊고 목적 지향적인지 알게 되었다. 특히 '아무도, 혹은 그 누구도' 대신에 '내가, 혹은 나는'을 쓰려 하자 문득문득 말을 멈추는 일이 잦았다. 그때마다 얼마나 오랫동안 자신도 모르는 사이에 이런저런 제한적인 믿음 문장들을 끌어다 썼는지 알게 되었다.

일반화는 시간 도둑이고 에너지 도둑이다. 일반화가 시간과 에너지를 실제로 얼마나 많이 훔치는지에 대한 판결은 이 '나쁜 도둑'을 며칠 동안 최대한 피해봐야 제대로 내릴 수 있다. 물론 그 누구도 모든 일반화를 피할 수는 없다. 지금 바로 이 문장도 **그 누구도**와 **모두**가 들어갔으니 두 번이나 일반화를 한 셈이다. 하지만 일반화를 모두 피하고, 피하지 않고는 중요하지 않다. 자신이 일반화를 하고 있음을 알고, 그 때문에 문제를 스스로 적극적으로 해결할 수 없음을 잘 아는 것만으로도 이미 작은 기적들이 일어날 것이다. 그리고 바로 그 작은 기적들이 당신에게 일어나기를, 그래서 당신도 삶에서 당신에게 맞고 좋은 방식으로 곧 다시 활력과 기쁨을 되찾기를 나는 진심으로 바란다.

## | 나오는 말 |

1인칭 주어 형식이긴 하지만 이 책은 나 혼자 쓴 것이 아니다. 베를린 소재 우리 클리닉에서 함께 일하는 내 멋진 아내는 물론 다른 네 명의 훌륭한 동료들의 든든하고 적극적인 도움이 있었다. 환자와 관련한 경험에 있어 이 책에 소개된 긍정적인 이해와 보고 모두 우리 팀원들과 다른 정신 요법 의사들, 일반 의사들, 과학자들과의 정기적인 의견 교환에 기반한 것이다. 여러 전문 분야와의 협업과 공동 사고가 없었다면 이 책도 이 이전의 책도 없었을 것이다. 그러므로 내 모든 동료와 우리 클리닉의 팀원들에게 감사한 마음을 전한다. 그리고 물론 내 이전의 책을 읽고 개인적으로 의견을 전달해준 독자 여러분 한 명 한 명에게도 감사의 마음을 전한다. 독자들의 의견이 없었다면 이 책도 없었을 것이다.

당신도 혹시 심리 치료사거나 일반 의사거나 정신 요법 의사라면, 그리고 우리 클리닉 방식의 치료법에 대해 더 자세히 알고 싶다면 info@Institut-moderne-Psychotherapie.de를 통해 연락 주기 바란다.

올해부터 우리는 불안증, 우울증, 번아웃과 관련한 일련의 흥미로운 고급 교육 과정도 제공하고 있다. 정신 질환들을 현재까지와는 다른 방식으로 더 빨리, 그리고 더 완전히 치유하는 방법을 알고자 한다면 이 교육 과정이 도움이 될 것이다.

진심을 담아

−클라우스 베른하르트

# 주

[1] https://news.harvard.edu/gazette/story/2011/01/eight-weeks-to-a-better brain/; https://www.nature.com/news/new-brain-cells-erase-old-memories-1.15186; https://www.ncbi.nlm.nih.gov/pmc/articles/PMC3268356/

[2] https://www.depression-heute.de/blog/interview-professor-gontherunglueck-auf-rezept-bestaetigt-die-psychiatrische-realitaet

[3] https://www.aerztezeitung.de/medizin/krankheiten/neuro-psychiatrische_krankheiten/depressionen/article/645919/strategien-wenn-psychopharmaka-liebesleben-beeintraechtigen.html

[4] https://www.presseportal.de/pm/119123/3912240

[5] https://www.nature.com/articles/mp201098

[6] https://www.nature.com/articles/mp201310

[7] http://science.sciencemag.org/content/328/5983/1288

[8] L. Z. Agudelo et al. (2014): Skeletal Muscle PGC-1α1 Modulates Kynurenine Metabolism and Mediates Resilience to Stress-Induced Depression. Cell 159 (1): 33-45. doi: 10.1016/j.cell.2014.07.051.

[9] E. Y. Bryleva, L. Brundin: Kynurenine pathway metabolites and suicidality. Neuropharmacology; Epub 26. 1. 2016; L. Brundin et al.: An enzyme in the kynurenine pathway that governs vulnerability to suicidal behavior by regulating excitotoxicity and neuroinflammation. Transl Psychiatry 2016; 6(8): e865

10 https://jamanetwork.com/journals/jama/article-abstract/2684607; https://www.eurekalert.org/pub_releases/2018-06/uoia-oou061118.php

11 https://de.statista.com/statistik/daten/studie/787888/umfrage/verordnungsstaerkste-arzneimittel-in-deutschland/

12 HYPERTENSION 2016; 68. HYPERTENSIONAHA.116.08188; https://www.ncbi.nlm.nih.gov/pmc/articles/PMC5058642/

13 https://www.telegraph.co.uk/science/2016/03/14/antidepressants-can-raise-the-risk-of-suicide-biggest-ever-revie/

14 https://www.nytimes.com/2012/07/03/business/glaxosmithkline-agrees-to-pay-3-billion-in-fraud-settlement.html

15 https://jamanetwork.com/journals/jama/fullarticle/2474424

16 https://www.aerzteblatt.de/nachrichten/sw/Hormonersatztherapie?nid=83455

17 http://www.spiegel.de/gesundheit/diagnose/bayer-hormonspiralen-mirena-jaydess-kyleena-psychisch-krank-durch-verhuetung-a-1150451.html; https://www.aerzteblatt.de/nachrichten/76200/EMA-prueft-levonorge strelhaltige-Hormonspiralen-auf-psychiatrische-Nebenwirkungen

18 https://ajp.psychiatryonline.org/doi/10.1176/appi.ajp.2017.17060616

19 https://jamanetwork.com/journals/jama/fullarticle/1788456

20 https://bpspubs.onlinelibrary.wiley.com/doi/full/10.1002/prp2.341

21 https://www.aerzteblatt.de/nachrichten/96409/Fluorchinolone-FDA warnt-vor-mentalen-Stoerungen-und-hypoglykaemischem-Koma; https://www.deutsche-apotheker-zeitung.de/news/artikel/2017/02/10/fluorchinolone-auf-dem-pruefstand

22 https://www.ncbi.nlm.nih.gov/pmc/articles/PMC181154/

23 https://www.ncbi.nlm.nih.gov/pmc/articles/PMC3181967/

24 https://www.cell.com/neuron/pdfExtended/S0896-6273%2814%2901141-6

25 https://www.deutsche-apotheker-zeitung.de/news/artikel/2017/06/14/allergie-cholesterin-und-gluten-was-sagen-apothekentests-aus

[26] https://www.ncbi.nlm.nih.gov/pubmed/24689456

[27] https://www.gastrojournal.org/article/S0016-5085(17)36302-3/pdf

[28] https://www.nature.com/articles/s41598-017-05649-7

[29] https://physoc.onlinelibrary.wiley.com/doi/full/10.1113/jphysiol.2012.230078

[30] https://www.ncbi.nlm.nih.gov/pubmed/8847022?dopt=Abstract

[31] https://de.wikipedia.org/wiki/Laktoseintoleranz#cite_note-2

[32] M. Ledochowski: Laktoseintoleranz und Milchunverträglichkeiten, 2. Auflage, Akadmed-Verlag, 2011, S. 47

[33] https://www.kenn-dein-limit.info/alkohol-in-zahlen.html

[34] Manfred V. Singer und Stephan Teyssen: Alkohol-Das unterschätzte Gift, in: Spektrum der Wissenschaft 4/2001, S. 58

[35] https://www.mri.bund.de/fileadmin/MRI/Institute/EV/NVSII_Abschluss bericht_Teil_2.pdf

[36] Chrisoph Reiners; Karl Wegscheider; Harald Schicha; Peter Theissen; Renate Vaupel; Renate Wrbitzky; Petra-Maria Schumm-Draeger (2004): Prevalence of thyroid disorders in the working population of Germany: ultrasonography screening in 96,278 unselected employees. In: Thyroid: official journal of the American Thyroid Association 14 (11), S. 926–932. DOI: 10.1089/thy.2004.14.926.

[37] Archives of General Psychiatry (Bd. 60, S. 618)

[38] Nina G. Jablonski und George Chaplin: The evolution of human skin coloration. In: Journal of Human Evolution. Band 39, 2000, S. 57–106; Nina G. Jablonski und George Chaplin: Skin cancer was not a potent selective force in the evolution of protective pigmentation in early hominins. In: Proceedings of the Royal Society B. Band 281, Nr. 1789, 2014

[39] https://de.wikipedia.org/wiki/Folsäure

[40] https://www.wissenschaft.de/umwelt-natur/zink-macht-jugendliche-geistig-fit/

[41] https://www.ncbi.nlm.nih.gov/pubmed/12710973

[42] https://www.tandfonline.com/doi/full/10.1080/19390211.2017.1334736

[43] https://www.aerzteblatt.de/archiv/61696/Ursachen-und-fruehzeitige-Di
agnostik-von-Vitamin-B12-Mangel

[44] A. Rosanoff, C. M. Weaver, R. K. Rude: Suboptimal magnesium status in the
United States: are the health consequences underestimated? In: Nutr Rev. 2012
Mar; 70(3): 153-64

[45] https://www.ncbi.nlm.nih.gov/pubmed/10817533?dopt=AbstractPlus

[46] https://www.ncbi.nlm.nih.gov/pmc/articles/PMC5436791/

[47] https://www.bmj.com/content/350/bmj.h1771

[48] H. Sternbach: The serotonin syndrome. In: Am J Psychiatry. 148, Nr. 6, Juni
1991, S. 705-713

[49] Dipl. Psych. Thorsten Padberg, M. A.: Psychotherapeutenjournal 4/2018, S. 329
Placebos, Drogen, Medikamente—der schwierige Umgang mit Antidepressiva

[50] https://www.nature.com/articles/nm.3214

[51] https://www.sciencedirect.com/science/article/pii/S0747563216307543?-
via%3Dihub

[52] http://www.br-online.de/jugend/izi/deutsch/Grunddaten_Kinder_u_Medien.pdf

[53] https://www.adultdevelopmentstudy.org/datacollection

[54] https://www.sciencedirect.com/science/article/abs/pii/S0277953616303689

[55] https://www.dak.de/dak/bundes-themen/muedes-deutschland-schlafstoerungen-
steigen-deutlich-an-1885310.html

[56] https://www.ncbi.nlm.nih.gov/pmc/articles/PMC3903111/

[57] https://www.ncbi.nlm.nih.gov/pubmed/24151000

[58] https://onlinelibrary.wiley.com/doi/abs/10.1080/00050060310001707147

[59] https://www.ncbi.nlm.nih.gov/pubmed/15465985

[60] http://thework.com/sites/thework/deutsch/

[61] Stefan Merath: Der Weg zum erfolgreichen Unternehmer, GABAL Verlag, 2008

[62] Timothy Ferriss: Die 4-Stunden Woche, Ullstein, 2011 〔티모시 페리스, 《나는

네 시간만 일한다: 디지털 노마드 시대 완전히 새로운 삶의 방식》, 최원형·윤동주 옮김, 다른상상, 2017)

[63] https://ec.europa.eu/eurostat/de/web/products-eurostat-news/-/DDN-20170828-1?inheritRedirect=true&redirect=%2Feurostat%2Fde

[64] https://www.handelsblatt.com/politik/deutschland/gesundheitssystem-krankenkassen-sammeln-geldpolster-von-28-milliarden/20993162. html?ticket=ST-3437262-DYNQXIeSu3cHrePA9jHD-ap2

[65] https://www.researchgate.net/publication/256712913_Envy_on_Facebook-_A_Hidden_Threat_to_Users_Life_Satisfaction

[66] Shelle Rose Charvet: Wort sei Dank, Junfermannsche Verlagsbuchhand lung, Paderborn 1998

[67] Bodo Kuklinski, Anja Schemionek: Schwachstelle Genick, Aurum Verlag, 2010

[68] A. J. Askelund, S. Schweizer, I. M. Goodyer & A. L. van Harmelen: Positive memory specificity reduces adolescent vulnerability to depression (2019). In: Nature Human Behaviour